ちくま学芸文庫

考える英文法

吉川美夫

筑摩書房

はしがき

本書は，高等学校二三年生以上の学生，その他英語に興味を持つ一般の人々を対象に書かれたものである。

これらの方々は，相当程度英語の読解力を持ち，また，かなりの英文法の知識の持ち合わせがある。しかし，どんな知識についても言えることであるが，あちこちで覚えたばらばらの知識や，むりに機械的に記憶した知識は，実際の力としては弱くて，ものの役にたたない。真の力とするためには，整理された知識にしなければならない。いろいろの文法規則を，ただそういうものとして覚えるのではなく，なぜそういう規則になるのかというところまで理解し，その上他の規則と比較してそれらの関連を考えて合理的に整理し，まとめ上げる必要がある。こうして理解し整理された知識は，実際問題の上で試みて，いよいよ確実なものとする必要がある。

本書は，文法のための文法書というよりも，上述の目標達成に最も有効なものになるように心がけた。解説は長年の教壇経験を基として，最もわかりよいと思われる例文を選び，また説明の順序や運び方には細心の注意を払った。読者諸君が英語の中に流れている文法的諸規則の理解を深め，文法の知識を整理して，確実な応用力を養われるのに本書がいくらかでも役にたつことを願ってやまない。

昭和40年1月26日

吉川美夫

本書の使い方

前述のとおり，本書は英語の中に見られる諸規則を自分でじゅうぶん考え，整理し，理解し，そうすることによって応用力を養うことを目的としている。それで，比較的理解の容易な事項は，あらかじめ説明することなく直接**研究問題**に当たることにし，**解答**や**考え方**をあとで示すという方式をとった。一方，比較的理解の困難な事項は**考え方**を先に示すこととした。あるいは，問題点を明確にしぼるために，まず**設問**を提出して，その**解答**や**解説**を示し，それを基点として，さらに高度の**研究問題**と取り組んでいくという方式をとった。

その上，理解程度や応用力をためすために，ところどころに**実力テスト**を配した。この中には，種々の角度から実力がためされるように考案された問題のほか，適宜諸大学の最近の入学試験問題を入れてある。

なお，**設問**・**研究問題**・**実力テスト**に用いた英文に対しては，すべてその**文意**を示してあるが，学習に当たってはただちにこれを見ることなく，自分の実力で意味をとった上で文法上の解決を試み，そのあとでこの訳文を参照するようにせられたい。

略語解：
Ibid. = *Ibidem*　（同書）
Id. = *Idem*　（同著者）
cf. = *confer*　（比較せよ）

目　次

考える英文法

1. 名詞の種類

名詞は人・物・事の名を示す語である。名詞によって示される人・物・事の性質はいろいろであるし，また性質が異なるとその使い方も変わってくる。したがって，数多い名詞をその性質や用法によって幾つかに分類して考えるほうが便利である。その分け方には幾とおりもある。そして，どの方式をとっても一長一短がある。ここでは従来とられている分類法に従って，普通・物質・集合・抽象・固有の五つに分けて考えてみる。

1.1 普通名詞（Common Noun）

個々に独立して存在する有形の人や物を示す名称である。

例 boy（少年），man（人），teacher（教師），dog（犬），house（家），box（箱），desk（机），book（本），river（川）

個々に独立しているのだから，当然それをひとりふたり，一匹二匹，一個二個というふうに数的に数えられる。したがって，不定冠詞をとったり，複数形になることができる名詞である。

::::::研究問題::::::

次の例文中の普通名詞を指摘し，それがどんな語によって修飾されているか研究してみよ。

1. He was a boy then. 2. They keep three dogs. 3. Many houses were burnt down. 4. I have a good many friends there. 5. A great many books were bought by him. 6. A few men were left alive. 7. Few women could understand what he said. 8. Have you any brothers? 9. Are there no letters for me? 10. There are some children outside.

【解答】 1. boy (a) 2. dogs (three) 3. houses (many) 4. friends (a good many) 5. books (a great many) 6. men (a few) 7. women (few) 8. brothers (any) 9. letters (no) 10. children (some)

【文意】 1. 彼はそのときは少年であった。 2. 彼らは三匹の犬を飼っている。 3. 多くの家が全焼した。 4. そこには私の友人がたくさんいる。 5. たくさんの本を彼は買った。 6. 少数の人が生き残った。 7. 彼の言うことのわかった婦人は少なかった。 8. あなたには兄弟がありますか。 9. 私には手紙がきていませんか。 10. 外に子供が何人かいる。

【考え方】 普通名詞の数的修飾語について

単数の普通名詞には不定冠詞 (a, an) がつく。また複数には, two, ten など, 明確な数を示す数詞 (Numerals) か, many, a great many, a good many, a few, few, any, some, no など不定数を示す形容詞が添えられるのが普通である。

不定数を示す形容詞のうち, a few は「少数の」の意であるが, few は「少ししか (ない)」であって,「無」に重点がおかれる。

なお, a few men, a good many friends (かなり多数の友人), a great many books (非常に多数の本) で見る不定冠詞については, 3.4 参照。

次に，研究問題9のno lettersであるが，「ない」のなら複数名詞はおかしいと感じるかもしれない。手紙などのように，来ているとすれば幾通かが来ているものには，noをつけても複数形にすることが多い。次例参照。

I have no sisters.（私には姉妹はありません）／There are no books on the desk.（机の上には本は一冊もない）／No seats are left.（席は一つも残っていない）

1.2 物質名詞（Material Noun）

材料・食物・気体・液体などの名称である。

例 paper（紙），glass（ガラス），wood（木材），ink（インク），meat（食肉），water（水），air（空気），money（金銭）

物質名詞は一定の形を持って一個体をなすということがないから，数的に数えられない。ゆえに不定冠詞をとったり複数形にならないのが原則である。

⁝⁝⁝ 研究問題 ⁝⁝⁝

次の例文中の物質名詞を指摘し，その分量の程度を示すためにはどんな形容詞が用いられるか吟味してみよ。

1. The bridge is built of stone. 2. The watch wants a little oil. 3. People live on rice there. 4. Gold is used for making coins, ornaments, and jewellery. 5. Has he eaten any meat? 6. He lost much money by the business. 7. Let's have lunch in the garden. 8. Give me some paper. 9. I have very little time for reading. 10. There is almost no air in the jar.

【解答】 1. stone　2. oil（a little）　3. rice　4. gold　5. meat（any）　6. money（much）　7. lunch　8. paper（some）　9. time（little）　10. air（no）

【文意】 1. 橋は石造りである。　2. 時計は油を少しさす必要がある。　3. そこでは米を常食としている。　4. 金は貨幣・装飾品・装身具を作るのに用いられる。　5. 彼は肉をいくらか食べましたか。　6. 彼はその取り引きで多額の損をした。　7. 庭で昼食を食べましょう。　8. 紙を少しください。　9. 私には読書の時間がほんの少ししかありません。　10. 瓶の中にはほとんど空気がありません。

【考え方】 分量を示す形容詞：much, a little, little, some, any, no

分量を示す形容詞はどれも不定量を示すものばかりである。明確な量は単位を用いて示す（⇒2.4）。なお，a little は少量ではあるが，とにかくあるという意（この不定冠詞については3.4参照）。little は「無」に重点がある。

次に paper（紙）は一枚二枚と，chalk（チョーク）は一本二本と数えられるが，だからといってこれらは普通名詞ではない。紙を何枚に切っても，チョークを幾つに折っても，紙は紙，チョークはチョークである。一定の形を持った個物につけられた名ではなくて質につけられた名であるから，その大小・多少によって名は変わらない。これらは物質名詞である。ゆえに数的に数えるときには a piece of paper（chalk）などと単位を用いる。box や chair などは普通名詞であって，こわすとその本来の形を失い，その用もなさなくなって，もとの名を保持できなくなる。

1.3　集合名詞（Collective Noun）

多数の個人・個物から成る集団をさす名詞である。換言すると，単数形で示されてはいるが，その内容は多数の個体から成っているものをさす。たとえば，family は一家族であるが，その内容は親と子供たちの集まりである。

∷∷∷ 研究問題 ∷∷∷

次の例文中の集合名詞を指摘し，それに訳語を添えよ。また，それが単数として扱われているか複数に扱われているかを検討せよ。

1. There is a family here who are in awfully desperate straits. 2. People say that he has gone abroad. 3. Some furniture has been bought for the new house. 4. Some trees have lost all their fruit in the drought. 5. The public had to seat themselves where they could.

【解答・考え方】 1. **family**（家族） There is のところでは単数扱い。who are のところでは複数扱い。family, crew（乗組員），class（学級），nation（国民）などは，ある程度統制のある組織体であって，はっきりと独立した存在をなす。したがって，数的に数えられるから，この面から見れば普通名詞である。
例 There are twelve *families* living in the building.（その建物には十二家族住んでいる）／She has two *classes* in charge.（彼女はふたクラス担任している）

一方，who are in desperate straits では，その家族の構成員の個々について述べている。My family is a large one. などは団体としての叙述であるから単数動詞を配するが，個々についての叙述であれば，family は単数形であっても複数扱いをする。こういう使い方ができるのが集合名詞の一特徴である。
例 My *family* are all well.（私のうちの者は皆達者です）／Some of the *crew* were drowned.（乗組員の何人かは溺死した）

／All the *tenantry* were invited.（小作人たちは全部招待された）／Even the *household* were sorry for her going.（雇い人たちさえ彼女の去るのを悲しんだ）

2. **people**（人々） 人の集合体であっても，peopleは偶然の集まりであって統制のないものであり，したがって，そのままの形が複数形と見られる。それで「人々」の意味ではpeopleに不定冠詞をつけることはない。また，動物の集団も偶然的のものであるから，peopleと同様に扱われる。

例 *Cattle* are grazing on the common.（家畜は共有地で草を食べている）／The body was left to birds and *vermin*.（死体は鳥や獣の餌にされた）

3. **furniture**（家具類） 単数扱い。物の集団は偶然的なものであることは自明であるが，物の集団を示す名詞は常に全体として扱われて，量的に考えられる。その量を示す形容詞としてはmuch, little, someなどが用いられる。furnitureはchairs, tables, beds, mirrors, bookcases, sideboardsなど種々の品の集団をさすのであるが，部屋を居住できるようにする物という点で共通しているので一つの名で呼ばれる。これを個別的に「家具一品」というときにはa piece（an article）of furnitureのように単位を用いねばならない。

類例 How much new *machinery* has been installed?（どれくらいの新しい機械が備え付けられたか）／The *produce* of the factories is sent off by steamer.（工場の生産物は汽船で搬出される）

上例のmachineryを普通名詞で表せばmachines, produceはproductsとなる。

4. **fruit**（果物） fruitは，多数のために数的に考えようとしても不可能なときは集合名詞とし，量的に見る（例 bear much fruit「たくさんの実ができる」）。ことに，食物として見る場合は単数形で用いる。食物としては物質名詞と見てもよい。しかし，一個二個と数えられる程度の少数であれば普通名詞として扱われる。（例　pare a fruit「果物の皮をむく」）。次の名詞も fruit と同じもの：

hair : do up one's hair（髪を結う）; a few scattering hairs（二三本のほつれ毛）

seed : sow seed(s)（種をまく）

brick : a house made of red brick(s)（赤れんがの家）

coal : put some more coal(s) on the fire（火にもっと石炭をくべる）

5. **the public**（公衆，一般人）　複数扱い。

一社会・一階級をなすような大きな集団は統制があるとは考えられない。したがって，複数扱いが多い（例　the police「警察」, the clergy「聖職者」）。そして定冠詞をとることが多いが，この場合の定冠詞は総合的・対照的な意味合いを持つ（⇒3.6）。つまり，この種の集団は，まとまってはっきりした団体ではないが，他の社会や階級とは明確に区別できる特性を持っているから the がつけられる。

例　*The police* are after him.（警察は彼を追っている）／ *The clergy* were all opposed to the plan.（僧職にある人たちは皆その方策に反対していた）／ *The public* are not admitted.（一般人は入場を許されない）／ *The public* is requested to keep off the grass.（公衆は芝生に立ち入らぬように願いたい）

なお，これらは，「the＋形容詞」が複数名詞に相当する意味になる場合（⇒12.4）と似ている。

例　*The Scotch* are an essentially democratic people.（スコットランド人は本来民主的な国民である）／ *The righteous* are bold as a lion.（正義の士はライオンのように勇敢である）

【文意】 1.　ここにひどく難渋している一家族がある。　2.　彼は外国へ行ったということである。　3. 新宅のために若干の家具が求められた。　4. かんばつで果実を全部失った樹木もある。　5. 一般人は座れるところへ腰を下ろさねばならなかった。

実力テスト 1

（Ⅰ）　次の文中の集合名詞を指摘して適訳を示せ。

1. The landlord used to call to the boy on the arrival of custom. [Stevenson, *The Merry Men*]　2. The floor of the Square was littered with nondescript refuse. [Bennett, *The Old Wives' Tale*]　3. Singapore is the meeting-place of a hundred peoples. [Maugham, *The Casuarina Tree*]　4. She began jerking dishes out of the refrigerator and throwing stuff away. [Macdonald, *The Egg and I*]　5. Mother set the table with candles and silver and glassware and flowers every night whether we had company or not. [*Ibid.*]

（Ⅱ）　次の文中の下線部を吟味して，誤りであれば直せ。

1. People are eating more <u>fruits</u> than they used to.　2. Unfortunately there is no court of appeal in affairs between <u>peoples</u>.　3. Cattle <u>feeds</u> on grass.　4. A table and a few chairs comprise all the <u>furnitures</u> of the room.　5. All my family <u>is an early riser</u>.

【解答】（Ⅰ）1. custom（お客たち）　2. refuse（ごみ，がらくた）　3. peoples（国民）　4. stuff（くず物）　5. silver（銀食器），glassware（ガラス器具類），company（来客）
（Ⅱ）1. fruits は fruit に　2. peoples は正しい（ここでは nation の意）　3. feeds は feed に　4. furnitures は furniture

に　5. is an early riser は are early risers に（早起きは家族個人個人の習慣であるから）

【文意】（Ⅰ）1. 宿屋の主人はお客が着くとその少年を呼ぶのであった。　2. 広場の路面は得体の知れないがらくたで散らかっていた。　3. シンガポールはいろんな国民の寄り合い場所である。　4. 彼女は冷蔵庫から皿をひっぱり出して，くず物を捨てだした。　5. 母は，お客があってもなくても毎晩テーブルにろうそくや銀食器やガラス器具や花を並べた。
（Ⅱ）1. 人々は以前よりも果物をよけい食べている。　2. 不幸なことに国民間の問題には控訴院がない。　3. 牛は草を常食とする。　4. 一脚のテーブルと二三脚の椅子がその部屋の家具の全部である。　5. 私の家族は皆早起きです。

1.4　抽象名詞（Abstract Noun）

性質・動作・状態その他の一般概念を表す名詞である。

例　kindness（親切），bravery（勇気），improvement（改善），walking（歩行），slavery（奴隷の身分），force（力），space（空間）

抽象名詞が示すものは，心の中で考えられたものであるから目に見えず手に触れられないものである。だから，原則として，不定冠詞がついたり複数形になることはない。抽象名詞が示す性質・動作・状態などの程度いかんを示すには量的形容詞が用いられる。

:::::: 研究問題 ::::::

次の文中にある抽象名詞を指摘し，その程度を示すのに用いられている量的形容詞を示せ。

1. He has obtained great success through sheer ability. 2. I have much difficulty in understanding what he says. 3. There is some truth on both sides. 4. He toiled on through discouragement and poverty. 5. A little learning is a dangerous thing. 6. His novel received little attention. 7. Did they take any interest in such intellectual pursuits? 8. Food production in this country is solely for domestic consumption. 9. People suffered from the shortage of housing. 10. There was a certain playfulness about her. [Lawrence, *Women in Love*]

【解答】 1. success (great) 2. difficulty (much) 3. truth (some) 4. discouragement; poverty 5. learning (a little) 6. attention (little) 7. interest (any) 8. production; consumption 9. shortage 10. playfulness (a certain)

【文意】 1. 彼は全くの力量で大きな成功をおさめた。 2. 私は彼の言うことを理解するのにたいへん骨が折れる。 3. 双方にある程度の真理がある。 4. 彼は支障や貧困の中をこつこつと働き続けた。 5. 少しの学問は危険なものである (生兵法は大傷のもと――ことわざ)。 6. 彼の小説はほとんど注意を引かなかった。 7. 彼らはそういう頭を使う仕事に興味を持ったか。 8. この国における食糧生産はもっぱら国内消費のためである。 9. 人々は住宅不足に悩んだ。 10. 彼女にはいくらかふざけたところがあった。

1.5 固有名詞 (Proper Noun)

特定の一人・一物につけられた名称である。固有名詞は常に大文字で書き始め，冠詞はとらない。

例 Mary, Adams, New York, Japan

曜日や月の名，祭日などは固有名詞と考えられる。

例 Sunday（日曜），Monday（月曜），January（一月），March（三月），Christmas（クリスマス），Easter（復活祭）

⁝⁝⁝ 研究問題 ⁝⁝⁝

次の文中の固有名詞を指摘せよ。中には上記の定義にぴったり当てはまらないが，固有名詞に準じた扱いをされているものがある。そういうものも指摘して，固有名詞扱いされる理由を考えてみよ。

1. She stays at home on Saturday. 2. We have no school in August. 3. He went down to the country to keep his Christmas. 4. Father will help us. 5. Cook is busy now. 6. God have mercy upon us! 7. Nature is a good mother.

【解答・考え方】 1. Saturday 2. August 3. Christmas 4. 5. Father と Cook は本来は普通名詞であるが，家族間では呼び名として用いられるところから固有名詞扱いとなる。 6. God（この場合は創造主としての特定の神をさす） 7. Nature 自然を人間扱いしている（擬人化）。

【文意】 1. 彼女は土曜日にはうちにいる。 2. 八月は授業がない。 3. 彼はクリスマスを祝うために田舎へ帰った。 4. 父が私たちを助けてくれるでしょう。 5. コックは今忙しい。 6. 神のわれわれをあわれみたまわんことを。 7. 自然はよい母である。

2.　数的名詞と量的名詞

第一章で名詞を五種に分類してみたが，だいたいは，名詞によって示されるものの性質を主に考えた分類であった。そして，示されるものの性質から，数的に数えられるか数えられないかというような用法が考えられた。たとえば，普通名詞として分類されたものは，その性質上当然数的に数えられる。物質名詞や抽象名詞として分類されたものは，その性質から当然数的には数えられないのである。本章では，数えられる（countable）・量られる（measurable）ということを中心にして名詞を考えてみる。

数えられるかどうかという点から，五種の名詞を考えてみると次のようになる。

（a）　**数的名詞**――普通名詞；ある場合の集合名詞（families, classes など）

（b）　**量的名詞**――物質名詞；抽象名詞；集合名詞

（c）　**数的にも数えられないし量的にはかることもできない名詞**――固有名詞

しかし，上記のことはあくまで原則的なことであって，実際の用法はそう簡単に割り切れるものではない。数的名詞が量的に考えられたり，量的名詞が数的になったりする。また，その性質の受け取り方が英語国民に特有であるため，その用法がわれわれ日本人の考え方とは食い違うこともある。

と言っても，実際の用法が混乱そのものというのではなくて，どこか筋は通っている。以下，この複雑な問題にひととおりメスを入れてみよう。

2.1　広がりを示す名詞

一帯に広がっていて際限のないものと考えられるものは量的に扱われる。目には見えても一定の形がないのだから数的に数えようがない。たとえばsky は，空としてきまった形がなく，ただ一帯の広がりである。land や ground も同様である。もっとも，それに区切りがあるときは a piece of land（ground）のような形にして数える。

:::::: 研 究 問 題 ::::::

次の文中から上述のような扱いを受ける名詞を抽出して，それの適当な訳語を考えよ。

1. I have land of my own.　2. I can see the great white clouds that moved across the strip of sky before my window. [Gissing, *The House of Cobwebs*]　3. Now, the distance from here to the village was six miles across country.　4. It was a fine sight to see the snow falling so quietly and graciously over so much open country. [Cather, *Neighbor Rosicky*]

【解答】 1.　land（土地）　2.　sky（空）　3.　country（田野）　4.　country（平野）

【文意】 1.　私は自己所有の土地を持っている。　2.　窓の前の一区切りの空を横切って動いていた大きな白い雲を今も目の当たり見ることができる。　3.　さて，ここからその村までの距離は田野を横断して六マイルあった。　4.　とても広い平野に，雪がごく静かにしとやかに降っているのはよい眺めであった。

実力テスト 2

次の各組の文中の下線語の意味の相違を明確に訳語で示せ。

1. (a) Do you own much <u>land</u> here?
   (b) They went into a strange <u>land</u>.
2. (a) This is unknown <u>country</u> to me.
   (b) So many <u>countries</u>, so many customs.
3. (a) They left <u>town</u> this morning.
   (b) Manchester is a smoky <u>town</u>.
4. (a) Is there <u>room</u> for me in the car?
   (b) How many <u>rooms</u> has your new house?

【解答】 1.　(a) 土地　(b)（未知の）国　　2.　(a) 地域　(b) 国　3.　(a) 首都　(b) 都会　　4.　(a) 余地　(b) 部屋

【文意】 1.　(a) 君はここにたくさん土地を持っていますか。(b) 彼らは未知の国へ入っていった。　2.　(a) この辺は私には未知の地域です。(b) 国の数だけ習慣がある（ところ変われば品変わる——ことわざ)。　3.　(a) 彼らは退京した。(b) マンチェスターは煙の多い都会である。　4.　(a) 自動車に私が乗る余地がありますか。(b) 今度のお宅には幾部屋ありますか。

2.2　無形名詞

性質上からは数的に数えられないはずのものが，実際には不定冠詞がついたり複数形になって，あたかも数えられる名詞の観を呈することがある。本当は，数えられるのは有形の物に限られるはずであるが，われわれは無形のものでも有形のものと同じように頭の中では処理できる。また，目には見えても一定の形を持っていない物質名詞も時には数的に考える場合がある。つまり，その本質を考えると，普通名詞とすることはできないとしても，普通名詞的に扱われる場合があるわけである。

⁝⁝⁝ 研究問題 ⁝⁝⁝

次の文中の名詞のうち，無形のものを示すのではあるが数えられるような扱いをされている名詞を抽出し，それらがどういうわけで数的名詞として扱われているかを考えよ。

1. He is five feet seven inches tall. 2. It is not necessary to multiply examples. 3. We made three visits to the castle. 4. The matter has not been settled owing to his frequent absences. 5. Bobsleds sometimes attain speeds greater than those of the swiftest trains.

【解答・考え方】 1. **foot, inch** これらは長さを測るのに用いられる単位である。その他，day，week，year などは時間的長さの単位，dollar や pound は金高の，ounce，pound などは目方の単位である。これらの単位を示す名詞は無形のものをさすが，数えるため設けられたものであるから，当然数的名詞である。

2. **examples** 「例」はもちろん無形のものであるが，頭の中では具体的な個物と同じように考えられる。

類例 While he was still young he had two *misfortunes.*（彼がまだ若いころ二度不幸にあった）／He has few *faults.*（彼にはほとんど欠点がない）／These are the chief *events* of the year.（これらがその年のおもな出来事である）

3.　**visits**「訪問」も無形の動作であるが，区切りがあって回数で数えられる。

類例 Do you often go for *walks*?（君は時々散歩に行くか）／Let us have a *rest*.（一休みしましょう）／After many *talks* with his mother, he decided to go.（数度母と話しあった末彼は行くことに決めた）

4.　**absences**「留守」は状態を示し無形であることはもちろんであるが，これにも区切りがあって回数で数えられる。

類例 He easily catches *colds*.（彼はすぐ風邪をひく）／There was a *silence* for a moment.（一瞬沈黙があった）

5.　**speeds**「速度」は抽象的なものであるが，速いのも遅いのもあって，その程度には種々の差がある。種類が考えられると，元来量的であるはずの抽象名詞や物質名詞も数的に扱われる。

類例 At that time, sailors from Europe went chiefly to India for *silks* and jewels.（そのころはヨーロッパからの海員はおもに絹類や宝石類を求めてインドへ行った）／He is often absent from school because of his various *illnesses*.（彼はいろんな病気のために時々学校を休んだ）／There were about fifty boys of *ages* ranging from ten to eighteen.（十歳から十八歳にわたる年齢の少年が約五十人いた）

【文意】 1.　彼は身長五フィート七インチある。　2.　これ以上例をあげる必要はない。　3.　われわれはその城へ三回行った。　4.　その件は彼が時々欠席するので決定されていない。　5.　ボブスレー（そりの一種）は最高速列車よりも速い速力に達することがある。

実力テスト３

（Ｉ）　次の各文中，同一の名詞で量的と数的と両様の扱いを受けているものを指摘せよ。

1. There is no question about his honesty. 2. I have had opportunity to come into contact with all sorts of people. 3. But questions remained as to how to raise the money. 4. We must have the courage to face facts as we find them. 5. I have had long experience in commanding men. 6. They gave him an opportunity of explaining himself. 7. Who is making a noise so early in the morning? 8. Fact is stranger than fiction. 9. I have several pleasant experiences on my trip. 10. Don't make so much noise!

(Ⅱ) 次の各文の名詞のうちから，本質上は無形あるいは量的であるけれども数的に扱われているものを指摘し，普通名詞扱いされる根拠を次の項目に従って分類せよ。

(a) 数えるための単位。

(b) 個物として考えられる事象。

(c) 区切りのある動作・行為・状態。

(d) 種類が数種あるものとして考えられる。

1. Their interests were dissimilar, and the acquaintance had never ripened into friendship. [Maugham, *The Casuarina Tree*] 2. We should overlook mistakes in others. 3. He made several journeys across the continent. 4. These fall rains are very damp. 5. He walked many miles on foot. 6. Shark liver oil was very good against all colds and grippes. [Hemingway, *The Old Man & the Sea*] 7. He has done me many kindnesses. 8. There are rumours that he will resign. 9. You mustn't get me used to too many luxuries. 10. New inventions and discoveries will bring about great changes in the world of tomorrow.

【解答】（Ⅰ） question（1のは量的，3のは数的） opportunity（2のは量的，6のは数的） fact（4のは数的，8のは量的） experience（5のは量的，9のは数的） noise（7のは数的，10のは量的）
（Ⅱ） 1. interests (b) 2. mistakes (b) 3. journeys (c) 4. rains (c) 5. miles (a) 6. colds, grippes (d) 7. kindnesses (c) 8. rumours (b) 9. luxuries (d) 10. inventions, discoveries, changes (b)
【文意】（Ⅰ） 1. 彼の正直についてはなんの疑いもない。 2. 私はあらゆる種類の人と接触する機会を持った。 3. しかし金を集める方法については問題が残っていた。 4. われわれはありのままの事実に直面する勇気を持たねばならない。 5. 私は人を指図するのは長い経験がある。 6. 彼らは彼に自己弁明をする機会を与えた。 7. こんなに朝早くから，だれが騒がしくしているのか。 8. 事実は小説よりも奇である。 9. 私は旅行中何回も愉快な経験をした。 10. そんなにやかましくするな。
（Ⅱ） 1. 彼らの趣味は違っていて，ただ知り合っているというだけでそれが友情にまでは熟していなかった。 2. 他人の過誤は看過すべきである。 3. 彼は何べんも大陸横断旅行をした。 4. これらの秋の雨はとても湿っぽい。 5. 彼は何マイルも徒歩で歩いた。 6. サメの肝油は各種の風邪やインフルエンザの予防によく効いた。 7. 彼は私にいろいろ親切にしてくれた。 8. 彼が辞職するといううわさがある。 9. 私をあんまりいろんなぜいたくに慣れさせないようにしてください。 10. 新しい発明発見は明日の世界に多くの変化をもたらすであろう。

2.3 抽象名詞と集合名詞との関係

抽象名詞は具象化して人や物を示すことがある。その人や物を一まとめにして集団として考えることもある。すなわち，集合名詞として扱われるのである。そういう場合，「人」や「動物」を示すときは意味は複数であり，「物」や「事」を示すときは単数である。

中には，抽象名詞か集合名詞のどちらかに属するものとは考えられるが，それをはっきりさせるのは困難であるという名詞もある。要するに量的名詞であるから，不定冠詞がついたり複数形になることはない。

例 The young folks must have some *fun*.（若い人たちはある程度の楽しみを持たねばならない）／He won a prize for good *behaviour* at school.（彼は学校で善行賞を受けた）／His *conduct* is always admirable.（彼の品行は常にりっぱであった）／We shall have fine *weather* tomorrow.（あすはよい天気だろう）

⁝⁝⁝ 研究問題 ⁝⁝⁝

次の文の下線を施した名詞の適訳を示せ。

1. However man is lord of the beast and the fowl, I still don't think he has any right to violate the feelings of the inferior <u>creation</u>. [Lawrence, *Women in Love*]　2. He stood almost knee-deep in <u>vegetation</u>, and appeared to be examining the various growths about him. [Gissing, *The House of Cobwebs*]　3. I was surprised to hear him utter this impious and disgraceful oath in the presence of innocent <u>girlhood</u>.　4. Pasteur had worked not only for France, but for <u>humanity</u> at

large, without thought of his own profit. 5. The car ran on merrily with its cargo of hilarious youth. [Joyce, *Dubliners*] 6. It is so much fun to hear from some one far away. 7. It was hard luck that he had no children. [Maugham, *Creatures of Circumstance*] 8. It's sheer madness to destroy his trust in you. 9. It would be absolute folly to expect such kindness from him. 10. It is good form to take off one's hat in the presence of a lady.

【解答】 1. creation（動物） 2. vegetation（植物） 3. girlhood（少女たち） 4. humanity（人類） 5. youth（若者たち） 6. fun（おもしろいこと，楽しみ） 7. (hard) luck（運の悪いこと） 8. madness（狂気じみたふるまい） 9. folly（愚かなこと，愚かな行い） 10.（good）form（よい行儀，礼儀）

【文意】 1. 人間はいかに鳥獣の支配者であろうとも，下級の動物の感情を傷つける権利はないと思う。 2. 彼はほとんど膝まで植物の中に立って，周囲のいろんな作物を調べているようであった。 3. 無邪気な少女たちの前で彼がこんな不敬の恥ずかしい言葉を発するのを聞いて私はびっくりした。 4. パストゥールは私利私欲を考えないで，ただフランスのためばかりでなく一般人類のために働いたのであった。 5. 陽気に騒ぐ若者たちを乗せて車は愉快に走り続けた。 6. 遠方の人から便りを聞くのはとても楽しみです。 7. 彼に子供がないのは運が悪かった。 8. 君に対する彼の信用をそこなうのは全くの狂気の沙汰である。 9. 彼からそんな親切を期待するのは全く愚かなことであろう。 10. 婦人の前で帽子を脱ぐのは礼儀である。

2.4 単位語

物質名詞や集合名詞など，量的な物を数的に数えるためには単位となる語を用いる。単位語としては piece が最も広く用いられるが，液体などは容器が単位語となる。また，名詞によってそれぞれ固有の単位語を用いるものがある。

例 a piece of meat（一切れの肉）；two pieces (sheets) of paper（紙二枚）；a glass of wine（ぶどう酒一杯）

また，複数名詞にまとまりを与えるために，単位に相当するような語を用いることがある。

例 a pair of scissors（はさみ一丁）；a pair of trousers（ズボン一着）；a flock of sheep（羊の一群）

単位語やまとまりを示す語を用いるときに，形容詞をつけるとするとその位置に注意を要する。

例 a dark suit of clothes（黒っぽい色の一着の洋服）；a new pair of skis（新しい一対のスキー）

実力テスト 4

（I） 次の空所を適当な語で埋めよ。

1. 角砂糖一個 a (　　　) of sugar
2. 家具一点 an (　　　) of furniture
3. ガラス板一枚 a (　　　) of glass
4. パン一切れ a (　　　) of bread
5. せっけん一個 a (　　　) of soap
6. コーヒー一杯 a (　　　) of coffee
7. 一つの愚行 an (　　　) of folly
8. 一つの幸運 a (　　　) of luck
9. てんびん一台 a (　　　) of scales

10. トランプ一組　a（　　　）of cards

（Ⅱ）次の各群の英単語を，日本語で示された意味になるように配列せよ。

1. set a cups china of fine（りっぱな茶わんの一揃い）
2. fine of fun a piece（おもしろい冗談）
3. piece work of beautiful a（美しい細工品）
4. waiting him of for A group officials were sombre.（陰鬱な役人の一群が彼を待ち受けていた）
5. has pair years for He which he boots has of good worn a many.（彼は数年はきならしたよい一足の靴を持っている）

【解答】（Ⅰ）1. lump　2. article　3. sheet　4. bit（piece）　5. cake　6. cup　7. act　8. stroke　9. pair　10. pack

（Ⅱ）1. a fine set of china cups　2. a fine piece of fun　3. a beautiful piece of work　4. A sombre group of officials were waiting for him.　5. He has a good pair of boots which he has worn for many years.

2.5 不定数量を示す句

設 問 次の二文の下線部の意味の相違およびそれに続く動詞の数（number）を検討してみよ。

(a) The number of motor-cars has recently increased.
［共立女子大］

(b) A number of motor-cars have already arrived.

解 説 (a) では「自動車の数」であるが，(b) では

「自動車の若干数」であり，これは「若干数の自動車」と同じことである。それで結局，some motor-cars と同じことになり，a number of は不定数を示す形容詞句ということになる。もっとも，a number は「ある数」「任意の数」であるから，some とは限らないのであって，many となる可能性もある。事実，文の前後関係から many の意になることが多い。

例 I have a number of things to do.（私にはすることがたくさんある）

次に，その場合に用いられる動詞が単数であるか複数であるかを検討してみると，(a) では単数動詞が配されているが，number が真の主語であるのだから，これは当然である。ところが (b) では複数動詞が配されている。a number of が many の置き換えのように感じられるため，動詞の数を motor-cars に一致させるのである。

一方，不定量を示す形容詞句もある。たとえば，a lot of money は much money に相当する。

a number of や a lot of はそのままで「多数の」「多量の」を意味するが，時には「多」をはっきり示すために large, vast, great, good などの形容詞を number などの前に入れることがある。また「少」を意味するために small を入れる。

例 a *great* number of people（多数の人々）／a *good* deal of trouble（多くの面倒）／in a *small* number of cases（少数の場合においては）

また，「多」を意味するために number や lot を複数形にすることがある。これはちょっと理に合わない複数の使い方であって，多量を示すための修辞的な工夫と見るべきである（⇒4.3の研究問題9，10の解答）。

例 He made *numbers of* experiments.（彼は何度も実験をやった）／There are *lots of* people on the beach.（海岸には多数の人が出ている）

⁝⁝⁝ 研究問題 ⁝⁝⁝

（I） 次の文中から，不定数量を示す形容詞句を抽出して，意味上それに匹敵する形容詞を示せ。

1. He has a lot of English books. 2. The room was littered with a crowd of books. 3. The book will find a multitude of readers. 4. The word can be used in a variety of significations. 5. He collected a quantity of curious information. 6. Vast crowds of people were already pouring towards the scene of action. [Dickens, *The Pickwick Papers*] 7. He was well known to have heaps of money. [*Ibid.*] 8. There were vast quantities of Chinese and other Eastern scripts. [Hilton, *Lost Horizon*] 9. There were multitudes of fleas, though she did the best she could. [Cather, *Neighbor Rosicky*] 10. He has given large sums of money toward the asylum's support. [Webster, *Daddy-Long-Legs*]

（II） 次の文の（　）を，示された日本文の意味に合致するように適当な語で埋めよ。

1. A（　）（　）of men（　）killed.（多数の人が殺された） 2. A（　）crowd of boys（　）playing in the playground.（少数の少年が遊んでいる） 3. A（　）of admirers（　）poured out to welcome her.（多数の敬慕者が押し寄せている） 4. There（　）such a（　）of

movements going on.（とてもたくさんの運動が行われている）
5. There（　　）plenty of things to be done.（することがたくさんある）

【解答】（Ⅰ）1. a lot of（many）　2. a crowd of（many）　3. a multitude of（many）　4. a variety of（many）　5. a quantity of（much）　6. vast crowds of（very many）　7. heaps of（very much）　8. vast quantities of（very many）　9. multitudes of（very many）　10. large sums of（very much）
（Ⅱ）1. great, number, were　2. small, are　3. multitude（lot）, have　4. are, lot　5. are
【文意】（Ⅰ）1. 彼は多数の英書を持っている。　2. 部屋には多数の本が散らかっていた。　3. その本は多数の読者を持つだろう。　4. その語はいろんな意味に用いられる。　5. 彼は多くの珍しい情報を集めた。　6. 多数の人々がもう現場の方に向かっていた。　7. 彼が大金持ちであることはよく知られていた。　8. 中国やその他東洋の手書がうんとあった。　9. 彼女はできるだけ努力をしたのだが，ノミがたくさんいた。　10. 彼は養育院の維持のために巨額の金を寄付した。

2.6　単位語を省略した言い方

「茶」は本来物質名詞であるから，two cups of tea のように量る単位を用いて数えるのが原則であるが，時には簡略に Two teas!（お茶を二つください）のように言う。こういうふうに量的名詞に直接に数的処理を加える場合がある。

例 Fetch me *a paper*. [Onions]「紙を一枚もってきてください」（a paper＝a piece of paper）

また，抽象名詞の前に不定冠詞を見ることがある。Doesn't it appear to you as a possibility? では「可能なこと」であって，心の中で考えられる個物と見られる(⇒2.2)。この場合には数的「一」の意味が感じられる。ところが，He has an interest in politics. では interest（興味）は抽象名詞としての意味を保持している。それで，不定冠詞 an は a degree of (interest) の簡略な表現と見られる。こうなると，元来は不定冠詞は数的な意味であるものが，量的意味に変わって some と同じ意味になる。もっとも，some に比べればよほど軽くて，日本語に訳出しなくてよい。

さらに驚くことは，複数名詞の前に不定冠詞を直接に置くことがある。これも簡略表現の一つである。相手にわかりさえすれば，少々理屈に合わなくても，はしょって表現することがしばしば行われる。

例 a scissors（＝a pair of scissors「はさみ一丁」）; a forceps（＝a pair of forceps「ピンセット一丁」）

:::::: 研究問題 ::::::

次の文から，簡略表現を目的に数的扱いされている量的名詞を抽出して，その訳語と，full な表現の形を示せ。

1. She could not push a thread through the needle. 2. They will stay here for a time. 3. He took another whisky and soda. [Maugham, *The Casuarina Tree*] 4. Can I offer you a beer on the Terrace? [Hemingway, *The Old Man & the Sea*] 5. She received two fail notes and shed many tears. [Webster, *Daddy-Long-Legs*] 6. He conceived a reluctance

to leave the cabinet. [Stevenson, *New Arabian Nights*]　7. He has a prejudice in favor of his pupils.　8. She has acquired a knowledge of practical life.　9. We have a love of beauty and some considerable knowledge of art. [Galsworthy, *Castles in Spain*]　10. Then I heard footsteps on a stairs. [Fitzgerald, *The Great Gatsby*]

【解答】 1. a thread「(一筋の) 糸」(=a piece of thread)　2. a time「しばらく」(=a period of time)　3. another whisky and soda「もう一杯のウィスキーソーダ」(=another glass of whisky and soda)　4. a beer「ビール一杯」(=a glass of beer)　5. tears「(数滴の) 涙」(=drops of tear)　6. a reluctance「気が進まない感じ」(=a degree of reluctance)　7. a prejudice「偏見」(=a degree of prejudice)　8. a knowledge「知識」(=a degree of knowledge)　9. a love「愛好」(=a degree of love)　10. a stairs「(一登りの) 階段」(=a flight of stairs)

【文意】 1. 彼女は針に糸を通すことができなかった。　2. 彼らはしばらくここに滞在するでしょう。　3. 彼はウィスキーソーダをもう一杯飲んだ。　4. テラスでビールを一杯差し上げたいのですが。　5. 彼女は落第点を二つもらってうんと涙を流した。　6. 彼はその小室を出るのがなんだかいやになった。　7. 彼は自分の教え子をひいきにしている。　8. 彼女は実生活がいくらかわかってきた。　9. われわれは美を愛好し芸術について相当の知識を持っている。　10. そのとき私は階段に足音を聞いた。

2.7 部分を示す（代）名詞

part は「部分」であり，the rest は「他のもの，残部」である。また some，most，half なども「部分」を示し，all は「全部」を示す。これらは何の部分であるかによって，数的に扱われたり量的に扱われたりする。

設問 次の例文につき，部分を示す語の不定冠詞の有無，および単数扱いか複数扱いかを観察せよ。

（1） **part**

Only（a）*part* of his story is true.／The road was passable only *part* of the year.／A great *part* of the thieves were caught.

（2） **the rest**

One of them was a European, but *the rest* were natives. ／*The rest* of the promontory is full of ruins.

（3） **some**

Some of these people come from France.／*Some* of the money is given to the poor.

（4） **most**

Most of the farm work is done by machines today.／*Most* of the students are boarders.／That's what *most* of the gentlemen does, sir, that gets sent down for indecent behaviour. [Waugh, *Decline & Fall*]

（5） **all**

All of us want to go.／*All* of the money was not spent. ／*All* is not gold that glitters.

解説 (1) **part** 「部分」がはっきり区切られて一個体をなすときは不定冠詞をとるが,「一部分の分量」の意のときは量的名詞と見られて,しばしば無冠詞である。また,「一部(大部)の人々」の意のときは複数動詞が配される。

(2) **the rest** 量的に見られるときは単数扱いであるが,幾つかの個体,ことに「人」から成っていると見られるときは複数扱いとなる。

(3) **some** 「人々」のときは複数扱いで,量的なものの部分を示すときは単数扱い。

(4) **most** 量的なものの「大部分」の意のときは単数扱い。「人々」の意のときは複数扱いが原則であるが,時には一つの集団と見て単数扱いとなることがある。

(5) **all** 「人々」の全部のときは複数扱いで,量的なものの全部,および「物」の集団は単数として扱われる。

【文意】 (1) 彼の話は一部だけが真実である。/その道路は一年のうち一部分の間だけ通れた。/盗賊の大部分は捕らえられた。 (2) 彼らのうちのひとりはヨーロッパ人だったが他の者は先住民であった。/岬の他の部分には廃きょがいっぱいある。 (3) これらの人々のうちにはフランスから来ている者もある。/その金のうちいくらかは貧困者に与えられる。 (4) 今日では農場の仕事の大部分は機械でなされる。/学生の大部分は寄宿生である。/あなた,それは不行跡で大学を追われたたいがいの人がすることですよ。 (5) われわれの全部が行きたいのです。/その金の全部は使われなかった。/光る物すべてが金ではない——ことわざ。

実力テスト 5

次の文の空所を適当な語で埋めよ。

1. Most of his pictures (　　　) found their way into museums, and the rest (　　　) the treasured possessions of wealthy amateurs. [Maugham, *The Moon & Sixpence*]　2. He passed through the smoking-room, where the bulk of the players (　　　) still consuming champagne. [Stevenson, *New Arabian Nights*]　3. Of my companions, the greater part (　　　) in the grave.

【解答】 1. have; are　2. were　3. are

【文意】 1. 彼の絵の大部分は博物館にはいっていて，残りは富裕な愛好家の貴重な所有物となっている。　2. 彼は喫煙室を通り抜けたが，そこでは賭博者の大部分はまだシャンパンを飲んでいた。　3. 私の友だちのうち大部分はあの世にいる。

2.8 数えられる固有名詞

固有名詞は一人一物につけられた名であるから，同じものが幾人も，または幾個もあるということは原則としてはないはずである。しかし，同名の人は幾人もあり得る。また，その人の作品を固有名詞のままで表すことがあるが，この場合にも多数あり得る。そうなると，普通名詞扱いとなって数的処理がなされる。

研究問題

次の文で普通名詞扱いされる固有名詞を指摘し，訳語を添えよ。

1. There are three Smiths in our class. 2. The Warrens had a beautiful colonial house and two cars. [Macdonald, *The Egg and I*] 3. Her mother was a Rutherford. 4. I am reading a Shakespeare. 5. I wish our school would produce a large number of Edisons.

【解答】 1. Smiths スミス（という名の三人） 2. Warrens ウォレン（夫妻） 3. Rutherford（旧姓）ラザフォード 4. Shakespeare シェークスピア（の作品） 5. Edisons エジソン（のような人——大発明家）。

【文意】 1. 私どものクラスにはスミスが三人いる。 2. ウォレン夫妻は植民地時代風の美しい家と二台の自動車を持っていた。 3. 彼女の母はラザフォード家から来ていた。 4. 私はシェークスピアを読んでいる。 5. われわれの学校から多数のエジソンが出ることを願う。

3. 冠詞の意味・用法

3.1 不定冠詞の意味

不定冠詞a, anは，元来はoneに由来するので，数的「一」がその主要な意味である。そして，これを基として種々の意味に発展している。そのおもなものをあげると次のようになる。

(a) **数的「一」**(one)

はっきりと積極的に「一」を意味することは少なくて，ただ幾つかの句の中に見られるのみである。

例 two at a time（一度に二つ）; in a body（一団となって）; at a leap（一躍で）; once a week（一週間に一度）; in a week or so（一週間かそこらで）

多くの場合は，つきつめれば「一」の意味に帰するというだけで，日本語では訳さないほどに意味は弱い。

例 He is *a* scholar.（彼は学者である）／He has *a* house of his own.（彼には自分所有の家がある）

(b) **「同一」**(one and the same)

「一つ」から「同じ」の意が出ることは日本語でも同様で，日本語でも「一つ屋根の下に住む」などと言う。

例 Two of *a* trade seldom agree.（商売がたきはいつも合わない――ことわざ）／They are much of *a* mind.（彼らはだいたい同じ意見である）

(c) **「ある一つの」「一種の」**(a certain)

その名詞についていろいろ種類が考えられ，そのうちの「一つ」という意味で用いられる（⇒3.3）。

例 That is true, in *a* sense.（ある意味ではそれは本当だ）／Temperance is *a* virtue.（節制はひとつの美徳である）／*A* Mr. Smith called you yesterday.（スミスさんという人が昨日あなたをたずねて来ました）

(d) **同類代表**（any）

「ある一つ」から「任意の一つ」（any）となり，これがさらに「すべての」（all）となって，その類全体をさす。これを**総称単数**（Generic Singular）という。

例 *A* whale is a mammal.（鯨は哺乳動物である）／*A* man who is sick can't work well.（病人はうまく働けない）

(e) **「ある程度の」**（some）

抽象名詞につけられた場合に見られる（⇒2.6）。

He has *a* liking for algebra.（彼は代数が好きである）

【注意】 不定冠詞の意味は互いに関連しているため，場合によっては上のようにはっきり分類できないこともある。

3.2 不定冠詞と定冠詞との比較

最上級や序数（first, second など）に修飾される名詞は定冠詞をとるのが原則であるが，同類が幾つでもあり得ると考えられるときは不定冠詞をとる。

例 a first love（初恋）; a third person（第三者）; a best suit（晴れ着）

::::::研究問題::::::

原則的には定冠詞を用いるはずのところに不定冠詞が用いられている場合を次の文中から抽出して，定冠詞を用いた場合との意味上の相違を考えよ。

1. As a first step, the whole system of society is to be torn down and built up anew. [Hawthorne, *The Scarlet Letter*] 2. He waved a last farewell to his friends. [Maugham, *The Casuarina Tree*] 3. One would suppose you wanted a second visit from her. [Dickens, *David Copperfield*] 4. She put these searching questions, one and again and still a third time.

【解答・考え方】 1. **a first step** その場合第一着手として行うべきことは数々考えられるがそのうちの一つとしてという感じで不定冠詞。

2. **a last farewell** そうした場合にだれもがするであろう最後の別れの挨拶。the にすると，その場合に行ったものの最後の挨拶の意となる。

3. **a second visit** a second はだいたい another と同じ意味。ここでは「もう一度の訪問」。the にすると，すでになされた数度の訪問のうちの第二番めのものの意となる。

4. **a third time** すでに二回行われて，「さらにもう一度」である。

【文意】 1. 第一着手として社会の全組織を破壊して造りなおすべきである。 2. 彼は友だちに手を振って最後の別れを告げた。 3. 君は彼女にまた来てもらいたいと思っていると人には思われたであろう。 4. 彼女はこういう鋭い質問を一度，二度，さらに三度までもした。

3.3　種類を示す不定冠詞

本来は不定冠詞をとらないはずの名詞でもいろいろその種類が考えられて，そのうちの一つであるという心持ちを表そうとするときには不定冠詞がつく。

例　*A* hardness came over her face. [Lawrence, *Women in Love*]（ある厳しさが彼女の顔に表れた）／There was *a* delicacy, almost *a* floweriness in all her form. [*Ibid.*]（彼女の姿態には一種の優美さ，いな華麗といってもよいようなところがあった）

名詞に形容詞がつくと，「そういう一種の」という感じがことに強く持たれて，そのために不定冠詞をとることが多くなる。形容詞句や形容詞節に修飾される場合も同様である。

また，その程度がいろいろあると考えられることから種類感を持ち得る名詞，たとえば厚さ・重さ・高さ・速度・割引・給料・過半数・差額などを示す名詞には不定冠詞がつく。ことに数詞を含む句ではっきりその程度を示せば，そういう一種のということになるから不定冠詞がつく。

例　*a* thickness of ten feet（十フィートの厚さ）；*a* weight of ten stone（十ストーンの重さ）；*a* height of 2,500 feet（二千五百フィートの高さ）；*a* speed of 50 miles an hour（一時間五十マイルの速力）；*a* reduction of 15 per cent（一割五分の割引）；*a* salary of 120 pounds（百二十ポンドの俸給）；*a* majority of 500 votes（五百票の過半数）；*a* difference of 5 pounds（五ポンドの相違）

⁝⁝⁝ 研 究 問 題 ⁝⁝⁝

上の説明に該当する用法の不定冠詞を指摘し，その使用理由を考察せよ。

1. The canal was completed at a cost of 460 million dollars. 2. The city has a population of more than eight million. 3. The moon was observed as if with a naked eye from a distance of only about 50 miles. 4. When there is an election, each voter has one vote and the man or woman who received a majority is elected. 5. The project was defeated by a six to one majority. [Bennett, *The Old Wives' Tale*] 6. She felt an unspeakable happiness, and at the same time an encroaching fear. [Gissing, *The House of Cobwebs*] 7. His eyes declared an emotion akin to awe. [*Ibid.*] 8. With an astuteness which was unexpected in a man who looked so happy-go-lucky, he had invested his savings in Government stock. [Maugham, *The Casuarina Tree*] 9. She seemed to be playing a part in a grotesque comedy rather than living in a world of grave realities. [Gissing, *The House of Cobwebs*] 10. She felt a lightness of spirit she had thought never to feel again. [Maugham, *Up at the Villa*]

【解答・考え方】 1. **a cost** 2. **a population** 3. **a distance** 以上，cost（費用），population（人口），distance（距離）には，程度による種類があり得るわけであって，続く句（of ～）によって，種々あるうちの「そういう一種の」ということになるので不定冠詞がつく。

4. **a majority** majority（過半数）には，圧倒的な多数もあれば，かつかつの多数もあり，またその中間のさまざまな程度の過半数もあり得る。そのうちのどれかある一つの過半数の意でaがつく。

5. **a…majority** six to one（六対一）という修飾句によって，「そういう一種の」という感じを与えられる。

6. **an unspeakable happiness**（言うに言われぬ一種の幸福）；**an encroaching fear**（何か迫ってくる一種の不安） 抽象名詞が形容詞に修飾されて種類感を与えられる。

7. **an emotion**（一種の感情） akin to awe（畏敬に近い）に修飾されて，種類の感じが持たれる。

8. **an astuteness**（一種の抜けめなさ） which 以下の関係詞節によって「そういう種類の」という感じが出る。

9. **a world**（一種の世界） worldは通例theをとるが，of grave realities（厳粛な現実の）という修飾句によって種類感が大きく与えられるためaになる。

10. **a lightness of spirit**（一種の気軽さ） she had… なる関係詞節によって種類感が出る。

【文意】 1. 運河は四億六千万ドルの費用で完成された。 2. その都市は八百万以上の人口を有する。 3. 月はたった五十マイルくらいの距離から肉眼で見るように観測された。 4. 選挙が行われるときには各選挙人は一票を投じ，過半数を得た男なり女なりが当選する。 5. その計画は六対一の多数で否決された。 6. 彼女は言うに言われぬ一種の幸福と，同時に，何か迫ってくる一種の不安を感じた。 7. 彼の目は畏敬に近い感じを表していた。 8. のんきそうに見える人には珍しいと思われるような抜けめなさで，彼は貯金を公債に投資していた。 9. 彼女は，厳粛な現実の世界に住んでいるというよりも，むしろ滑稽な喜劇の一役を演じているような観があった。 10. 彼女はまたと感じようとは思わなかった一種の気軽さを感じた。

3.4　不定数量・概数を示す語の前で

many, few, little などはおおよその数や量を示す。つまり,「多い」といっても種々の程度があり,「少ない」にもいろいろある。そういう幅のある数量のうちのある一つという感じで, これら不定数量を示す形容詞・代名詞には不定冠詞がつく。

例 He made *a few* mistakes.（彼は二三の誤りをした）／ There is *a little* wine in the bottle.（瓶には少しぶどう酒がある）／ There are *a great many* high schools in which French is taught as a second language.（フランス語が第二外国語として教えられるハイスクールが非常に多い）／ *A few* of them were caught, but *a great many* escaped.（彼らのうち少数の者は捕らえられたが大多数は逃げた）／ She knows *a little* of everything.（彼女はあらゆることについて少しずつ知っている）

few や little は,「無」に重点を置くときは, 上述のような「幅」は考えられない。したがって, そのうちの一つという感じも伴わないので不定冠詞はつけない。

例 *Few* boys could understand what was said.（述べられたことを理解できた少年はほとんどいなかった）／ There is *little* hope of her recovery.（彼女が回復する望みはほとんどない）

また, 数詞を伴った複数名詞がさらにその前に形容詞を持つとき, 不定冠詞をとることがある。その形容詞というのは, 不定数あるいは複数を示すものが多い。こういう形容詞が添えられると, 示された数の上下にいくらか幅を持たせることになり，そのあたりのある一つの数という感じで不定冠詞がつけられる。そして，こういう場合の複数名詞は通例，時間・距離・金額などの単位になる語である。(⇒4.4)。

⁝⁝⁝研究問題⁝⁝⁝

（Ｉ） 次の文の中から「不定数量を示す形容詞＋名詞」の結合を抽出して，その訳語を示せ。

1. Philip looked at him with a certain apprehension. [Huxley, *Point Counter Point*] 2. They paid small attention to the incident. 3. It was heard at a considerable distance. 4. What you want is a good thrashing. 5. It was a very old name, and he had a great respect for it. [Burnett, *Little Lord Fauntleroy*]

（Ⅱ） 次の文中から「不定冠詞＋形容詞＋数詞＋複数名詞」の結合を抽出して，その訳語を示せ。

1. The father drowned when Nathan was a bare two years old. 2. The world hardly knew his name a scant three months ago. 3. It was a good five miles away from here. 4. She stood a good three inches taller than he. [Maugham, *The Casuarina Tree*] 5. An estimated 1,000 guerrillas still roamed the jungles.

【解答】 （Ｉ） 1. a certain apprehension「ある程度の（かなりの）心配」 2. small attention「ほんのわずかの注意しか（…なかった)」 3. a considerable distance「かなりの距離」 4. a good thrashing「じゅうぶんのむち打ち」 5. a great respect「多くの尊敬」

（Ⅱ） 1. a bare two years「かつかつ二年」 2. a scant

three months「三年足らず（の年月）」　3. a good five miles「たっぷり五マイル」　4. a good three inches「たっぷり三インチ」　5. an estimated 1,000 guerrillas「だいたい千人のゲリラ隊」

【文意】（Ⅰ）1. フィリップはかなり心配そうに彼を見た。 2. 彼らはその事件にわずかの注意しか払わなかった。　3. かなり離れたところでそれは聞こえた。　4. おまえが必要とすることはうんとむち打たれることだ。　5. それは非常に古い名であって，彼はそれを大いに尊敬していた。

（Ⅱ）1. ネイサンがやっと二歳になったころ父親が溺死した。 2. かつかつ三年前には世界は彼の名をほとんど知らなかった。 3. それはここからたっぷり五マイル離れている。　4. 彼女は彼よりはたっぷり三インチ高い。　5. 約千人のゲリラ隊がまだジャングルをさまよっていた。

3.5　不定冠詞の位置

such は形容詞であるから名詞を修飾するが，その名詞が同時に不定冠詞をも必要とする場合，その語順は注意を要する。

例　I never saw such a sight.（私はそんな景色を見たことがない）

such が，数詞や不定数を示す形容詞と名詞の前で並ぶときは，上記の不定冠詞のとる位置とは違う。

例　One such occassion came last week.（そういう一つの場合が先週やってきた）／He dropped several such remarks.（彼はそういう言葉を幾つももらした）／Most such cancers occur in inaccessible places.（たいがいのそういう

ガンは届かないところに発生する）／He did no such thing.（彼はそういうことは何もしなかった）

形容詞としての what や many も such と同じく，不定冠詞の前に位置する。

例 What a good talker you are!（君はなんとよくしゃべるんだろう）／Many a person has had the same experience.（多くの人は同じような経験をしたことがある）

なお，too, so, as, how などの副詞が形容詞の前にあるときは，不定冠詞の位置は形容詞の次になる。たとえば，a large house に上記の副詞を加えると次のようになる：

too large a house（大きすぎる家）；so large a house（そんなに大きな家）；as large a house (as)（…と同じ大きさの家）；how large a house（なんと大きな家）

ただし，too の場合には a too large house の語順になるときがある。a very large house と同じ語順であって，意味もだいたい very に近くなる。ことに，不定詞が後続しないような場合にこの語順を見る。

例 He was trembling and sweating as if he had smoked *a too* strong cigar. [Galsworthy, *The White Monkey*]（あまりに強い葉巻でものんだように彼は震えたり汗ばんだりしていた）

⁝⁝⁝ 研究問題 ⁝⁝⁝

次の文中，不定冠詞が異常な位置をとっている部分を指摘せよ。

1. He was a man of too high a character, I think, to have told

it to me unless it were true. [Maugham, *Creatures of Circumstance*]　2. I could not believe that anyone would make as expensive a present as that from pure friendship. [Id., *Cakes & Ale*]　3. How can you waste your youth and beauty? They last so short a time. [Id., *Up at the Villa*]　4. Topham, musing over his good luck, thought with a shiver on how small an accident it had depended. [Gissing, *The House of Cobwebs*]　5. Two occasions of grave anxiety were at present troubling her, and though he spoke of them less, her husband in no less a degree. [Id., *A Life's Morning*]

【解答】 1. too high a character　2. as expensive a present　3. so short a time　4. how small an accident　5. no less a degree

【文意】 1. 彼は人格者でしたから，うそと知ってそれを私に話したはずはないと思います。　2. どんな人にせよ，全くの友情からそんな高価な贈り物をする気になるとは信じられませんでした。　3. あなたはせっかくの若さと美しさをどうして活用されないのでしょう。それらは命の短いものですよ。　4. トッパムは自分の幸運を考えて，その幸運がいかに小さな偶然によって決まったかを考えて身震いした。　5. 二つのゆゆしい心配事が目下彼女を悩ましていた。そして彼女の夫は彼女よりもそのことを話すことは少なかったが，彼女に劣らず悩んでいた。

実力テスト 6

次の文の中に不定冠詞の使用の点で誤りがあれば直せ。

1. Delighted to be consulted by a so great personage, I at once agreed. [武蔵工大]　2. What large house that is!　3.

How futile thing is education!

【解答】 1. by so great a personage　2. What a large house...　3. How futile a thing...

【文意】 1. そんな偉い人物から相談を受けたのがうれしくて私はさっそく承諾した。　2. あれはなんと大きな家だろう。3. 教育なんてなんとまあ無駄なものだろう。

3.6　定冠詞の意味・用法

定冠詞 the は指示代名詞 that の弱い形であって，軽く「その」という意味である。この根本的意味に基づいて，次のような場合に使用される。

(a)　特定のものをさし示すとき

文の前後関係や実際の場面から，自然に特定のものと決まる名詞につける。

例 This is *the* dictionary that I bought yesterday.（これはきのう買った辞書です）／Shall I shut *the* window?（窓をしめましょうか）

(b)　総合するとき

複数の名詞につけると，the の持つ指示性から「それだけの」の意となって，全体をひとまとめにする働きをする。

例 *the* Joneses（ジョーンズ一家，ジョーンズ夫妻）; *The* United States of America（アメリカ合衆国）; *the* Rockies（ロッキー山脈）; This animal is unknown to *the* zoologists.（この動物は動物学界に知られていない）

(c)　**対照するとき**

二者を並べて相対する関係に置くと，両者はそれぞれ類を異にし，限界のはっきりしたものとして感じられるため，定冠詞がつく。

例　*The* child is father of *the* man.（子供はおとなの父である——三つ子の魂百まで——ことわざ）

(d)　**同類代表**

「その」とさし示すことによって，その類だけを区別し，その類にはいらないものを排除するゆえ，その名詞は「…というもの」という総称的意味を獲得する。

例　*The* dog is a faithful animal.（犬は忠実な動物である）

A dog is... としても総称的意味となることは3.1（d）で説明したとおり。不定冠詞の場合は「どの犬でも」という任意選択的意味から総称的意味に到達する。なお，総称的意味は複数でも表せる（⇒4.2）。

(e)　**抽象化するとき**

the は他種と区別してそれを一種類の代表と見るところから，その類の特性を浮き上がらせることになる。

例　There was something of *the* patriot in his composition.（彼の性格にはいくらか愛国者的なところがあった）

::::::研究問題::::::

次の各文中の定冠詞の意味を検討して，それらを指示的・総合的・対照的・総称的・抽象的の五種に分類せよ。

1. Who invented the typewriter?　2. At a crisis I find that both the spirit and the flesh are weak.　3. In order to

realize the romance of life you must have something of the actor in you. [Maugham. *The Moon & Sixpence*]　4. He lived a life of the spirit.　5. I did not say that I had met the Driffields.　6. Thus he found himself the rescued instead of the rescuer. [Hilton, *Good-bye, Mr. Chips*]　7. He'd talk by the hour and he never cared who he talked to. [Maugham, *Cakes & Ale*]

【解答・考え方】 1. *the* typewriter（総称的）　2. *the* spirit, *the* flesh（対照的）　3. *the* romance（指示的）; *the* actor（抽象的）　4. *the* spirit（対照的）文にあらわれていないが，話者はthe body を心の中で対立的に考えている。　5. *the* Driffields（総合的）　6. *the* rescued, *the* rescuer（対照的）　7. *the* hour（対照的）心の中でthe minuteを対立的に考えている。

【文意】 1. だれがタイプライターを発明したか。　2. いよいよとなると，精神も肉体も弱いものであることがわかる。　3. 人生のロマンスを理解するためには，いくらか俳優的な性質がなければならない。　4. 彼は霊的な生活を送った。　5. 私はドリッフィールド夫妻に会ったとは言わなかった。　6. かくて結局，彼は救助者でなくて救助される者となった。　7. 彼は何時間と話し，話し相手がだれであろうと，いっこうにかまわなかった。

3.7　無冠詞

主として，単数普通名詞について考えることとする。単数普通名詞でも次のような場合には冠詞をとらない。

(a) **「目的」**

建物など，具体物としてというよりも，それの本来の使用目的を考えるときは無冠詞。

例 They go to *church* on Sundays.（彼らは日曜日には教会へ行く）／He is now at *school.*（彼は今は学校へ行っている）／*College* opens in two weeks.（大学は二週間後に始まる）／The gardener was picking fruit to send to *market.*（園丁は市場へ出す果物をもいでいた）

(b) **「身分」「関係」「特質」**

具体的な「人」としてでなくて，上の標題のような抽象的な意味合いのときは無冠詞。

例 He obtained a post as *telephone operator.*（彼は電話交換手としての職を得た）／Curie was appointed *professor* of the Sorbonne.（キュリーはソルボンヌ大学の教授に任命された）／One of his daughters is *wife* to a young solicitor. [Gissing, *The House of Cobwebs*]（彼の娘のひとりは若い事務弁護士に嫁いでいる）／She did not think him *man* enough. [Galsworthy, *The Dark Flower*]（彼女は彼がおとなになっているとは思わなかった）／*Child* as he was, he was desperate with hunger. [Dickens, *Oliver Twist*]（彼は子供だったけれども飢餓でやけくそになっていた）／He performed the part of *host.*（彼は主人役をつとめた）

(c) **句の中で**

前置詞とともに句を作るとき普通名詞が無冠詞のことがあるが，これは「方法」「態度」「状態」などを示して，具体的な個物として考えないためである。

例 With shaking *hand* Rose unfolded the first letter. [Gissing, *The House of Cobwebs*]（震える手でローズは第一の手紙を開封した）／He wrote a few words in *pencil* on the back. [Huxley, *Point Counter Point*]（彼は裏に二三語を鉛筆で書いた）／She insisted that she was with *child*. [Aldington, *Death of a Hero*]（彼女は妊娠していると言い張った）

(d) **man と woman**

man が広く「人類」「男性一般」を，また woman が「女性一般」をさして総称的意味で用いられるときは無冠詞。もっとも，総称的意味は men, women でも表される（⇒4.2）。

(e) **連続的なもの**

季節や，一日の区分の名は，一連の状態と感じられるときは無冠詞。もっとも，「午前」と「午後」というふうに，対照的に見ると定冠詞をとる（⇒3.6（c））。また，食事・遊戯・病気など一回の行事と見ないときは無冠詞である。

例 *Spring* came round.（春がめぐってきた）／It's almost *dawn*.（もうおおかた夜が明けた）／When I awoke, it was *afternoon*.（私が目をさましたときは午後だった）／*Night* was closing in as we reached there.（そこに着いたときは夕闇が迫っていた）／*Evening* was just falling.（ちょうど日が暮れようとしていた）／Let's play *baseball* together, some day.（いつかいっしょに野球をしましょう）／He is afflicted with *gout*.（彼は痛風に悩んでいる）

(f) **呼びかけ**

普通名詞が呼びかけに用いられるとき，およびこれから発して固有名詞的に用いられるときは無冠詞。

例 *Waiter,* two teas!（給仕，茶を二つ）／The letter is from *Father.*（手紙は父からです）

実力テスト7

次の文の空所にそれぞれ最も適当な冠詞を入れよ。冠詞を必要としない場合は○と答えよ。[1, 2, 3, 5, 6は東京外語大]

1. Will you pass me (　　) salt, please?　2. Towards (　　) end of (　　) 1950's he visited (　　) Philippines.　3. (　　) Joneses pay their servant by (　　) week.　4. I can play (　　) violin nearly well enough to earn money in the orchestra. [Stevenson, *New Arabian Nights*]　5. I had (　　) lunch with (　　) old friend of mine.　6. You can travel by (　　) rail or (　　) air.　7. Each of (　　) princes wished to marry her and become (　　) king of Ithaca.　8. It was (　　) late summer when he went to (　　) school again.　9. This was a way she had of expressing (　　) milder form of vexation.　10. These guns will shoot (　　) distance of (　　) hundred miles.

【解答】 1. the　2. the, the, the　3. The, the　4. the　5. ○, an　6. ○, ○　7. the, ○　8. ○, ○　9. the　10. a, a

【文意】 1. どうぞ塩をまわしてくださいませんか。　2. 1950年代の終わりに近いころ彼はフィリピンを訪問した。　3. ジョーンズ夫妻は女中に週ぎめで払う。　4. 私は劇場の奏楽席へ出て金もうけができるくらいバイオリンをひくことができます。　5. 私は旧友のひとりと昼食を共にした。　6. 君は汽車あるいは飛行機で旅行できる。　7. 各王子は彼女と結婚してイサカの王になりたいと思った。　8. 彼がふたたび学校へ行ったときは晩夏であった。　9. これは彼女が比較的軽い形式の腹立ちを表現するしかたであった。　10. これらの大きな大砲の射撃は百マイルの距離に達するであろう。

4. 名詞の複数

4.1　複数形の作り方

複数形は -s をつけるのが原則であるが，発音の関係で -es をつけるものがある。y と f で終わる語の中にはつづりに変化をするものがある。一方，不規則な変化をするものや単複同形のものが少数ある。また，外国語からの借用語の中には，もとの国語の方式に従うものがある。

::::::研究問題::::::

（Ⅰ）　次の名詞の複数形を作れ。

1. dish　2. piano　3. tooth　4. lady　5. deer　6. leaf　7. sheep　8. chief　9. hero　10. looker-on

（Ⅱ）　次の複数名詞の単数形を示せ。

1. oxen　2. feet　3. knives　4. oases　5. children

【解答】（Ⅰ）1. dishes　2. pianos　3. teeth　4. ladies　5. deer　6. leaves　7. sheep　8. chiefs　9. heroes　10. lookers-on

（Ⅱ）1. ox　2. foot　3. knife　4. oasis　5. child

実力テスト８

次の複数名詞のうち，一語だけは単複同形であるが，それを指摘せよ。［横浜国立大］

1. stimuli　2. mice　3. crises　4. phenomena
5. series　6. pence　7. geese　8. bacteria

【解答】 5. series

4.2　裸の複数形の意味

普通名詞の複数形は，二以上何千何万の数のものをさすので，その範囲は実に広い。これにa few, some, many, a great (good) many などの形容詞を添えると，おおよその見当のつく数となる。しかし，こういう形容詞が全然なくて，いわば裸のままの複数形であることもある。そういうときには，どのくらいの数であるのか見当がつかなくて不便かと思うと，案外そうではない。文の前後関係などから，その場合に適合するだいたいの数に解されて，別に不都合は起こらない。

研究問題

次の文中の普通名詞の裸のままの複数の意味を検討して，次に従って分類してみよ。

(a)＝some　(b)＝many　(c)＝その類全体をさす（総称的意味）

1. I get in the dumps at times, and don't open my mouth for

days.　2. He let it be known to friends that he had been doing very well lately.　3. Men everywhere protested against the senseless vandalism.　4. After months of digging they found very little gold.　5. Men are funny in that way.　6. I had a long talk with my father about girls.　7. I adore children; I want four of them.

【解答】 (a)＝some　1. (at) times（時々), (for) days（幾日も）　2. friends（何人かの友人たち）　4. months（幾月も）

(b)＝many　3. men 人々（everywhereによって「多数」の意となる）

(c)＝総称的意味　5. men（男というもの）　6. girls（女の子一般）　7. children（子供というもの）

【文意】 1. 私は時々ふさぎこんで何日も口を開かない。　2. 彼は最近はとてもうまくやっていると友人に知らせた。　3. どこの人々もその非常識なバンダル的行為に抗議した。　4. 数か月掘っても彼らはごくわずかの金しか見いださなかった。　5. 男というものはそういう点はおかしいです。　6. 私は女の子について父と長く話した。　7. 私は子供が大好きです。四人はほしいと思います。

4.3 集合複数

複数名詞の中には，もとをただせば個物の集まりであるが，その内容である個物を一々区別することなく集合体として扱われるものがある。いわば，複数の形をした集合名詞である。

例 I won't bore you with *particulars*.（私は細かなことを述べて君たちを退屈させないでおきます）

こういう複数名詞を主語としたときに，単複いずれの扱いにするかは一定の規則はないのであるが，だいたいは複数として扱う。

例 What are the *contents* of this box?（この箱の中身は何ですか）／The *goods* do not come up to the usual standard.（品物は常の標準に達していない）／The *ruins* of the fire are still smoldering.（焼け跡はまだくすぶっている）／Here are your clean *clothes*.（ここにあなたのきれいな衣類があります）

::::::研究問題::::::

各文中の下線を施した名詞の複数形としての意味を考えよ。

1. Things are going well now.　2. His wages were increased from time to time. [Cather, *Neighbor Rosicky*]　3. That lady has good looks.　4. It is considered bad manners to yawn in another's face.　5. Please give my best regards to Emily.　6. It gives me the creeps to look at him. [Maugham, *Cakes & Ale*]　7. She thought rather drearily of her home in the suburbs.　8. Here the river pours its waters into the sea.　9. Great fears were entertained for his safety.　10. I have the highest hopes for the future of the young man.

【解答・考え方】 1. **things**「事態」「形勢」（次の matters も同類）。

Matters went from bad to worse with us.（われわれの形勢はますます悪くなってきた）

2. **wages**「給料」 その他，金銭類で複数の形をとるものに，

profits, gains, savings, arrears などがある。

3. **looks**「容貌」 目・鼻・口元などの総合的な格好や様子；appearances も同様。

4. **manners**「行儀」「作法」

5. **regards**「敬意」「心尽くし」 その他 respects, civilities, attentions なども同様。4や5の複数形は，何回か繰り返される行為のうちに観察されるその人の行儀や性向。

6. **the creeps**「むずむずする感じ」 繰り返される回数を考えて複数形が用いられるのであろう。次のものも同類：

the shudders（身震い）；the trembles（身震い）；the shivers（身震い）；the blues（憂鬱）

7. **suburbs**「郊外」 境界のはっきりしないまま，だらだらと大都市の周辺に発達する地域をいう。across the waters（水面を横切って），on the sunny sands（日の当たる砂原）など，一面に広がって限界を感じないようなときに複数形が用いられる。

8. **waters**「(多量の）水」 多量の水の集積を複数形を借りて表したもの。

9. **fears**「心配」；10. **hopes**「望み」 感情や心持ちの程度の高いことを，複数形を借りて表したもの。

類例 He was under great apprehensions.（彼はひどく心配していた）／I am in great difficulties.（私はひどく困っている）

【文意】 1. 事態は今はうまくいっている。 2. 彼の給料は時々引き上げられた。 3. あの婦人は器量がよい。 4. 他人の面前であくびをするのは無作法と考えられている。 5. どうぞエミリーによろしく伝えてください。 6. 私は彼を見るとぞっとします。 7. 彼女は郊外にあった家をだいぶ憂鬱な気持ちで思い出していた。 8. ここで川はその水を海に注ぎ込む。 9. 彼の安否がひどく心配された。 10. 私はその青年の将来に大きな望みをかけている。

4.4 複数の統合

数詞を前に伴った複数名詞が一つの集まりと考えられて，単数扱いとなることがある。そういう場合の複数名詞は時間・距離・金額・目方などの単位を示す語であるのが常である。それで，たとえば two miles は一つの距離（a distance）を示し，ten years は一つの期間（a period）を示し，twenty dollars は一つの金高（a sum）を示すのであって，次のように単数扱いとなる（⇒3.4）。

（a）「数詞＋複数名詞」が主語のとき。

Forty yards *is* a good distance. [Jespersen]（四十ヤードはかなりの距離である）／ Seventeen years *is* a long time. [Maugham, *Creatures of Circumstance*]（十七年といえば長い年月である）／ Fifty pounds *is* a very large sum. [Wilde, *The Picture of Dorian Gray*]（五十ポンドは大金である）

（b）「数詞＋複数名詞」の前に単数を示す形容詞や不定冠詞。

We'll push on *another* four miles to Crockton. [Aldington, *Death of a Hero*]（クロックトンまでもう四マイル押し進もう）／ He might have lived *this* dozen years if he had not gone to that wicked Paris. [Gaskell, *Cranford*]（彼があの邪悪なパリへ行かなかったらこの十二年間は生きのびたであろうに）／ He met with the President for *an* unprecedented eight hours.（彼は今までに例のない八時間もの間大統領と会見した）

実力テスト９

次の日本文に対しての英訳の（　　）の中に示した二個の語のうち不適当なものがあれば消去せよ。

1. 私はこの二週間彼女に会っていない。
   I haven't seen her (this, these) two weeks.
2. もう二十年このままで生活させてください。
   Let me live on in this way for (more, another) twenty years.
3. ある年のクリスマス休暇に私はほとんど毎日のように彼の家のお茶によばれた。
   One Christmas (holiday, holidays), I used to have tea at his house nearly every day.
4. 三百ポンドといえば私にはばくだいな額であった。
   Three hundred pounds (was, were) an enormous sum to me.
5. しかし，二年というと待つにしてはとても長い年月です。
   But two years (is, are) an everlasting time to wait.

【解答】 1. this, these のいずれでもよい。　2. another（正）　3. holidays（正）　4. was（正）　5. is（正）

4.5 相互複数・照応の複数

設 問 次の friend がなぜ複数になっているかを考えてみよ。

I am *friends* with him.（彼は私と友人だ）／He wants to make *friends* with my daughter.（彼は私の娘と友だちにな

りたがっている）

解　説　主語は単数であっても，後続の with〜の句で示された人と合わせ考えて，心理的に複数形が用いられるのである。こういうのを**相互複数**（Plural of Reciprocity）という。

また，名詞が複数の所有格の（代）名詞によって修飾されるとき，修飾される名詞はそれに応じて複数となることが多い。これは**照応の複数**（Plural of Concord）という。

例　They put their *watches* into their *waist-pockets.*（彼らは自分の時計をめいめいチョッキのポケットに入れた）

もっとも，人は多数であっても持ち物は各人一つずつである場合は照応しないこともある。

例　The two young people took their *seat* on the window-sill. [Galsworthy, *Fraternity*]（ふたりの青年は窓敷居に席をとった）

なお，こういう場合，複数にならない種類の名詞までが複数になることがある。

例　She used to cut their *hairs.* [Galsworthy, *The Freelands*]（彼女は彼らの頭髪をいつも刈ってやった）

実力テスト 10

日本文と意味が一致するようにして英文の空所を適当な名詞でみたせ。名詞の形は必要に応じて単数・複数のいずれかに決め，また必要があれば冠詞を添えること。

1.　私は友人のひとりと昼食を食べた。

I had (　　　) with (　　　) of mine.

2. 彼は私と真心こめて握手した。

He shook (　　　) with me cordially.

3. 私は髪のつけ根まで赤くなった。

I blushed to (　　　) of my hair.

4. 私は彼と席を交換した。

I exchanged (　　　) with him.

5. きみたちは朝食を食べたか。

Have you had your (　　　)?

【解答】 1. lunch; a friend　2. hands　3. the roots　4. seats　5. breakfast(s)

4.6 複合語の中の名詞の数

数詞を伴って当然複数であるべき名詞も，複合語をなすべく他の名詞の前に置かれ，まとめて形容詞的に用いられると単数形にするのが原則である。この場合，複合語はそういう種類のものという意を示す（⇒6.3）。

a five-mile race（五マイル競走）; a five-pound note（五ポンド札）; a three-volume novel（三巻から成る小説）; a two-year-old child（二歳児）

名詞の複数は形容詞的には用いないという原則はあるが，常に複数形で用いられる名詞は例外である。

例 an old-clothes dealer（古着商）; sports clothing（運動服）; one's trousers pocket（ズボンのポケット）; a public-relations man（渉外係員）

なお，man，woman および，それらを含んだ複合語は形容詞的に複数名詞の前に置かれると，men, women となる。

例 men servants（男の召使い）; women painters（婦人画家）; one's gentlemen friends（男性の友人）

実力テスト 11

括弧の中の日本語に合致するように次の英文の空所をみたせ。
1. She endeavoured to improve the condition of (　　) prisoners.（女囚） 2. She has a lot of (　　) friends.（少年の友だち） 3. It was a (　　) walk, along a dry white road.（三マイルの徒歩） 4. The tears of a boy ran down his (　　) face.（三十五歳の顔） 5. I didn't introduce my (　　) friends to mother.（男友だち）

【解答】 1. women 2. boy 3. three-mile 4. thirty-five-year 5. gentlemen

【文意】 1. 彼女は女囚の生活状態を改善しようと努力した。 2. 彼女には少年の友だちがたくさんある。 3. 乾いたまっ白の道路に沿って三マイル歩くのであった。 4. 少年のような涙が三十五歳の彼の顔を流れた。 5. 私は私の男友だちを母に紹介しなかった。

5. 抽象名詞構文

5.1 動詞に由来する抽象名詞

抽象名詞の中には動詞から来たものが相当に多い。

::::::研 究 問 題::::::

（Ⅰ） 次の動詞から抽象名詞を作れ（ただし -ing の形を除く）。

1. persist 2. arrive 3. divide 4. admit 5. destroy 6. improve 7. discover 8. grow 9. attain 10. confide 11. describe 12. fail

（Ⅱ） 次の抽象名詞が由来する動詞を示せ。

1. expansion 2. reduction 3. attention 4. dependence 5. success 6. belief 7. exclusion 8. receit 9. sight 10. satisfaction

【解答】 （Ⅰ） 1. persistence 2. arrival 3. division 4. admittance, admission 5. destruction 6. improvement 7. discovery 8. growth 9. attainment 10. confidence 11. description 12. failure
（Ⅱ） 1. expand 2. reduce 3. attend 4. depend 5. succeed 6. believe 7. exclude 8. receive 9. see 10. satisfy

実力テスト 12

次の下線を引いた動詞の名詞形を下の空所に入れて，上下の文

が同じ意味を表すようにせよ。[東京外語大]

1. Mary was cruel to refuse.
   Mary's (　　　) was cruel.
2. I do not intend to do it.
   I have no (　　　) of doing it.
3. It was directly after breakfast that he departed.
   His (　　　) was directly after breakfast.
4. Many people attended church this morning.
   There was a large (　　　) at church this morning.
5. They concluded hastily about the matter.
   They reached a hasty (　　　) about the matter.

【解答】 1. refusal　2. intention　3. departure　4. attendance　5. conclusion

【文意】 1. メアリーが拒絶するのは残酷であった。 2. 私はそれをするつもりはない。 3. 彼が出発したのは朝食後すぐであった。 4. 今朝はたくさんの人が教会に出席した。 5. 彼らはその件について早まった決断をした。

5.2 抽象名詞構文 I

動詞に由来する抽象名詞は句を従えて，文の主語や動詞の目的語になることが多い。そういう場合，もとの動詞の意味・用法を想起することによって理解が容易になる。まず，次の問題から始めることにしよう。

設問 (1) 次の文を日本文に訳せ。[共立女子大]

The sight of a man walking along the country road was

a welcome relief to the doctor.

(2) 次の文の下線の部分を，下記のイ，ロ，ハ，ニの句のうち同じ意味を表すもので置きかえるとすれば，どれがもっとも適当か。［東京大］

She can't <u>stand the sight of me</u>.

イ hide the view from me ロ go sightseeing with me ハ avoid seeing me ニ endure seeing me

解答 (1) ひとりの男が田舎道を歩いているのを見たら医者はほっと安心した。 (2) ニ

解説 たとえば see a man walking（人が歩いているのを見る）という部分を，文の主語か動詞の目的語にするために「人が歩いているのを見ること」に変えたいとする。まず，see を抽象名詞に変えて sight にする。しかし，名詞 sight は a man を目的語としてすぐ従えることはできない。それでその間に of を入れる。この of は，通例目的語関係を示す of と呼ばれるもので，「…の」ではなくて「…を」の意である。それで結局，the sight of a man walking となり，設問（1）ではこれが文の主語になっている。

設問（2）では，the sight of me（私を見ること）が他動詞 stand の目的語になっている。

実力テスト 13

解説で述べた要領によって，次の文の下線部の抽象名詞を動詞に還元せよ。そして全文を和訳せよ。

1. There can be no cancellation of accomplished fact. [Huxley, *Point Counter Point*] 2. This novelist's strength lay evidently in his depiction of the class he knew best. [Maugham, *Cakes & Ale*] 3. The discovery of beauty is the beginning of a full enjoyment of life. 4. The conception of history as a science is a very recent one. 5. You may perhaps feel some disappointment with definition of science as a description of the facts of experience. 6. The change of seasons is due to the movement of the earth round the sun.

【解答】 1. cancel accomplished facts「既成事実を取り消すことはできない」 2. He depicted the class.「この小説家の強みは明らかに，彼が最もよく知っていた階級を描写したところにあった」 3. discover beauty; enjoy life fully「美を発見することは人生をじゅうぶんに楽しむことの始まりである」 4. conceive history as a science「歴史を科学と考えるのはごく最近の考え方である」 5. define science as～; describe the facts of experience「科学を経験事実の記述であると定義することには諸君はおそらく相当の不満を感じるであろう」 6. The earth moves round the sun.「季節の変化は地球が太陽の回りを回ることに原因する」

5.3 抽象名詞構文Ⅱ

たとえば，believe in the method（その方法をよいと信じる）のように動詞が自動詞であるとき，これを名詞形にするとすれば，抽象名詞に続く前置詞は in である。すなわち，動詞のときのものと同じ前置詞が用いられる。動詞に続くものが不定詞である場合もそのままである。

例 He is firm in his belief in the method.（彼はその方法がよいとかたく信じている）／A sad thing will be caused by their failure to see our situation.（They fail to see our situation.「彼らがわれわれの立場を理解しないことから悲しむべきことが起こるであろう」）

::::::: 研究問題 :::::::

次の文の全体を日本語に訳し，下線部の抽象名詞を動詞に還元せよ。

1. These rumors will shake our trust in him as a public man. 2. I had some thought of going back again to my home. 3. His acquaintance with English is not sufficient to enable him to appreciate this poet. 4. He is very fixed in his determination not to see you. [Burnett, *Little Lord Fauntleroy*] 5. Failure to comply with the rules causes a great deal of inconvenience. [Webster, *Daddy-Long-Legs*]

【解答】 1.「これらの風評は公人としての彼に対するわれわれの信用をゆるがすであろう」We trust in him. 2.「私はうちへ戻ろうかとも考えた」think of going back. 3.「彼の英語の知識はその詩人の価値をじゅうぶんに味わうには不足である」He is acquainted with English. 4.「彼のあなたに会わないという決心は非常にかたい」He is determined not to see you. 5.「規則に従わないとたいへんな不便が起こる」fail to comply with the rules.

実力テスト 14

（Ⅰ） 次の二文が同じ内容になるように一方を完成せよ。[1-3 慶応大；4 神戸外語大]

1. (a) The sight of......
   (b) Whenever I see the orphan, I remember its parents.
2. (a) Several months' residence......
   (b) If you live with an English family for several months, you are sure to have your ability to speak English increased considerably.
3. (a) Astonishment almost deprived the girl of her speech.
   (b) The girl was so......
4. (a) Closer examination of it will reveal that such is not the case.
   (b) If you......

（Ⅱ） 以下の英文をそれぞれの指示に従って書き直せ。

1. I perfectly agreed with them.（agree に相当する名詞を用いて）[電気通信大]
2. At every appearance of a slight improvement in the weather, they would pour out of the houses and hurry down the beach.（下線の部分を clause に書きかえよ）[金沢大]
3. He was much satisfied with my explanation,（satisfy に相当する名詞を用いて）

【解答】 （Ⅰ） 1. The sight of the orphan always reminds me of its parents. 2. Several months' residence with an English family is sure to increase your ability to speak English considerably. 3. The girl was so astonished that she was al-

most deprived of her speech. 4. If you examine it more closely, you will find that such is not the case.
(Ⅱ) 1. I was in perfect agreement with them. 2. Whenever a slight improvement in the weather appeared, they... 3. He found much satisfaction in my explanation.
【文意】 (Ⅰ) 1. (b) その孤児を見るといつでもその両親を思い出す。 2. (b) 数か月英人の家族と同居すれば，英語をしゃべる能力がきっと著しく増大されるでしょう。 3. (a) 驚いたためにその少女はほとんど口がきけなくなった。 4. (a) もっと詳しくそれを調査してみると，そうではないことがわかるだろう。
(Ⅱ) 1. 私は彼らと完全に意見が一致した。 2. 天気が少しでもよくなるような様子があると，必ず彼らは家からくり出して急いで浜辺へ降りて行くのであった。 3. 彼は私の説明に大いに満足した。

5.4 形容詞に由来する抽象名詞

抽象名詞の中には形容詞から来たものがかなり多い。たいがいの形容詞に -ness をつければそのまま抽象名詞になるが，それ以外の接尾辞によるものもある。

::::::研究問題::::::

(Ⅰ) 次の形容詞から抽象名詞を作れ（ただし，-ness の形を除く）。

1. anxious 2. impossible 3. exact 4. wise 5. simple 6. similar 7. proper 8. cruel 9. strong 10. warm

(Ⅱ) 次の抽象名詞のもとになっている形容詞を示せ。

1. obedience 2. dexterity 3. youth 4. ferocity
5. elegance 6. absence 7. frailty 8. length
9. honesty 10. sufficiency

【解答】（Ⅰ）1. anxiety 2. impossibility 3. exactitude 4. wisdom 5. simplicity 6. similarity 7. propriety 8. cruelty 9. strength 10. warmth
（Ⅱ）1. obedient 2. dexterous 3. young 4. ferocious 5. elegant 6. absent 7. frail 8. long 9. honest 10. sufficient

実力テスト15

以下の英文をそれぞれの指示に従って書き直せ。
1. A servant came in, obedient to the call.（obedient に相当する名詞を用いて） 2. A is somewhat similar to B.（similar に相当する名詞を用い，There is で始まる文に） 3. It is utterly impossible for him to come to us.（impossible に相当する名詞を用いて） 4. The simplicity of the book makes it suitable for children.（The book の書き出しで）［中央大］ 5. As he is very fond of travel, he has visited almost all the famous places in the country.（fond を名詞に直して，この文と同意の名詞構文を主語とし，次の文を完結せよ。...has taken him to almost every place in the country.）［横浜市立大］

【解答】 1. A servant came in, in obedience to the call. 2. There is a certain similarity between A and B. 3. It is an utter impossibility for him to come to us. 4. The book is so simple that it is suitable for children. 5. His great fondness for travel has taken him...

【文意】 1. 呼び出しに応じてひとりの召使いが入ってきた。 2. AはいくぶんBに似ている。 3. 彼が私どものところへ来ることは全く不可能です。 4. その本は簡単なので子供たちに適している。 5. 彼は旅行が大好きなので，その国の有名なところへはほとんど全部行っている。

5.5 抽象名詞構文Ⅲ

英語には「形容詞＋of＋（無冠詞）単数名詞」という構造がかなり多い。たとえば，be kind of heart（心が親切である）とか，be infirm of purpose（意志が弱い）とか，be light of heart（気が軽い）などである。「心の親切から」というように，上記の構造を名詞形にしようと思えば，from kindness of heartという形にする。しかし，この形は日本語の表現では，「親切心から」となるであろう。だからといって，英語のa kind heartとは違う。これは「そういう種類の心」というのであって，抽象的なkindness of heartとは区別されねばならない。

また，英語にはbe able to read（読める），be willing to help（喜んで助ける），be anxious to go（行きたがる）など，「(be＋）形容詞＋不定詞」の構造もよく用いられる。この構造の形容詞の部分を抽象名詞にすると，そのまま文の主語や，動詞および前置詞の目的語として用いられるが，その場合，もとの「形容詞＋不定詞」の形に戻してみると意味がわかりやすいことがある。たとえば，his ability to readは，his being able to readと還元して，「彼が読めること」と解するのである。

⁝⁝⁝ 研究問題 ⁝⁝⁝

次の英文中，「抽象名詞＋of＋単数名詞」および「抽象名詞＋不定詞」の構造を指摘し，全文を和訳せよ。

1. I will answer you patiently for the kindness of heart you have shown. [Dickens, *The Old Curiosity Shop*]　2. She peeled apples with quick dexterity of finger. [Gaskell, *Cousin Phillis*]　3. She had a placidity of temper that communicated itself to the people she was with. [Maugham, *Cakes & Ale*]　4. "Hold your tongue!" Pool said to her, with a ferocity of accent that testified to his own jangled nerves. [Stevenson, *Dr. Jekyll & Mr. Hyde*]　5. He was troubled about his friend, and he went to see him at his home soon after breakfast, in great anxiety of mind. [Burnett, *Little Lord Fauntleroy*]　6. I was in constant fear of committing some piece of rudeness through my inability to look at things from the same standpoint as my neighbours. [Butler, *Erewhon*]　7. Elizabeth's impatience to acquaint Jane with what had happened could no longer be overcome. [Austen, *Pride & Prejudice*]　8. My anxiety to get rid of him was now so great that I could not wait a minute longer. [*Ibid.*]　9. A great curiosity came on him to dive at once to the bottom of these mysteries. [Stevenson, *Dr. Jekyll & Mr. Hyde*]　10. He was all eagerness to escape from Mrs. Bennet's civilities. [Austen, *Pride & Prejudice*]

【解答】 1. the kindness of heart「あなたが示してくれた親切に対しては気長に報いるつもりだ」　2. dexterity of finger

「彼女は手早く器用にりんごの皮をむいた」　3. a placidity of temper「彼女は，いっしょにいた人たちにおのずから通じる平静な気分を持っていた」　4. a ferocity of accent「プールは，自分のいらいらした気持ちを明らかに示すような激しい口調で，彼女に向かって，「だまっていなさい」と言った」　5. anxiety of mind「彼は友人のことが心配になって，朝食後すぐ，ひどく心配の心持ちで，彼の家をおとずれた」　6. my inability to look「私は，近隣の人たちと同じような観点から物事をながめられないことから，何か失礼をしでかさないかとしょっちゅう心配だった」　7. impatience to acquaint「持ち上がった事件をジェーンに知らせたいというエリザベスの心持ちはもはや押さえることができなかった」　8. my anxiety to get「彼を追っ払って，書斎でたったひとりになりたいという気持ちが，今やとても切実に感じられてきたので私はもう一分も待てなかった」　9. curiosity...to dive「ただちにこの不思議な事件を徹底的に調べてみたいという気持ちが彼に起こった」　10. eagerness to escape「彼はベネット夫人の親切からのがれたくてしようがなかった」

5.6 「of＋抽象名詞」

「of＋抽象名詞」で形容詞に相当することがある。この種の形容詞句は，抽象名詞の前に種々の形容詞を用いることができ，そのうえ程度を示す種々の形容詞（no, little, some, great, much）も用いることができるので便利である。

例 of value＝valuable（価値がある）／of no value＝not valuable（価値がない）／of no practical value＝not valuable practically（実用的価値がない）

また，「of＋形容詞＋（抽象）名詞」の形の形容詞句の中の名詞は，他の場合には不定冠詞をとっても，この句の中ではとらない。

例 a man of feeble mind（頭の弱い人） *cf.* a man with *an* open mind（偏見を持たない人）／persons of congenial temper（気の合った人たち） *cf.* have *a* quick temper（気が短い）／a man *of* quick memory（もの覚えの早い人） *cf.* have *a* strong memory（記憶力が強い）

実力テスト 16

（Ⅰ） 次の日本語の意味に当たる英語を「of＋抽象名詞」の形で示せ。なお，抽象名詞は括弧内に示した形容詞に由来するものを用いること。

1. 最も複雑な問題（complex） 2. 非常に体力のある人（strong） 3. すばらしく美しい景色（beautiful） 4. 非常に勤勉な人（industrious） 5. 全然つまらない事柄（significant）

（Ⅱ） 次の文の空所を，意味上括弧の中のものに相当する句で埋めよ。

1. Nothing（　　） resulted from the movement.（very important） 2. Broken glass does not seem（　　）, but it also has its uses.（very valuable） 3. It is（　　）that children should have good companions.（very important；ただし account を用いよ） 4. His help proved（　　）to me.（very beneficial） 5. The story of his adventures was（　　）.（absorbingly interesting）

【解答】（Ⅰ）1. a question of the greatest complexity 2. a man of great physical strength 3. a scene of wonderful beauty 4. a man of great industry 5. a matter of no significance

（Ⅱ）1. of great importance 2. of much value 3. of much account 4. of great benefit 5. of absorbing interest

【文意】（Ⅱ）1. その運動から重要なことは何も生じなかった。 2. 割れたガラスはたいして価値があるとは思えないが，それはそれなりの用途がある。 3. 子供がよい友だちを持つということは非常に重要である。 4. 彼の助けは私には非常に役だった。 5. 彼の冒険談はすてきにおもしろかった。

5.7 記述名詞

年齢（age），色彩（color），形状（shape），大きさ（size）などを示す名詞，および用途を示す名詞（use）は，その前に of を置いた形容詞句をなすこともあるが，また時々 of のないままで同じような意味に用いることもある。なお，use と同義の good は形容詞から名詞に転換したものであるから，of をとることはない。

例 She was much *of an age* with him.（彼女は彼とだいたい同年であった）／I am *the same age* as you.（私は君と同年です）／These boots are *no good*.（この靴は役にたたない）

また，この種の名詞は what とともに疑問文で用いられるが，こういうときは前に of を用いない。

例 What color is it?（それは何色ですか）／What price is

that article?（その品物はいくらですか）／What nationality is he?（彼はどこの国籍の者ですか）／What height is she?（彼女の身長はいくらあるか）

⁝⁝⁝ 研究問題 ⁝⁝⁝

次の文を和訳し，特に上の説明に該当する句を抽出せよ。

1. They don't teach you things at school that are much use in business. [Maugham, *Of Human Bondage*]　2. It's no good continuing this discussion.　3. It's no good to let it prey on your mind.　4. Her arms are a pretty shape. [George Eliot, *The Mill on the Floss*]　5. What age were you when you went up to Tokyo?　6. I was shocked to hear men their age give way to temper so. [Jerome, *Three Men in a Boat*]　7. From the drawer she took a small circular case the size of a pill-box. [Hardy, *Far from the Madding Crowd*]　8. She had hair the colour of chestnuts. [Galsworthy, *Maid in Waiting*]　9. His hair and beard were of such a pale flaxen colour that they seemed white in the sun. [Cather, *My Ántonia*]　10. We had one patch of grass in our front yard about the size of a pocket handkerchief. [Macdonald, *The Egg and I*]

【解答】 1.「学校では実務に大いに役だつようなことは教えてくれない」(much use)　2.「この議論を続けても無駄です」(no use)　3.「そのことを心配してもなんにもならない」(no good)　4.「彼女の腕はいい格好である」(a pretty shape)　5.「上京したときは何歳でしたか」(what age)　6.「彼らのような年輩の人たちがあんなに怒るのを聞いてあきれた」(their age)　7.「引き出しから彼女は，丸薬入れくらいの大きさの小さな円形の箱を取り出した」(the size of a pill-box)　8.「彼女の頭髪は栗色だった」(the colour of chestnuts)　9.「彼の頭髪やひげはうすい亜麻色だったので，日なたでは白に見えた」(of such a pale flaxen colour)　10.「前庭にはハンカチくらいの大きさの草地があった」(the size of a pocket handkerchief)

5.8 抽象名詞を形容詞の代わりに

「彼女は非常に親切である」と言うのに英語ではShe is kindness itself. ということがある。これは，「親切そのものである」というのだから，誇張した修辞的な言い回しである。また「彼は非常に謹聴した」をHe was all attention. などという。「彼は全身注意であった」というのであるから，これも修辞的な表現である。

これと似た表現で，抽象名詞の代わりに具体名詞を用いることもある。

例 He was all ears.（彼は全身耳であった――謹聴していた）

⁝⁝⁝研究問題⁝⁝⁝

次の文の中から，上述のような修辞的な言い回しを抽出し，そのうち抽象名詞は，それに相当する形容詞を示せ。

1. He was all impatience to be off into the country. [Gaskell, *Cousin Phillis*]　2. All is gloom and silence in the house. [Dickens, *The Pickwick Papers*]　3. The women were all sympathetic smiles and solicitude. [Priestley, *Angel Pavement*]　4. Isabel, all tears, was consoled a little by her certainty of Edward's passionate love. [Maugham, *The Trembling of a Leaf*]

5. The landlady was all smiles and obeisance as soon as she came into the room. [Lynd, *The Blue Lion*]

【解答】 1. all impatience (impatient) 2. gloom and silence (gloomy and silent) 3. all sympathetic smiles and solicitude (solicitous) 4. all tears 5. all smiles and obeisance (obeisant)

【文意】 1. 彼は田舎へ出かけたくてもじもじしていた。 2. 家の中は全く陰気で静かであった。 3. 女たちは同情してとてもにこにこし，心づかいを示してくれた。 4. イザベルは涙ながらも，エドワードの激しい愛情が確かめられて，少し心がやすまった。 5. 女主人は，部屋に入ってくるや，にこにこと愛想よく，丁重になった。

5.9 無生物主語

さきに，5.2では抽象名詞が文の主語になるのを見た。抽象名詞以外に，無生物を示す名詞が時々主語になる。be動詞などの主語としては無生物名詞は問題はないが，「…させる（た)」という意味の動詞の主語として無生物名詞が用いられることはわれわれ日本人には珍しく感じる。こういう場合の無生物名詞は原因を示すことが多いのであるが，原因は「人」を動かして「…させる」と考えるのが英語国民の習慣である。

例 She had turned to leave him, but *the misery* in his face stopped her. [Galsworthy, *The Silver Spoon*]（彼女は彼をおいて行こうとしたが，彼の顔の苦悩を見ると彼女は立ち止まった）／*A short walk* restored me to myself. [Stevenson,

The Merry Men]（少し歩いたら私は気分が直った）

また，時間を示す名詞を広く文の主語として用いるのが英語の習慣である。時間を示す名詞は原因とはかぎらない。

例 *The next day* brought him a long letter. [Stevenson, *Dr. Jekyll & Mr. Hyde*]（翌日になると彼のところに長い手紙が届いた）／*Lunch time* found him at his usual teashop. [Priestley, *Angel Pavement*]（昼食時になると彼は行きつけの簡易食堂にいた）

実力テスト 17

（Ⅰ） 次の日本文の内容と同じ英文にするには，（　　）にどんな語を入れたらよいか。

1. そんな恐ろしい知らせを聞いたら，彼女は悲嘆にくれるだろう。[東京大]
   Such horrible news will (　　　) her heart.
2. 彼は用事があってここへ来た。
   Business has (　　　) him here.

（Ⅱ） 次の文を，与えられた書き出しで，ほぼ同じ意味を表すように書き改めなさい。

1. A walk of a few steps brought her to the particular tree. (By walking...)
2. These glasses will enable you to see the letters on the blackboard. (If you...)

（Ⅲ） 次の各文中の（　　）内に適当な一語を入れ，*a*, *b* の文が同じ意味を表すようにせよ。[1, 2は早稲田大；3は金沢大]

1. *a*. His habit of drinking (　　　) him to an early grave.
   b. (　　　) for his habit of drinking, he would not have died so early.

2. *a.* The task will be finished (　　　) two or three days more.

b. Two or three days more will (　　　) the task.

3. *a.* Chance had brought them together at that spot.

b. They had (　　　) (　　　) together (　　　) chance at that spot.

【解答】 （Ⅰ） 1. break　2. brought

（Ⅱ） 1. By walking a few steps she came to the particular tree.　2. If you wear these glasses, you will be able to see...

（Ⅲ） 1. *a.* brought　*b.* But　2. *a.* in　*b.* finish　3. *b.* been ; brought ; by

【文意】 （Ⅱ） 1. 彼女は二三歩歩くとその指定の木のところへ来た。　2. この眼鏡をかけると黒板の文字が見えるようになるだろう。

（Ⅲ） 1. *a.* 彼は飲酒癖のために早死にした。　*b.* 飲酒癖がなければ彼はそんなに早く死ななかったであろう。　2. *a. b.* その仕事はもう二三日で仕上がるだろう。　3. *a. b.* 偶然に彼らはその地点でいっしょになったのであった。

6. 所有格

6.1 注意すべき所有格の形

名詞の所有格は 's をつけて作るのが原則であるが，多少例外的な作り方もある。なお，-body などの形の不定代名詞の所有格は名詞に準じる。

設問 次の名詞の所有格の作り方を観察して，問題に答えよ。

my parents' room（両親の部屋）；a girls' school（女学校）；a girls school（女学校）；a teachers union（教員組合）；Dr. Jones' office（ジョーンズ博士の事務所）；Dr. Jones's office（ジョーンズ博士の事務所）；for goodness' sake（お願いだから）；for conscience sake, for conscience' sake（気休めに）；the King of England's crown（英国王の冠）；a member of Parliament's wife（国会議員の妻）；somebody else's umbrella（だれかほかの人の傘）

問題 1. -s, -es に終わる複数名詞の所有格は… 2. s に終わる固有名詞の所有格は… 3. [s] 音に終わる名詞（特に sake の前に来るとき）の所有格は… 4. 語群の所有格は…

解 説 1. -s, -es に終わる複数名詞の所有格は，単に apostrophe のみをつけるが，時には apostrophe をつけないこともある。

例 a girls' school (a girls school).

-s, -es に終わらない複数名詞の所有格は原則のとおり。

例 men's clothing (男子服).

2. s に終わる固有名詞の所有格は原則どおりが普通であるが，時には apostrophe のみのこともある。

例 Jones'(s) dictionary; James'(s) hat.

3. [s] 音に終わる名詞は apostrophe のみが普通。ことに sake の前では [s] 音が重なるので -'s の形にしないで，apostrophe のみか，時にはそれもつけないことがある。

例 for appearance(') sake (体裁上).

4. 語群の所有格は最後の語に 's をつける。これを**群所有格**という。

例 my father-in-law's house (義理の父の家); a man of honor's word (名誉を重んじる人の言葉); for each other's happiness (相互の幸福のために); He had never thought of his wife and children's future. (彼は自分の妻や子供たちの将来を考えたことがなかった)

実力テスト 18

(I) 次の日本文の意味を表す正しい英文を 1, 2, 3 の中から一つ選べ。[共立女子大]

これはだれかほかの人の辞書にちがいない。

This must be { 1. somebody's else dictionary.
2. somebody else's dictionary.
3. somebody else' dictionary. }

（Ⅱ） 次の文の下線部を所有格にして，次の名詞に結合せよ。

1. Let us call him Hal for convenience sake. 2. She is now a member of Parliament wife. 3. 'Dombey and Son' is one of Dickens novels. 4. She is working at a children hospital.

【解答】 （Ⅰ） 2. （Ⅱ） 1. convenience'（*or* convenience）sake. 2. a member of Parliament's wife. 3. Dickens's（*or* Dickens'）novels. 4. a children's hospital.

【文意】 （Ⅱ） 1. 便宜上彼をハルと呼びましょう。 2. 彼女は今は国会議員の妻です。 3. Dombey and Son はディケンズの小説の一つです。 4. 彼女は小児病院で働いている。

6.2 遊離所有格

名詞を次に従えない所有格がある。それは，繰り返しを避けるため名詞を省略することから起こるのであるが，house や shop はこのことに関係なく省略するのが普通である。

She fixed her agreeable eyes upon Winterbourne's.（彼女は愛想のよい目でウィンターボーンの目をじっと見つめた）／I bought it at the grocer's.（私はそれを食料品商で買った）／You dined with us at my uncle's.（君は私のおじの家で私どもと食事をしました）

一つの名詞の前に，所有格名詞と a（an），no，some，this,

thatなどの形容詞を同時に置くことはできないので，所有格名詞を後に回し，名詞との間を同格のofでつなぐ。結局，所有格は遊離の形となる。代名詞の所有格（my, your, his, her, their）の場合も同様で，mine, yours, his, hers, theirsの形にして，ofでつなぐ。所有格にownがついたときはone's ownを遊離させて，ofでつなぐ。

例 I met a friend of my mother's on the way home.（私は帰り道で母のある友人に出会った）／Please grant this request of ours.（われわれのこの頼みごとをどうぞ聞き届けてください）／He wanted a home of his own.（彼は自分の持ち家を一軒持ちたかった）

次に，下の二文の下線部の意味の相違を考えてみよう。

(a) I met my friend in the park.

(b) I met a friend of mine in the park.

(a) のmy friendは，名前こそ言わないが固有名詞に等しいほどに特定の友人をさしている。(b) のa friend of mineは「ある（ひとりの）私の友人」の意で，不定冠詞の意味をきかせてある。

⋮⋮ 研究問題 ⋮⋮

（Ⅰ） 次の所有格の次に補える語を示せ。

1. This cousin of his was supposed to be working at a confectioner's. 2. She had a face like a saint's. [Huxley, *Point Counter Point*] 3. I saw her at a friend's when I came back from America. [Lawrence, *The Lost Girl*]

（Ⅱ） 次の例文中で，a friend of mineに似た構造を抽出し，(a

＋my）friend のように分析せよ。

1. That young man is some friend of hers. [Dickens, *The Old Curiosity Shop*] 2. She pictured to herself how this same little sister of hers would, in the after time, be herself a grown woman. [Carroll, *Alice in Wonderland*] 3. The deep affection which she saw in those merry blue eyes of his touched her. [Maugham, *The Casuarina Tree*] 4. He spoke as though all this were no concern of hers. [*Ibid.*] 5. I respect a man for entertaining an opinion of his own. [Borrow, *Lavengro*]

【解答】（Ⅰ）1. a confectioner's（shop） 2. a saint's（face） 3. a friend's（house）
（Ⅱ）1. some friend of hers；（some＋her）friend 2. this same little sister of hers；（this same＋her）little sister 3. those merry blue eyes of his；（those＋his）merry blue eyes 4. no concern of hers；（no＋her）concern 5. an opinion of his own；（an＋his own）opinion

【文意】（Ⅰ）1. 彼のこのいとこは菓子屋で働いていると考えられていた。 2. 彼女は聖徒のような顔をしていた。 3. アメリカから帰って来たとき，私は彼女に友人宅で会った。
（Ⅱ）1. あの青年は彼女のある友人です。 2. 彼女は，まさしくこの小さな妹が将来おとなになったときの姿を想像してみた。 3. 彼のあの明るい青い目の中に見た深い愛情が彼女を動かした。 4. これは彼女に関係したことではないというような彼の話しぶりであった。 5. 私は自分の意見を持つ人を尊敬する。

6.3 無生物所有格

無生物を示す名詞は原則として所有格にしない。古い英語では無生物の所有格は普通のことであったので，今日もそのなごりとして成句の中で見られる。

例 for variety's sake（変化のために）; a bed's edge（寝台の縁）; a razor's edge（かみそりの刃）; a ship's company（船の乗組員）; the earth's movement（地球の運行）; life's journey（人生の旅路）

もっとも，成句以外でも無生物を所有格にする傾向が見られる。of を用いると長くなるからであろう。

例 Ohio's governor（オハイオ州知事）; history's greatest diamond robbery（歴史上最大のダイヤ強盗事件）; the plane's three engines（飛行機の三個のエンジン）

また，時間，目方，価格，距離などを示す名詞は何らの制限もなく所有格にする。そして，複数のときには，時には，apostrophe をつけないことがある（⇒4.6）。

例 today's newspaper（今日の新聞）; yesterday's examination（昨日の試験）; a day's work（一日分の仕事）; 1964's presidential campaign（1964 年の大統領選挙戦）; an instant's profound silence（一瞬の深い沈黙）; a two months' vacation（二か月の休暇）; a pound's weight（一ポンドの目方）; a dollar's worth of tea（茶一ドル分）; climb to 50 miles altitude（五十マイルの高度まで上がる）; take two days rest（二日の休暇をとる）; one hundred pounds reward（百ポンドの報酬）; a moving hour and a half speech（感動的な一時間半の演説）; a two-thirds majority（三分の

二の大多数）

⁝⁝⁝⁝⁝⁝ 研究問題 ⁝⁝⁝⁝⁝⁝

次の文の下線の名詞を所有格にして，次の名詞に結合せよ。

1. In about half an hour time he came back. 2. It is the biggest of all earth creatures. 3. After a quarter of an hour walk we came to a bridge. 4. She made no stay at the stairs head, but mounted farther. [E. Brontë, *Wuthering Heights*] 5. Again there was a pause of some minutes duration. [Lawrence, *Women in Love*]

【解答】 1. half an hour's time 2. earth's creatures 3. a quarter of an hour's walk 4. stairs' head 5. some minutes' duration

【文意】 1. 約三十分後に彼は帰って来た。 2. 地球上のすべての動物のうちでそれが最大である。 3. 十五分間歩いて，われわれは一つの橋のところに来た。 4. 彼女はその階段の最上段で止まらないで，さらに上がって行った。 5. ふたたび数分間続く休止があった。

6.4 名詞所有格の種々の意味

所有格は所有を示すのがおもな用法であるが，所有以外の意味を示すこともある。

例 Shakespeare's works（シェークスピアの作品）; a doctor's care（医者の世話）; Cæsar's murderers（シーザーの暗殺者たち）; carpenter's work（大工仕事）; printer's ink（印刷用インク）; one's driver's license（運転免許証）

::::::研究問題::::::

次の文中の「名詞所有格＋名詞」を抽出してその訳語を示せ。

1. It is by no means child's play. 2. There was a box of carpenter's tools on the floor. 3. He took an artist's delight in the tortuous ways of his service. [Maugham, *A Writer's Notebook*] 4. She had come upon this fool's trip under some misapprehension. 5. His monk's changeless face showed no trace of the contempt he felt for this person.

【解答】 1. child's play（簡単な仕事，児戯） 2. carpenter's tools（大工道具） 3. artist's delight（芸術家的な喜び） 4. fool's trip（無駄骨折り） 5. monk's face（修道僧のような顔）

【文意】 1. それはけっして簡単な仕事ではない。 2. 床の上に大工道具の箱がおいてあった。 3. 彼の業務に特有な回り遠いやり方に彼は芸術家的な喜びを感じていた。 4. 彼女は何か思い違いをして，この無駄骨折りの旅に出てきたのであった。 5. 修道僧のような無表情の顔には彼がこの人に対して感じた軽蔑の念は全然現れていなかった。

7. 名詞の副詞的用法

7.1 副詞的用法の名詞の分類

名詞は，前に前置詞を置かないで，そのまま副詞的に用いられることがある。

::::::研究問題::::::

次の文中，下線の名詞が文の中で果たしている役を考えてみよ。

1. They walked all day, and slept that night at a small inn. 2. The fight only lasted a few minutes. 3. She was a trifle flushed with the excitement. 4. Hours long she lay and poured forth complaints and reproaches. 5. He thought she might go back that way. 6. He spread out his legs compass fashion. 7. I go out a walk sometimes these pleasant evenings. 8. He received his salary once a week.

【解答】 1. all day（一日じゅう）; that night（その夜は）「時」を示す。 2. a few minutes（二三分間）「時間」を示す。 3. a trifle（わずか）「程度」を示す。 4. Hours（数時間だけ）「時間的程度」を示す。 5. that way（その方向へ）「方向」を示す。 6. compass fashion（コンパスのように広げて）「方法」を示す。 7. a walk（散歩に）「目的」を示す; these pleasant evenings（こうした気持ちのよい晩には）「時」を示す。 8. a week（一週に）「割合」を示す。

【文意】 1. 彼らは終日歩いて，その夜は小さな宿屋に泊まった。　2. 格闘は二三分間続いただけだった。　3. 彼女はその興奮でほんの少し上気していた。　4. 幾時間も彼女は横になっていて，不平や非難をぶちまけた。　5. 彼女はその方から帰って行くかもしれないと彼は思った。　6. 彼は両足をコンパスのように広げた。　7. こういう気持ちのよい晩には私は時々散歩に出ます。　8. 彼は週一回給料をもらった。

7.2 「時」を示すもの

前節で，副詞的に用いられる名詞にいろいろの場合があることを知った。本節ではそのうち，「時」を示すものを研究しよう。

⁝⁝⁝ 研究問題 ⁝⁝⁝

次の文の中で，「時」を示す副詞的名詞を指摘し，また，そういう名詞の前にはどんな形容詞が来るかを観察せよ。

1. The dogs were yelling and howling all night.　2. Such things do not occur every day.　3. He will come again next Sunday.　4. He came back last week.　5. They will come this evening.　6. He happened to be out that night.　7. What time are you going to leave home?　8. I was feeling terribly lonely the night I wrote. [Webster, *Daddy-Long-Legs*]　9. He tried again and again, but he failed each time.　10. What do you do nights?

【解答】 1. *all* night　2. *every* day　3. *next* Sunday　4. *last* week　5. *this* evening　6. *that* night　7. *What* time　8. *the* night...　9. *each* time　10. nights

【考え方】 名詞がそのまま副詞的に用いられて「時」を示すとき

は通例，上のイタリック体で示したような形容詞を伴う。これらの形容詞は性質や状態を記述するものではなく，**制限形容詞**（Limiting Adjective）と呼ばれる種類のものである。

なお，10のnightsだけは，形容詞を伴っていない。He worked nights and Sundays.（彼は夜も日曜日も働いた）のように，常に-sの形で使うが，この-sは所有格と起源を等しくする。しかし，これも副詞的に用いられている。

【文意】 1. 犬たちは一晩じゅうわめいたりほえたりしていた。 2. そういうことは毎日は起こらない。 3. 彼は次の日曜日にまた来るだろう。 4. 彼は先週帰って来た。 5. 彼らは今晩来るだろう。 6. 彼は偶然その夜は留守だった。 7. 何時に君は家を出るつもりか。 8. 私はその手紙を書いた晩はとても寂しい気持ちでした。 9. 彼は再三再四試みたが，その都度失敗した。 10. 君は夜は何をしますか。

7.3 時間・期間・距離を示すもの

副詞的用法の名詞は，継続的時間や距離を示す場合があり，その前に前置詞forを置いたのと同じ意味になる。また，実際forを伴っていることもある。

I waited（for）three hours.（私は三時間待った）／We have walked（for）five miles.（われわれは五マイル歩いた）

こういう用法の名詞は，不定冠詞を伴った単数名詞か，数詞または不定数を示す形容詞を伴った複数名詞であることが多い。また，時間を示すtime，距離を示すway，distanceなどの名詞のこともある。

⁞⁞⁞⁞⁞⁞ 研究問題 ⁞⁞⁞⁞⁞⁞

次の文中，時間・期間・距離を示す副詞的用法の名詞を，それを修飾する形容詞（句）とともに指摘せよ。

1. I sometimes go to their home and stay a few days with them. 2. He was silent a moment. 3. In the far North the land is covered with snow and ice most of the time. 4. I have been a wanderer the greater part of my life. 5. I have kept this to myself a long time. 6. I myself have only known it a few hours. 7. The young girl walked on a few steps, laughing still. [James, *Daisy Miller*] 8. After they had gone a little way they met a pedlar. 9. These big guns will shoot a distance of twenty or more miles. 10. He wandered some distance into the country.

【解答】 1. a few days 2. a moment 3. most of the time 4. the greater part of my life 5. a long time 6. a few hours 7. a few steps 8. a little way 9. a distance of twenty or more miles 10. some distance

【文意】 1. 私は彼らの家へ行って二三日滞在することがある。 2. 彼は一瞬間黙った。 3. ずっと北の方では陸地はほとんど常時雪や氷におおわれている。 4. 私は一生の大部分旅行していた。 5. 私は長い間それを秘密にしていた。 6. 私もつい二三時間前にそれを知ったばかりです。 7. 若い娘はまだ笑いながら，さらに二三歩歩いた。 8. 少し行くと彼らは行商人に出会った。 9. これらの大きな大砲の射撃は二十マイルあるいはそれ以上の距離に達するだろう。 10. 彼は郊外へだいぶさまよいこんだ。

実力テスト 19

次の下線の文の意味と矛盾しない内容の文が一文含まれている。その番号を書け。［横浜国立大］

He has not been home a week.

1. It is not more than a week since he left home.
2. It is less than a week since he left home.
3. It is not yet a week since he came home.
4. He has been away from home for less than a week.

【解答】 3.
【文意】 彼はこれでまだ一週間は家にいない。

7.4 程度を示すもの

名詞が，「…だけ」の意味で，すなわち，程度・差額を示す副詞として用いられることがある。この役をする名詞は，自動詞の場合はその次に位する。形容詞・副詞・句・節などの場合はそれらの前に位置するが，この前の位置以外ならば，差額を示す前置詞 by が用いられる。

His weight has increased *five pounds.*（彼の体重は五ポンドふえた）／ One of the peaks rises *33,000 feet.*（峰の一つは三万三千フィートそびえている）／ The town is *five miles* distant from Chicago.（その都市はシカゴから五マイル離れている）

{ He is *an hour* too late.（彼は一時間おそすぎた）
{ He was too late *by an hour.*

He is *two inches* taller than she.（彼は彼女よりも二インチ高い）
He is taller than she *by two inches.*

This is *a great deal* better than that.（これはそれよりもずっとよい）
This is better than that *by a great deal.*

The place has changed *a lot.*（そこはひどく変わった）／England is *a long way* off.（イギリスは遠く離れている）／They live *a great distance* away.（彼らはずっと遠方に住んでいる）／He died *a year* before his father.（彼は父の一年前に死んだ）／*An hour* before sunset a man travelling afoot entered the village.（日没一時間前にひとりの徒歩旅行者が村にはいった）

上例を見ても明らかなように，副詞的に程度・差額を示す名詞は，時間・距離・額などの単位となるもの（pound, foot, mile, hour, inch, year, etc.）が多いが，時間・距離・額の名詞（distance, way, amount）そのものであることもある。一方，不定量を示す a lot, a little, a great（good）deal などであることもある。

また，次のように，少額を示す名詞が用いられることもある。

例 It does not matter *a pin.*（それは少しもかかわりがない）／I don't care *a button* for racing.（競馬など少しも見たいと思わない）／I'm not *a bit* tired.（私は少しも疲れていない）

⁝⁝⁝ 研究問題 ⁝⁝⁝

次の文の中で，程度や差額を示す副詞の役をしている名詞を指摘せよ。

1. The manager's door was open an inch or so. [Galsworthy, *The White Monkey*] 2. In some directions we have progressed a fair amount. 3. It is a pity that we have come a few weeks too early for the cherry blossoms. 4. Will you not stay with me one night longer? 5. She poured in the boiling coffee three parts full. [Lawrence, *The Lost Girl*] 6. That girl deserves help a lot more than I ever did. 7. A few months previously her aged grandfather had died. 8. Ahead, and only a short distance away, lay the famous castle. 9. A few days after the ship had sailed from New York, a heavy storm came up. 10. She got the water she cooked and washed with from a pump in a brick court, four flights down. [Cather, *Neighbor Rosicky*]

【解答】 1. an inch or so 2. a fair amount（かなりの程度） 3. a few weeks 4. one night 5. three parts 6. a lot 7. a few months 8. a short distance 9. a few days 10. four flights（四階段）

【文意】 1. 支配人室の戸は一インチかそこらあいていた。 2. ある方面ではわれわれはかなり進歩している。 3. われわれは桜の花には二三週間早く来たのは残念だ。 4. もう一晩私の所で泊まっていきませんか。 5. 彼は煮えたっているコーヒーを茶わんに四分の三注いだ。 6. その少女は私よりもうんと援助を受ける資格がある。 7. それよりも三か月前に彼女の老祖父が死んだのであった。 8. 前方，ほんの少し離れた所にその有名な城があった。　9. その船がニューヨークを出帆して二三日後にひどい嵐がやってきた。　10. 彼女は料理や洗濯に用いる水を四階段下のれんがの中庭にあるポンプからくんできた。

7.5　空間的・時間的な長さを示す句

英語では，年齢・高さ・長さ・幅・時の隔たりなどを表すのに，7.4で述べたような形式を用いる。すなわち，「数詞＋単位名詞＋形容詞（副詞）」の形である。

例 She is five feet one inch tall.（彼女は身長五フィート一インチある）／The lamp is sometimes twelve feet across and ten feet high.（ランプは時に周囲十二フィート，高さ十フィートある）／The table is six feet long.（テーブルは長さ六フィートある）／Our vacation is two months long.（われわれの休暇は二か月ある）／It happened a few days ago.（それは二三日前に起こった）／She is five years old.（彼女は五歳である）

上のような形の句の「数詞＋単位名詞」の部分が程度を示して，次の形容詞や副詞を副詞的に修飾する。もっとも，こういう説明は文法の立場から分析的になされたものであって，実際はfive years oldがまとまって一つの句を形成して，ある年齢を示しているのである。そういう関係で句全体がまとまって前置詞の目的語となることもある。

例 a girl of eight years old（八歳の少女）；a huge, strong fellow of six feet high（身長六尺の大きな強い男）；an event of a few days before（それより二三日前の出来事）

::::::研究問題::::::

上に説明したような句が前置詞の目的語になっている形を用いて，次の日本文に相当するように英文を完結せよ。

1. 約八十年前まではだれもこれらのほら穴のことを知らなかった。

   Nobody knew of these caves......

2. 老市長は約五分間の演説をした。

   The old Mayor gave......

3. 今や十六歳の青年の前に突如としてすばらしい前途が開けた。

   The great prospect now suddenly opened before......

4. 彼らは数年後まで自分たちの誤りに気づかなかった。

   They did not find out their mistake......

5. 彼女は事件はつい二三時間前の出来事であると思いこもうと努めた。

   She tried to bring herself to believe that what had happened were but......

【解答】 1. until about eighty years ago　2. a speech of about five minutes long　3. a lad of sixteen years old　4. till many years afterwards　5. the events of a few hours ago

7.6 方向・方法を示すもの

way は距離・方向・方法などを表す名詞であるが，そのいずれの意味ででも副詞的に用いられる。そのうち距離の意の way は 7.4 で扱った。方向や方法を表すときは，その前に前置詞 in を補い得ることがある。なお，方法は way のほか，その類語やその他でも表される。

例 Come *this way*, please.（どうぞこちらへ）／They can have everything *their own way*.（彼らは何でも自分の思うようにできる）／He cuts his hair *foreign fashion*.（彼は頭髪を外国ふうに刈る）／And he was off, *full speed*, down the slope.（彼は坂を全速力で降りていった）／So he finished it *the first thing* in the morning.（それで彼は朝第一にそれを仕上げた）／He always travels *first class*.（彼はいつでも一等で旅行する）

方法を示す the way が主語述語を従えて，一つの節をなすことがあるが，「…が…する方法で」から，「…が…するように」となって，the way は接続詞 as と同じような使い方になるときがある。これは米国に多い用法である。

例 I don't see why he can act *the way* he does.（どうして彼はああいうふうにやれるのか私にはわからない）

⁝⁝⁝ 研究問題 ⁝⁝⁝

次の文中，方向・方法を示して副詞的に用いられている名詞を指摘し，その訳語を示せ。

1. If one sheep goes the wrong way, all the others follow. 2. Did you come the same way as yesterday? 3. I can't trouble myself about you: you must manage the best way you can. [Carroll, *Alice in Wonderland*] 4. Cathy was a liar, but she did not lie the way most children do. [Steinbeck, *East of Eden*] 5. He gave me his hand afterwards, English fashion.

【解答】 1. the wrong way（間違った方向へ） 2. the same way（…と同じ道から） 3. the best way（…できるだけ上手に） 4. the way（…のように） 5. English fashion（英国ふうに）

【文意】 1. 一頭の羊が間違った方向に行くと，他の全部はそれにならう。 2. 君は昨日と同じ道から来ましたか。 3. 私は君のことをかまってはいられない，君はできるだけ上手にやっていかねばならない。 4. キャシーはうそつきだったが，たいがいの子供のうそのつきかたとは違っていた。 5. 彼はあとで英国流に手を差し出した。

7.7 目的・割合を示すもの

(a) **目的**

I am only going a walk.（私はただ散歩に行くだけだ）

上例の a walk は「散歩に」であって，目的（purpose）を示して go に対しては副詞として働く。古い英語に a という前置詞があって，on，for の意に用いられた。たとえば，I went a-fishing.（私は魚釣りに行った）のように用い，後にこの a は脱落して I went fishing. となった。go a walk の a はこういう前置詞と不定冠詞の両役を一語で兼ねているものと思われる。

もっとも，常に a があるというのではなく，回数や種類の多いことを示すために複数形になることもある。

例 go walks（散歩に行く）；go errands（使いに行く）

(b) **割合**

We have one mail a day at twelve o'clock.（私どもへは一日に一度十二時に郵便が来ます）

上例のa　dayは「一日に（つき）」であって，割合を示して副詞の働きをしている。こういうように割合を示すときには不定冠詞があるのが常である。古い英語には，時間の単位を示す名詞（day, week, month, yearなど）の前で用いたa（=in）という前置詞があった。a　dayのaは，この前置詞と不定冠詞とが一つになったものと考えられる。それでonce a weekはonce in a weekの意味である。

⁞⁞⁞⁞⁞⁞ 研 究 問 題 ⁞⁞⁞⁞⁞⁞

次の文中，目的や割合を示して副詞的に働いている名詞を指摘して，訳語を示せ。

1. I'm going a long journey to look for her.　2. These three friends used to go walks together.　3. He spent the afternoon running miscellaneous errands.　4. She comes every day to take me a walk.　5. Some times lights are of different colors or they flash a certain number of times a minute.

【解答】 1. a long journey（長い旅に）　2. walks（散歩に）　3. errands（使いに）　4. a walk（散歩に）　5. a minute（一分につき）

【文意】 1. 私は彼女を捜しに長い旅に出ます。　2. この三人の友だちはいっしょに散歩に出るのであった。　3. 彼はいろんな使い歩きをして午後を過ごした。　4. 彼女は毎日やってきて私を散歩に連れていく。　5. 時には光は違った色のものであり，または一分につき一定の回数ひらめく。

8. 人称代名詞

8.1 we, you, they

これら複数の人称代名詞は，だれをさすのかはっきりしていることもあるが，時にはそのさす範囲が明確でないこともある。たとえば，we はＩの複数とはいうが，けっしてＩが何人もいるのではない。we は，Ｉと，Ｉと何らかの点で共通している人（々）とを含めて複数ということになるのである。共通点のとりようによって，どこまでを含めて言っているのか決まるのであるが，それが時々はっきりしないことがある。you や they の場合も同様である。

それで，we，you，they によって話者が考えている範囲を相手に誤りなく理解させるための工夫が時々必要になってくる。それは同格名詞を添えることもできるが，また，副詞句を添えることによってもできる。

::::::研究問題::::::

（Ｉ） 次の例文中の複数人称代名詞 we，you，they（その変化形も含む）はどんな人々をさすのか考えてみよ。

1. I have three brothers; they are all in Tokyo. 2. If anybody thinks I am easy to deal with, they are mistaken. 3. We live here. 4. You are my friends. 5. There arrived a short letter in which a certain firm dryly intimated

their willingness to purchase the copyright for a sum of fifty pounds. [Gissing, *The House of Cobwebs*]　6. We must not tell a lie.　7. You never can tell what will happen in future.　8. They say that there is going to be trouble.

(Ⅱ) 次の文中の we, you, they（変化形も含む）の範囲を限定する語句を指摘せよ。

1. We boys are stronger than you girls.　2. In Germany they manage things better.　3. We are all poor in my parish. [Galsworthy, *Maid in Waiting*]　4. Do you speak English in Australia?　5. He would not allow us children to play cards in any form. [Macdonald, *The Egg and I*]　6. When we women get our rights, you men will have to look alive in order to keep yours. [Webster, *Daddy-Long-Legs*]

【解答・考え方】（Ⅰ）1. they（三人の兄弟）　2. they (anybody は通例単数扱いであるが，その意味は「だれでも」であって，その裏面では多数の人々が考えられる。それを they が受けている）　3. We（自分と自分の家族の者たち）　4. You（数人のそこにいる相手）　5. their（firm は合資会社であるが，それを構成している人たちをさす）　6. We（自分を含めて同じ立場の者たち。おそらく「人間全体」）　7. You（相手と，相手と同じ立場の者たち。「人間全体」となる）　8. They（世間の人たち）

（Ⅱ）1. We (boys) ; you (girls)　2. they (in Germany) これを全体合わせて「ドイツ人」ということになる。　3. We (in my parish) これを全体まとめて「私の教区の者たち」となる。　4. you (in Australia) これをまとめて「オーストラリアの人たち」となる。　5. us (children)　6. we (women) ; you (men)

【文意】（Ｉ） 1. 私には兄弟が三人ありますが，みんな東京にいます。 2. もしだれでも私がくみしやすいと思うなら，考え違いをしている。 3. われわれはここに住んでいます。4. 君たちは私の友だちである。 5. 短い手紙がきて，それにはある会社が喜んで五十ポンドで版権を買うということが書いてあった。 6. われわれはうそをついてはならない。 7. 将来どんなことが起こるかわからない。 8. もんちゃくが起ころうとしているということだ。
（Ⅱ） 1. われわれ少年は君たち少女よりも強い。 2. ドイツ人はもっとうまく事を処理する。 3. 私の教区の者たちはみんな貧乏です。 4. オーストラリアでは英語を話しますか。5. 彼はわれわれ子供たちにはどんな形式のカルタ遊びも許さなかった。 6. われわれ女性が権利を獲得すると，あなたたち男性はご自分の権利を維持するために警戒しなければならないでしょう。

8.2 所有代名詞

所有代名詞とは，次に名詞を伴わない次のような代名詞をいう。mine, ours, yours, his, hers, theirs. これらは人称代名詞の一種である。なお，これらの代名詞は主として，名詞の繰り返しを避けるために用いられる。

::::::研 究 問 題::::::

次の文中の所有代名詞を，「所有格＋名詞」に書き換えよ。
1. This dictionary is mine. 2. His eyes rested on her face, and hers on his. 3. His is the attitude of the pessimist. 4. His house is larger than ours. 5. She took my hand in both hers and pressed it warmly.

【解答】 1. mine＝my dictionary 2. hers＝her eyes ; his＝his face 3. his＝his attitude 4. ours＝our house（*or* our houses） 5. hers＝her hands

【文意】 1. この辞書は私のです。 2. 彼の目は彼女の顔を，彼女の目は彼の顔を，じっと見た。 3. 彼の態度は悲観論者のそれである。 4. 彼の家はわれわれのよりも大きい。 5. 彼女は自分の両手の中に私の手をとって熱意をこめて握りしめた。

実力テスト 20

次の例文では所有代名詞が主語となっているが，それが単数扱いか複数扱いかをよく考えて，次の括弧の中を be または have の諸変化形で埋めよ。

1. Her house is large, but theirs (　　) much larger. 2. Ours (　　) the best age men ever lived in. 3. Hers (　　) a nervous disease, and change of air was imperative. 4. She wants to relight her candle at his, for hers (　　) been blown out by a gust. 5. I discovered that she was sending letters to Holland two or three times a week and was receiving answers as often from Holland. Hers (　　) written in a queer mixture of French, German and English. [Maugham, *Ashenden*]

【解答】 1. is *or* are 2. is 3. was 4. has 5. were

【文意】 1. 彼女の家は大きいが，彼らのはずっと大きい。 2. われわれの時代は，人間が今まで住んだいちばんよい時代である。 3. 彼女の病気は神経病であって，転地が絶対必要であった。　4. 彼女は自分のろうそくを彼のろうそくでつけなおしたいと思っている。というのは彼女のは突風で消えてしまったから。　5. 彼女は週二三回オランダへ手紙を出して，オランダからもそれくらいの回数，返事を受け取っていることを私は発見した。彼女の手紙はフランス語・ドイツ語・英語の妙な交ぜ合わせで書かれていた。

8.3　複合人称代名詞

-self の形の代名詞を複合人称代名詞という。

設問　次の二文の意味上の相違を考えよ。

(a)　He tried to kill himself.

(b)　He tried to kill him.

解説　(a) は「彼は自殺をはかった」である。英語では，主語が行う動作の対象が自分自身であるときは，複合人称代名詞を目的語とする。それで別名，**再帰代名詞**（Reflexive Pronoun）ともいわれる。自分がなした行為がふたたび自分に帰るという意味である。(b) では，主語 he と目的語の him とは別人であって，「彼はもうひとりの人を殺そうとした」である。

英語には再帰代名詞を用いる表現がかなり多い。日本語にはそういう言い回しはなくて，それと同じ内容を自動詞の形で表現することになる。

例　He *seated himself* quietly before the piano.（彼は静かにピアノの前に座った）

一方，複合人称代名詞は，名詞や代名詞を強めるために用いられることもある。

例 He *himself* said so.（彼自身がそう言った）／I want to see the director *himself*.（私は校長自身に会いたいのです）

⁝⁝⁝ 研究問題 ⁝⁝⁝

（Ⅰ） 次の文中，「他動詞＋再帰目的語」の部分を抽出して，訳語を示せ。

1. A good opportunity presented itself. 2. He interested himself in the habits and customs of the Malays. [Maugham, *The Casuarina Tree*] 3. As he walked resolve strengthened itself in his heart. [Gissing, *The House of Cobwebs*] 4. It seems to me that he knew quite well how to behave himself. [*Ibid.*] 5. He was an honest and upright man and he prided himself on his integrity. [Maugham, *A Writer's Notebook*] 6. The scheme had formed itself in his brain during the morning. [Id., *The Trembling of a Leaf*] 7. There's a moral in everything, if we would only avail ourselves of it. [Dickens, *Dombey & Son*] 8. To this end I must possess myself of a considerable sum of money. [Butler, *Erewhon*] 9. Several years passed away, and all Crusoe's clothes were worn out, so he made himself clothes of goatskins. 10. Crusoe had to stay indoors for weeks, but he amused himself, when not working, with keeping a diary.

（Ⅱ） 次の文中，強意用法の複合人称代名詞を指摘し，強められている語の文中における役目（主語・目的語・補語）を明らかにせよ。

1. When he was in America, he had seen the Indians smoke,

and before long he acquired the habit himself.　2. He's a dear good man really, and kindness itself. [Maugham, *Creatures of Circumstance*]　3. It was not often that she could turn her eyes on Mr. Darcy himself. [Austen, *Pride & Prejudice*]　4. They kept only one maid and continued to do a great part of the housework themselves. [Huxley, *Point Counter Point*]　5. It has so often been said that the English are an inartistic and unimaginative people, that the English have themselves come to believe the accusation. [横浜国立大]

【解答】（Ⅰ）1. presented itself（現れた）　2. interested himself（…に興味を持った）　3. strengthened itself（固まった）　4. behave himself（ふるまう）　5. prided himself（…を誇りとした）　6. formed itself（まとまった）　7. avail ourselves（…を利用する）　8. possess myself（…を獲得する）　9. made himself（自分のために…を作った）　10. amused himself（興じた）
（Ⅱ）1. he...himself（主語）　2. ...is kindness itself（補語）　3. on Mr. Darcy himself（前置詞の目的語）　4. They... themselves（主語）　5. the English...themselves（主語）
【文意】（Ⅰ）1. よい機会が到来した。　2. 彼は彼らの風俗習慣に興味を持った。　3. 歩いていると，彼の心の中で決意がいよいよ固まってきた。　4. 彼にはどうふるまってよいかよくわかっていたように私には思われる。　5. 彼は正直で高潔な人であって，自分の清廉を誇りとしていた。　6. その計画は午前中に彼の頭の中でまとまっていた。　7. 利用しようとさえ思えば，あらゆるものの中に教訓がある。　8. この目的のために私は相当額の金を獲得しなければならなかった。9. 数年経過した，そしてクルーソーの衣服はすり切れてしまった。それでやぎの皮で自分用の衣服を作った。　10. クルーソーは数週間戸内にとどまらねばならなかった。しかし働かないときは日記を書いて興じた。
(Ⅱ)　1. アメリカにいたとき彼はインディアンがたばこをのむのを見た，そしてまもなく自分も喫煙癖がついてしまった。　2. 彼は本当にいい人で，またとても親切である。　3. 彼女がダーシー氏その人に目を向けることができたのは，そうしばしばではなかった。　4. 彼らは女中はたったひとりしか雇わないで，相変わらず家事の大部分を自分らでやっていた。　5. 英国人は芸術のわからない，想像力の乏しい国民であると常々言われてきたので，英国人自身もその非難を信じるようになってきた。

8.4 itの諸用法

itの用法は複雑である。その用法の大筋をつかむために，まず次の設問を試みよう。

設問　1-10までの中にあるitの用法を検討して，次の項目にまとめよ。

(a)　既述の語句や事柄に「それ」と言及する。
(b)　話者が心の中で「それ」とさしておいて，後続の語句で，さすものを相手に明確にする。
(c)　「それ」とさし示すだけはっきりとした対象はなく，漠然と天候・時間・距離・環境などをさす。

1. That's my dog. Please give it some food.　2. I am used to be alone. I don't mind it at all.　3. It is winter now.　4. It is no use crying over spilt milk.　5. What time is it now?　6. It is a pity that we should

be able to do nothing for her.　7. It is I that am to blame.　8. There is a ring at the door. Go and see who it is.　9. The child is crying. It wants to go out.　10. I have it in my power to dismiss you.

解答・解説　(a) 既述のものをさす it.　1. it (my dog をさす)　2. it (to be alone をさす)　8. it (前文によってベルを鳴らしている人のあることが察知される。その人をさす)　9. It (The child をさす)

(b) 心中の it (後続語句で明確にされる)　4. It (crying... によって同格的に明確にされる)　6. It (*that*-clause によって同格的に明確に)　7. It (that 以下の関係詞節によって明確に)　10. it (to dismiss you によって，同格的に明確に)

(c) 漠然と天候・時間・距離・環境など。　3. It (季節・天候)　5. it (時)

【文意】 1. あれは私の犬です。少し食べ物をやってください。2. 私は寂しいことには慣れています。少しも気になりません。3. 今は冬です。　4. こぼれた牛乳を嘆き悲しんでもむだだ(覆水盆にかえらず──ことわざ)。　5. 今は何時ですか。6. 私どもが彼女のために何もしてやれないのは遺憾です。　7. 悪いのは私です。　8. 玄関でベルが鳴っている。だれだか見てきなさい。　9. 子供が泣いている。外へ出たいのだ。　10. 私には君を解雇する力がある。

8.5 既述のものをさすit

既述の語の代わりに用いられる語に，it と並んで one がある。it は「その」とさすのであるから，さし示されるものははっきりとした特定のものである。それに反して，one は不定冠詞を伴った単数普通名詞を受けるときに用いられる。

This is the pen I bought yesterday. I will give *it* to you.（これは私が昨日買ったペンです。それを君にあげよう——it は *the* pen をさす）／He rents a house, but I own *one*.（彼は借家をしているが，私は一軒持っている——one は *a* house をさす）

しかし，既出の名詞が不定冠詞を伴っていても it で受けることがある。要は，既出の名詞の取り上げかたであって，特定のものとして取り上げるのであれば it で受ける。一方，複数名詞でも取り上げるとき単数としてであれば one を用いる。

I see an apple on the table. May I have *it*?（食卓の上に一個のりんごが見える。もらっていいですか——it は *the* apple on the table を受ける）／"Won't a pencil do?"—"Yes, *it* will do."（「鉛筆でいいですか」「はい，それでいいです」——it は総称的に「鉛筆というもの」をさしている）／I haven't any stamps. Will you please give *one*?（切手がない。一枚くださいませんか——one＝a stamp）

⁝⁝⁝ 研 究 問 題 ⁝⁝⁝

次の文では it は何をさしているか。

1. I want to consult you, father. It's about my work. 2.

You look very low and wretched. What is it? 3. If ever two men presented a contrast, it is you and he. 4. If his letter had pained her it must be owing to a misunderstanding. [Hardy, *Life's Little Ironies*] 5. It is a most provoking thing when a person doesn't know a cravat from a belt! [Carroll, *Through the Looking Glass*] 6. I dare say I'm being a nuisance, but I can't help it. [Hilton, *Lost Horizon*] 7. They thought it would please the king if they killed the man.

【解答】 1. It（相談したいこと） 2. it（元気がない原因） 3. it（著しい対照を示すもの） 4. it（彼女を苦しめたこと） 5. It（人が首巻きと帯皮との区別を知らないこと） 6. it（自分が迷惑をかけていること） 7. it（その男を殺すこと）
【文意】 1. おとうさん，相談したいことがあります。それは私の仕事のことなのです。 2. 君はひどく元気がない。どうしたのですか。 3. 著しい対照を示すふたりの人があるとすれば，それは君と彼とである。 4. 彼の手紙が彼女を苦しめたのだとすると，それは誤解のためであるに相違ない。 5. 人が首巻きと帯皮の区別を知らないときには，ひどくしゃくにさわるものです。 6. おそらくご迷惑をかけていることと思いますが，私としてはどうしようもないのです。 7. その男を殺せば王様が喜ぶだろうと彼らは考えた。

実力テスト 21

次の文の空所を one か it で埋めよ。

1. Do you want a baby cat? Then, come and take (　　). 2. I keep a dog. I play with (　　) in the garden. 3. While he is giving places to all the people, he cannot get (　　) for himself. 4. Of course, if you act like a baby,

you will be used like (　　). 5. "There is an interesting story," said Jack. "What is (　　)?" asked Uncle George. 6. I have received a letter; and I am at a loss whether I shall show (　　) to the police. [Stevenson, *Dr. Jekyll & Mr. Hyde*] 7. You should never neglect a chance, however small (　　) may seem. [Doyle, *A Study in Scarlet*]

【解答】 1. one 2. it (=the dog) 3. one 4. one 5. it (=the interesting story) 6. it (=the letter) 7. it (=the chance)

【文意】 1. 猫の子がほしいですか。それなら一匹取りにおいでなさい。 2. 私は犬を一匹飼っています。私はそれと庭で遊びます。 3. 彼はみんなの人に職を与えているのに，自分には一つも獲得できない。 4. もちろん，君が赤ん坊のようにふるまえば，赤ん坊のように扱われるだろう。 5. 「おもしろい話があります」とジャックが言った。「それは何だ」とジョージおじさんが尋ねた。 6. 私は一通の手紙を受け取った，そしてそれを警察に見せようかどうか迷っている。 7. いかにつまらないものに見えようとも機会を逸してはならない。

8.6 心の中で「それ」とさすit I

話者が心の中で「それ」としてitを主語とし，文の形を手っとり早く組み立てることが多い。こういう場合，話者にはもちろん，「それ」が何であるかわかっているが，聞き手にはわからないのであるから，文が整ったあとで，itに見合う語句を添える必要がある。itは代名詞であるから，itに相当する語句というと，名詞か，動名詞，名詞用法の不定詞・節である。これらの相当語句は元来は真の主語であるのだが，主語には短い語を使い，早く動詞を出すほうが相手には聞きとりやすいから，it を主語に使うのである。こういう目的で使われる it を通例，**形式主語**（Formal Subject）という。

また，上述と同じ理由で，目的語としても it が形式的に用いられることがある。これは**形式目的語**（Formal Object）と呼ばれる。

例 I felt it difficult to tell what he felt just then.（そのとき彼が何を感じたか述べるのはむずかしいと私は感じた）

上例で真の目的語は to tell what he felt just then である。仮に it を使わないことにして真の目的語を本来の位置に置くと，次のようなことになるが，これを見れば it がいかに役だつかがわかるであろう。

I felt *to tell what he felt just then* difficult.（誤）

∷∷∷ 研 究 問 題 ∷∷∷

（I） 次の各文中 it によって代理されている真の主語を指摘し，それを分類せよ。

1. It is a pleasant sensation to come back to something familiar. [Webster, *Daddy-Long-Legs*] 2. It's astonishing how many different things he knows. [*Ibid.*] 3. It is a blessing that we do not know what is going to happen. 4. It is very kind of you to show me the way. 5. It does drive me so wild the way you throw away all the chances you have. [Galsworthy, *The Silver Spoon*] 6. Is it really impossible for you to help us? 7. It's easy finding reasons why other

folks should be patient. [George Eliot, *Adam Bede*]　8. I know it's true what you say.　9. It was clear what would happen to me if these hardships went on for long.　10. It is very funny his going without saying good-bye to anyone.

(Ⅱ) 次の各文中の真の目的語を指摘し，it の関与する部分の文型を観察せよ。

1. I think it right that you should know what is being said against you in the town. [Wilde, *The Picture of Dorian Gray*]
2. You must ascribe it to my forbearance that I have put up with it so long. [Hilton, *Good-bye, Mr. Chips*]　3. I call it a silly waste of money buying these poor pictures.　4. I shall make it my care to inquire for suitable openings for your son. [Gissing, *The House of Cobwebs*]　5. I knew Harry would think it dreadful of me to come out to supper when the child was lying ill. [Maugham, *Cakes & Ale*]

【解答】 (Ⅰ) (a) 不定詞：1，4，6（意味主語づき）　(b) 動名詞：7，10（意味主語づき）　(c) 名詞（関係詞節づき）：5　(d) 名詞節：2（間接感嘆文），3（*that*-clause），8（what に導かれる関係詞節），9（疑問代名詞に導かれる節）

(Ⅱ) 1. 2. that 以下の節　3. buying 以下の動名詞句　4. to inquire 以下の不定詞句　5. to come 以下の不定詞句

なお，2を除いて他の四文は VOC の文型であって，この文型では形式目的語を用いることが最も多い。

【文意】 (Ⅰ) 1. よく慣れた物に戻るのはいい気持ちです。　2. 彼がいかにいろんなことを知っているかは驚くべきことです。　3. 未来に起こることがわれわれにわからないということはありがたいことである。　4. 道を教えてくださってありがとう。　5. せっかくの機会をみんな逸してしまう君のやり方には実際腹がたちます。　6. 君が私どもを助けるということが本当に不可能なのですか。　7. 他人が我慢すべき理由を発見することはたやすい。　8. 君の言うことが真実であることはわかっている。　9. こうした苦労が長く続けばどんなことになるか明らかであった。　10. 彼がだれにも別れを告げないで行くのは全くおかしい。

（Ⅱ）1. 町の中でどんな悪口が言われているかを君が知るのは当然だと私は思う。　2. 私がそのことをこれまでずっと我慢してきたのは私の寛容のせいであると君は思うべきである。3. こんな下手な絵を買うのはばかげた浪費だと思う。　4. これから心がけてあなたの息子さんのために適当な就職口を捜しましょう。　5. 子供が病気で寝ているのに私が夕食に外出するなんてひどいとハリーが考えるだろうということは私にわかっていました。

実力テスト 22

（Ⅰ）次の各組において，下の文の空所にそれぞれ一語を補って，上の文と同じ内容の文にせよ。

1. ［横浜市立大］
You were very careless to leave your umbrella in the train.
It was very careless (　　) (　　) to leave your umbrella in the train.

2. ［青山学院大］
He was stupid to make such a mistake.
It was stupid......

（Ⅱ）次の文を，その内容を変えないで指示どおりに書き換えよ。

1. ［慶応大］
He made a habit of consulting doctors he believed more able than he.（It で始まる文に）

2. [武蔵工大]

He is not a man to do such a thing. (It を主語に)

(Ⅲ) 次の英文の下にあげた語のうち適当なものを選んで，文中の各空所に一語ずつ入れよ。[一橋大]

Perhaps you had to get up very early this morning, didn't you? How long (　　) (　　) (　　) (　　) to get here from your home?

(did, for, it, take, took, you)

(Ⅳ) 次の日本文の意味を表すように，それぞれ英文中の(　　) 内に一語を補え。[早稲田大]

1. 君はただひとりでここに住んでいるのを，むしろ退屈と思うにちがいない。

You must find (　　) rather dull (　　) here all (　　) yourself.

2. ジョージはその木を切り倒すことは悪いとは思わなかった。

George did not think (　　) wrong (　　) cut (　　) the tree.

【解答】 (Ⅰ) 1. of, you　2. of him to make such a mistake (Ⅱ) 1. It was a habit with him to consult doctors...　2. It is not possible for him to do such a thing.

(Ⅲ) did it take you　(Ⅳ) 1. it, living, by　2. it, to, down

【文意】 (Ⅰ) 1. 列車の中に傘を置き忘れるなんて，君はとても不注意でした。　2. そんな誤りをするなんて，彼はばかだった。

(Ⅱ) 1. 彼は自分よりも腕が上であると思った医者に常に相談するのであった。　2. 彼はそんなことをする人ではない。

(Ⅲ)　おそらく君は今朝はとても早く起きねばならなかったんだろうね。君のうちからここへ来るのにどれくらいかかったか。

8.7　心の中で「それ」とさすit　Ⅱ

設問　次の二つの例文中の下線のitは何をさし示しているかを考えてみよう。(a) では，itのさしているのは「人」か「物」か。(b) のitのさしているのは，「単数」のものか「複数」のものか。

(a)　There's a ring at the door. It will be Father.

(b)　"What is it you have in the basket?"—"It is eggs."

解説　(a) のItは「玄関でベルを鳴らしている人」をさして「それ」といっている。

(b) のitは「バスケットにはいっている物」を「それ」とさしている。答えのIt is eggs. を見れば，「それ」とさしたものが複数の物であることがわかったのであるが，質問の段階ではまだ単数であるか複数であるかは，わかっていなかった。

(a) でも，「それ」とさした段階では，「人」であることだけがわかっているだけで，男性であるか女性であるか，また単数であるか複数であるかはまだ不明である。したがってhe, she, theyは使えない。こういう段階でさし示そうとすれば，itよりほかの代名詞は使えないわけである。

なお，(b) のyou以下は関係詞節であって，itを修飾している。itは上述のように，その場面で問題になっているものをさし示すのであるが，問題であるということだけでその内容は漠然としている。これに関係詞節を添えて説明すると，問題点をはっきりさせることになる。換言すると，it と関係詞節との協力で一つの明確な問題点を構成するのである。

⁝⁝⁝ 研究問題 ⁝⁝⁝

次の各文の問題点を日本語で示せ。

1. What was it you wanted to know?　2. Who could it be who was her confederate?　3. Who is it that loves and understands you at all times?　4. When was it that you began to study English?　5. Why is it that she is not happy?

【解答】 1. 君が知りたいと思うこと（は何であったか）。　2. 彼女と共謀した者（はいったいだれだったろう）。　3. いつでもあなたを愛し理解してくれる人（はだれか）。　4. 君が英語を学び始めた時（はいつだったか）。　5. 彼女が幸福でないわけ（は何か）。

8.8　心の中で「それ」とさす it　Ⅲ

前の section（8.7）の研究問題はいずれも，疑問詞を持った疑問文であって，it は問題の中心点をさし示していた。それが次のような平叙文ではどういうことになるか。

It is the directors who are responsible for the loss.（損失の責任を負うべき者は重役たちである）

この It が示すのはやはり，解決前の段階の「問題」である。it は，解決してみれば，「人」にもなるし，「物」にもなる。さらに複数にもなるかもしれないし，男性か女性かの点もはっきりしてくる。かなりいろんなものになる可能性を持っているのだから，それだけに自身は漠然としているのである。itの持つこの漠然さをしぼってはっきりしたものにするために，who以下の関係詞節を添えている。

この関係詞節がitを修飾するのなら，that is... とあるべきで，who are... となるのはおかしいと思う人もあるであろう。それに対しては次のように答えられる。このitは，可能性としては「人」にもなり，複数にもなり得ることは前に説明したとおりである。It is（was）の次に来る補語によって問題が解決されて，「人」か「物」か，単数か複数かがはっきりしてしまうと，関係詞もまたそれに続く動詞も，結局解決語の形に一致することになるのである。このことをさきの例文について説明すると，叙述がIt is the directorsまで進むと，問題になっていたものは複数の「人」であることが明らかになったわけだから，関係詞節はwho are... となるのである。用いられる関係詞は関係副詞（where，when）やその代用形（that）であることもある。

例 It is a sad house where the hen crows loudest.（めん鳥が大声でときをつくる家は悲しい家だ——ことわざ）／It is in the spring when the orange trees are nice.（オレンジの木がきれいなのは春です）／It was here that it happened.（それが起こったのはここであった）

::::::研究問題::::::

（I） It is（was）に続く語は名詞・代名詞・副詞（句・節）であるが，それらによって的確に，だれか，どれか，どこか，いつか，ということがわかるのであって，他のものとはっきり対照的に区別できるのである。すなわち特定の人や物をさす語である。そして，その語句を与えられることによって問題が解決するのである。次の文で，解決に用いられている語を抽出して，それらが特定語であることを吟味せよ。

1. It was my brother that he referred to. 2. It is not to Egypt that I am going. 3. It is upon you I depend. 4. It was about this time that people were saying that the earth was not flat, but round. 5. It is obstacles that make a man. 6. It is only education which will conquer prejudice. 7. It was then that I determined to become a painter. 8. It was here that he meant to spend the rest of his life. 9. It was because he was ill that he could not go. 10. It was thanks to him that I got well.

（Ⅱ） 解決に用いられる語は，It is（was）で異常な位置に引き出されることになる。つまり，解決語はこの位置で特に目だたされることになるので，この文形を通俗的には**強調構文**という。それで，(a) It is the directors who are responsible for the loss. は，(b) The directors are responsible for the loss. の directors に stress を置いた場合と効果は同じである。(a) の文の who が時々脱落して It is the directors are responsible for the loss. となることがあるのは心理的に (b) の文の影響と考えてよいであろう。こうなると，It is（was）は形式化してしまっているのである。次の It is（was）A who（that）B の構文の it is（was）を取除いて，A と B とを結びつけた普通の文に改めよ。

1. It is you the manager spoke to me of. [Maugham, *Ashenden*] 2. Do you think it's only me that's saying it? [Id., *The Casuarina Tree*] 3. It was for want of something better to do that I applied myself to the study of languages. [Borrow, *Lavengro*] 4. It was not till he became used to people that he got over

his first impression. [Maugham, *Of Human Bondage*] 5. It was my death was sought for. [Borrow, *Lavengro*] 6. It is not every one can read faces. [Lawrence, *Women in Love*] 7. Who was it sent you into the woods after water at this time of night?

【解答・考え方】 (Ⅰ) 1. my brother（固有名詞にも匹敵する特定の人をさす） 2. to Egypt（固有名詞を含む句） 3. upon you（特定語 you を含む句） 4. about this time（this という特定語を含む） 5. obstacles（「障害（というもの）」の意で，全体をさす総称語──総称複数） 6. education（「教育（というもの）」──総称語） 7. then（指示副詞──特定の時点をさす） 8. here（指示副詞──特定の場所を示す） 9. because he was ill（「病気であった」という理由を他の理由と対立的に見ている） 10. thanks to him（「彼のおかげ」──特定の人が入っている句）

(Ⅱ) 1. The manager spoke to me of you. 2. Do you think (that) only I am saying it? 3. I applied myself to the study of languages for want of something better to do. 4. He did not get over his first impression till he became used to people. 5. My death was sought for. 6. Every one cannot read faces. 7. Who sent you into the woods after water at this time of night?

【文意】 (Ⅰ) 1. 彼が言ったのは私の兄弟のことであった。 2. 私が行くのはエジプトではない。 3. 私が頼りにしているのは君である。 4. 世人が地球は平たくなくて丸いのだと言っていたのはこのころであった。 5. 人を作るのは障害である。 6. 偏見を征服するのは教育だけである。 7. 私が画家になろうと決心したのはそのときであった。 8. 彼が余生を送ろうと思ったのはここであった。 9. 彼が行けなかったのは病気だったからだ。 10. 私が回復したのは彼のおかげであった。

(II) 1. 支配人が私に話したのは君のことである。 2. それを言っているのは私だけだと思うか。 3. 私が諸国語の研究に精を出したのはほかにいい仕事がなかったからであった。 4. 彼が第一印象を忘れたのは人に慣れてしまってからであった。 5. 求められていたのは私の死であった。 6. 人の顔色が読めるのはだれでもというわけにはいかない。 7. 夜のこんな時刻に森の中へ水くみにやらせたのはだれだったのか。

8.9 天候・時間・距離・環境などをさす it

われわれが置かれている環境のいっさいを含めたものを it で表して，これを文法上の主語や目的語として用いる。この環境が占める範囲は広くて，天候・季節・時間・距離・周囲・事情・境遇などが入る。それで，こういう it を主語として文を起こしても何をさすのか初めは相手にわからない。叙述が進むにつれてだんだん明らかになってくる。

例 It looks like snow.（雪らしい）／It is winter now.（もう冬だ）／When she awoke it was yet night.（彼女が目をさましたときはまだ夜中だった）／What time is it now?（今は何時ですか）／It is a long way to the sea.（海までは遠い）／It is quite dark in the room.（部屋の中は全く暗い）／It is all over with us.（われわれは万事だめだ）

事態・境遇などを漠然とさす it は目的語としても用いられる。

He footed *it* all the way.（彼は全行程を歩いた）／We

had a good time of *it*.（われわれは愉快な時を送った）／As ill luck would have *it*, he was taken suddenly ill.（運の悪いことに彼は急病にかかった）／There was nothing for *it* but to wait and see.（待って様子を見るよりほかにしかたがなかった）／He made but one bolt of *it* into the house.（彼は一気に家の中へかけこんだ）

::::::研究問題::::::

このsectionで説明したitは，それだけではさし示されるものがはっきりしないのであるが，後続する副詞（句）をitに加えて考えてみると，さすものがかなりはっきりしてくる。次の各文のitと副詞（句・節）を抽出し，その意味的結合を日本語で示せ。

1. It's true that it is all settled between her and me.［Hardy, *Life's Little Ironies*］　2. It's rather nice in the country just now.　3. It was a small branch line to Tercanbury.［Maugham, *Cakes & Ale*］　4. It's a long time since I saw him last.　5. It was not always thus with my son.

【解答】 1. it…between her and me（彼女と私の間の問題）　2. It…in the country just now（今ごろの田舎の生活）　3. It…to Tercanbury（ターカンベリーに至るまでの間）　4. It…since I saw him last（彼と別れてからの期間）　5. It…with my son（私の息子の場合）

【文意】 1. 彼女と私の間の問題は本当に片がついている。　2. 今ごろの田舎はなかなかよい。　3. ターカンベリーまでは小さな支線です。　4. 彼と別れてからずいぶん久しい。　5. 私の息子は，いつもそうであるわけではなかった。

実力テスト 23

次の日本文の意味に合うように英文を完成せよ。

1. あなたの所では雪が降っていますか。

(　　) (　　) (　　) where you are?

2. 霧が濃くて真昼でも暗かった。

The fog was so dense that (　　) (　　) (　　) even at mid-day.

3. 君が出発できるまでにどのくらいかかるか。

How long (　　) (　　) (　　) before you are ready to start?

4. 彼女には世の終末が到来したかのように思われた。

(　　) (　　) to her (　　) (　　) the end of the world had come.

5. 公園まで歩いて十分です。

(　　) (　　) (　　) ten minutes' walk to the park.

【解答】 1. Is it snowing　2. it was dark　3. will it be　4. It seemed ; as if　5. It is a

9. 指示代名詞

this (these), that (those) は代名詞としては人・物・事をさす。

9.1 that (those) の指示的用法

that は既述の語句をさすことがある。また，指示するだけで具体的に描写説明するわけでないから，that (those) は後続の句や節によって内容を明らかにすることがある。後続の句・節を伴う that (those) の中には，ほとんど指示性を失って，不定的な意味になるものがある。

:::::: 研 究 問 題 ::::::

次の各文の中の that や those の用法を検討して，次のように分類せよ。

(a) 既述の語句をさすもの
(b) 後続句節を伴うもの（指示性あり）
(c) 後続句節を伴うもの（指示性なし）

1. "They must be very curious-looking creatures."—"They are that." [Carroll, *Through the Looking Glass*] 2. There was that about the place which filled me with a sense of utter dreariness. 3. If he was not doing very well, that was because trade was so bad. [Priestley, *Angel Pavement*] 4. "You love Phillis, then?" said I. "Love her!—Yes, that I do."

[Gaskell, *Cousin Phillis*]　5. "Were you in the English army?"—"That was I." [Stevenson, *Kidnapped*]　6. The will can cure anything, and put anything right. That I am convinced of. [Lawrence, *Women in Love*]　7. That is true which all men say.　8. Luck comes to those who look after it.　9. Is that your wife who's written a book they're all talking about? [Maugham, *Creatures of Circumstance*]　10. Do go and see who that is at the door. [Priestley, *Angel Pavement*]

【解答】 (a) 1. that (very curious-looking creatures)　3. that (he was not doing well)　4. that (love her)　5. That (in the English army)　6. That (前文全部)
(b) 9. that (あの人)　10. that (あの人)
(c) 2. that (もの)　7. That (こと)　8. those (人々)

【文意】 1. 「彼らはきっと非常に妙な格好の動物であろう」「彼らはそうなんです」　2. その場所には，全く荒涼という感じを心いっぱい持たせるものがあった。　3. 彼がうまくやっていないなら，それは景気がひどく悪かったからであった。　4. 「それでは君はフィリスを愛しているんですね」と私が言った。「彼女を愛する——そうです，私は愛しています」　5. 「君は英国軍隊にいたか」「いました」　6. 意志は何でも直し，何でも矯正することができる。そのことを私は確信している。　7. すべての人が言うことは真実である。　8. 幸運は求める人にやってくる。　9. 世間で評判になっている本を書いたのは君の奥さんですか。　10. 玄関にいるのはだれか見てきなさい。

9.2 既述の名詞の代わりをする that (those)

that (those) は既述の名詞の繰り返しを避けるために用いられることがある。

例 Her room was next door to that in which they live. (彼女の部屋は彼らが住んでいる部屋の隣りであった——that＝the room) ／ His feelings were those of a little boy. (彼の感情は小さな少年の感情であった——those＝the feelings)

上例でわかるように, that (those) の指示的意味は弱く, わずかに the の持つ指示性の程度に止まる。

既出の名詞の繰り返しを避けるための代名詞としては one (ones) もあるが, これは主として形容詞の次で用いられる。

例 Our town is a small one. (われわれの町は小さい——one＝town) ／ As you get to know more and more words you will see that you do not have to use the same ones over and over again. (だんだん多くの言葉を知ってくるにつれて, 同じ言葉を繰り返し何べんも用いなくてもよいことがわかってくるであろう——ones＝words)

代名詞 such も既出名詞の代わりに用いられるが, これはいくぶん指示的意味を持つ。

例 My friend is Harry—or at least, such is the name by which he chooses to be known. [Stevenson, *New Arabian Nights*] (私の友人はハリーです——あるいは少なくともそれは彼が通用させたいと思っている名です——such＝Harry) ／ If you act like a child, you must be treated as such. (子供のようにふるまえば, きっとそのように扱われるだろう

——such = a child)

実力テスト 24

that, one, such はいずれも既出の名詞の代用語として用いられるが，そのうちの適当な一つで次の各文の空所を埋めよ。

1. He was a bachelor and now at fifty was likely to remain (　　). [Maugham, *Cakes & Ale*]　2. If he failed, his position would be (　　) of a mere pauper.　3. He took no interest in the pictures as (　　), but merely as remembrances of his native country.　4. She took him for a friend and treated him as (　　).　5. The windows of the ground floor and of (　　) above were boarded up. [Gissing, *The House of Cobwebs*]　6. Our position is a delicate (　　).　7. His former visits had been (　　) of pleasure.　8. There was no light in the room save (　　) which the fire afforded. [Dickens, *Dombey & Son*]　9. I uttered a few words of encouragement, but they had the opposite effect to (　　) designed. [Gissing, *The House of Cobwebs*]　10. That way of looking at it was (　　) that had scarcely occurred to me before. [Hilton, *Lost Horizon*]

【解答】 1. one　2. that　3. such　4. one *or* such　5. that *or* those　6. one　7. ones　8. that　9. that　10. one

【文意】 1. 彼は独身者であった，そして五十歳である今となっては，たぶんそのまま独身を通すだろう。　2. もし彼が失敗したら彼の地位は全くの貧民となるであろう。　3. 彼はそれらの絵画に，絵画としてではなく，ただ故郷の思い出として興味を持ったのであった。　4.　彼女は彼を友人と思いこみ，友人として遇した。　5.　一階と二階の窓は材木が打ちつけてあった。　6.　私の立場は微妙です。　7.　彼の以前の訪問は遊覧のためであった。　8.　暖炉の火から出るもの以外にその部屋には明かりはなかった。　9.　私は二三激励の言葉を述べたが，意図したものとは反対の結果を招いた。　10.　それに対するそんな見方は，以前私には思いつかなかった見方であった。

10. 疑問詞

10.1　疑問詞の文中での役目

(1)　疑問代名詞は他の代名詞と同様に，文の主語，他動詞および前置詞の目的語，補語などの働きをする。注意すべき点は：

(a)　主語として

疑問文であっても，助動詞 do, does, did を用いなくてよい。

(b)　目的語として

目的語であっても，他動詞の次に位置しないで文頭を占める。前置詞の目的語としても，遊離して文頭に出るのが普通であるが，前置詞だけが文尾に残存することになる。なお，口頭では who が whom の代わりに用いられることが多い。

(c)　補語として

この場合もやはり文頭に位置する。このため，主語か補語か区別しにくいことも起こるが，だいたい前後関係でわかる。

(2)「疑問形容詞＋名詞」の文中での役目は疑問代名詞と同じである。

例　*What part* of Ireland do you come from?（君はアイルランドのどこの出身ですか）

(3)　疑問副詞も時々，補語として，または前置詞の目的語として用いられる。

例 *When* is the appointment?（会う約束の時間はいつですか）／*How* is he this morning?（彼は今朝はどんな具合ですか）／*Where* has he gone to?（彼はどこへ行ったか）／Since *when* has he been ill?（彼はいつから病気でしたか）

（4） what と how は感嘆文の中でも用いられる。

例 What a good talker you are!（君はなんとうまくしゃべるのだろう）／How fast he runs!（彼はなんと速く走るんだろう）

::::::研究問題::::::

次の文で疑問詞は文中でどんな役目をしているか。

1. What makes you so sad? 2. Whom do you want to see? 3. What a state your hair is in! 4. What's he a professor of? [Maugham, *Creatures of Circumstance*] 5. What was your position on your team? 6. Where did you get that idea from? [Priestley, *Angel Pavement*] 7. What are you looking at me like that for? [*Ibid.*] 8. What have you come to see me about? [Maugham, *Cakes & Ale*] 9. Who shall I have to work for when father's gone? [George Eliot, *Silas Marner*] 10. Why is it that we can better bear to part in spirit than in body? [Dickens, *The Old Curiosity Shop*]

【解答】 1. What（主語） 2. Whom（動詞 see の目的語） 3. What（感嘆文で） 4. What（of の目的語） 5. What（補語） 6. Where（from の目的語） 7. What（for の目的語） 8. What（about の目的語） 9. Who（for の目的語） 10. Why（補語）

【文意】 1. どうして君はそんなに悲しいのか。 2. 君はだれに会いたいのか。 3. 君の頭髪は何とひどい状態だろう。 4. 彼は何の教授か。 5. チームで君のポジションは何か。 6. 君はどこからその考えを得たか。 7. 何のためにそんなに私を見つめるのか。 8. 何の用事で私に面会に来たのか。 9. 父がいなくなったら，だれのために働いたらよいのか。 10. われわれは現実に人と別れるよりも心の中でのほうが別れやすいのはどういうわけだろうか。

10.2 疑問詞節 I

(1) 間接疑問文

疑問文には疑問詞で始まるものと，疑問詞を用いないものとの二種があるが，そのどちらも，文の一部として取り入れることができる。取り入れられた部分を，**間接疑問文**または**疑問詞節**という。疑問文が節になる際，多少の操作が必要である。

(a) She said to me, "What did your father say?"（「あなたのおとうさんは何と言いましたか」と彼女は私に言った——直接話法）

She asked me what my father had said.（間接話法）

(b) She said to him, "Did your father oppose your plan?"（「あなたのおとうさんはあなたの計画に反対しましたか」と彼女は彼に言った——直接話法）

She asked him whether his father had opposed his plan.（間接話法）

上の (b) の whether は古い英語では疑問詞であったの

で，whether で始まる節も疑問詞節として扱ってよい。

(2) 間接感嘆文

what や how で始まる感嘆文も，文の一部に取り入れられる。

例 All my life I've thought what a delightful thing it must be to have a house of one's own. [Gissing, *The House of Cobwebs*]（自分の家を持つということはどんなにか楽しみなものであろうと私はしじゅう思ってきました）／You don't know how glad I was to receive your letter.（お手紙をいただいてどんなにうれしかったか，あなたにはおわかりにならないでしょう）／I knew how great a labour he had undertaken.（彼がいかに大きな仕事を引き受けたかということを私は知った）

⁞⁞⁞⁞⁞⁞ 研究問題 ⁞⁞⁞⁞⁞⁞

疑問詞節は，文中で主語や補語，他動詞や前置詞の目的語，名詞の同格節などの役目をする。次の各文中の疑問詞節を指摘し，文中における役目を示せ。

1. Whether he will come himself or not is immaterial to me. 2. He did not like to ask her why she was so sad. [Thackeray, *Vanity Fair*] 3. By his accent I could tell to what class he originally belonged. [Gissing, *The House of Cobwebs*] 4. I have to go into town, and it's uncertain when I shall be back. [*Ibid.*] 5. The question was who would go to tie a bell to the cat. 6. To the question why he did this, he answered not a word. [Dickens, *The Old Curiosity Shop*] 7. The world soon found out after his death what a debt it owed to this

great leader in science. 8. The problem of how he could pass the hours till he met Corley troubled him. [Joyce, *Dubliners*] 9. What they were all about he could not imagine. [Galsworthy, *The Little Man*] 10. Where they came from, or when they first settled in America, no one can tell for certain.

【解答】 1. Whether he will come himself or not（主語） 2. why she was so sad（他動詞の目的語） 3. to what class he originally belonged（他動詞の目的語） 4. when I shall be back（主語） 5. who would go to tie a bell to the cat（補語） 6. why he did this（同格節） 7. what a debt it owed to this great leader in science（他動詞の目的語） 8. how he could pass the hours till he met Corley（前置詞の目的語） 9. What they were all about（他動詞の目的語） 10. Where they came from, or when they first settled in America（他動詞の目的語）

【文意】 1. 彼がみずからやってくるかどうかは私にとっては重要ではない。 2. 彼女がなぜそんなに悲しんでいるのかを彼は彼女に尋ねたくなかった。 3. 彼の口調で，彼がもとどういう階級の者であったかがわかった。 4. 私は町へ行かねばならない，そしていつ戻るかはっきりわからない。 5. 問題は，だれが猫に鈴をつけに行くだろうかであった。 6. どうしてこれをしたかという質問に対して，彼はひと言も答えなかった。 7. 世界は彼の死後まもなく，この科学界の先達にいかに大きな恩を受けているかがわかった。 8. コーリーに会うまでの時間をどうして過ごせるかという問題が彼を悩ました。 9. それらが何に関したことであるのか彼は想像できなかった。 10. 彼らがどこから来たか，または彼らがいつ初めてアメリカに住みついたかはだれにも正確にはわからない。

実力テスト25

（Ⅰ） 次の文の話法を転換せよ。

1. You said to them, "Did you finish the work?" 2. The mother asked the girl where she had left her gloves. ［電気通信大］ 3. He asked me whether I would help him. 4. He said to me, "How did you solve the problem?"

（Ⅱ） 次の日本文の意味を表す正しい英文を（1）（2）（3）の中から一つ選べ。［共立女子大］

父は私にどこへ行ってきたのかと尋ねた。

Father asked me
（1） where I had been.
（2） where I was.
（3） where you had gone.

（Ⅲ） 空所に適当な英語を入れよ。［横浜市大］

The rich do not know (   ) it is to be poor.

【解答】（Ⅰ） 1. You asked them whether they had finished the work. 2. The mother said to the girl, "Where did you leave your gloves?" 3. He said to me, "Will you help me?" 4. He asked me how I had solved the problem.
（Ⅱ）（1） where I had been （Ⅲ） what

【文意】（Ⅰ） 1.「君たちは仕事を終えたか」と君は彼らに言った。 2. 母親は娘にどこに手袋を置いてきたかと尋ねた。 3. 彼は私に自分を助けてくれるかと尋ねた。 4.「どうしてその問題を解いたか」と彼は私に尋ねた。（Ⅲ） 金持ちは貧乏がどんなものであるかを知らない。

10.3 疑問詞節 II

設 問 次の二文中の疑問詞節の役目を比較検討せよ。

(a) Do you know where we are going?（われわれはどこへ行くのか知っているか）

(b) Where do you think we are going?（われわれはどこへ行くと思うか）

解 説 (a) では where 以下の疑問詞節は know の目的語の役をしている。

(b) では where...we are going が疑問詞節をなしているが，疑問詞 where はちょっと離れている。これには理由がある。(b) の質問の目的は「思うかどうか」をたずねることではない。「どこへ」が質問のかなめである。そのために，where を文頭に立てるのである。

:::::: 研 究 問 題 ::::::

次の文中の疑問詞節を抽出して，その部分の訳を示せ。

1. Where do you suppose I could find the money for the journey? 2. What do you imagine made me come here? 3. How long do you suppose the journey to India will take? 4. How old did you say you were? 5. What do you think I mean to do when I grow up?

【解答】 1. Where...I could find the money for the journey（旅行の金をどこで作ったかと） 2. What...made me come here（私がなぜここへ来たかと） 3. How long...the journey to India will take（インドへの旅行はどれくらいの時間がかかるか

と） 4. How old…you were（何歳だと） 5. What…I mean to do（何をするつもりだと）

【文意】 1. 旅行の金を私がどこで工面できたと思うか。 2. なぜ私がここに来たと思うか。 3. インドへの旅行は何日かかると思うか。 4. 君は何歳だと言いましたか。 5. 私が大きくなったら何をするつもりだと思いますか。

10.4 疑問詞節III

設問 次の二文では，疑問詞節の前に，節全体を支配する前置詞があれば合理的だと思われるであろう。どんな前置詞が適当か考えてみよ。

(a) "Do you keep your word?"—"It depends what I've got to promise."（何を約束するか，約束の種類次第さ）

(b) I have no idea what you charge me with.（何で私を非難するのかさっぱりわからない）

解説 (a) の場合は，前置詞 on が省略されねばならないという積極的な理由はない。しかし (b) では，have no idea が don't know と意味的には等価であることから，疑問詞節が目的語の役目をすると感じられる。そのため，of を用いる必要が減少しているものと考えられる。

⁝⁝⁝ 研究問題 ⁝⁝⁝

次の各文では疑問詞節の前に前置詞が省略されているとみられるが，節とそれ以外の部分とを二分して訳せ。

1. She had no notion what she was saying. 2. How and why it came into existence we've no idea. 3. He was not

very sure himself what it meant. [Burnett, *Little Lord Fauntleroy*]　4. They are ignorant where their parents are.　5. I am amazed how ignorant I am of other people's mentality in general. [Huxley, *Crome Yellow*]　6. Be careful how you set about it.　7. He had no idea what she wanted him to try to do. [Huxley, *Point Counter Point*]　8. He was careless what became of his own life, as long as he obtained justice. [Doyle, *A Study in Scarlet*]　9. Her mother did not care now whom she married so long as somehow she got her off her hands. [Maugham, *The Painted Veil*]　10. We did not pay much attention where they were going.

【解答】 1.（自分が何を言っているのか）彼女はわからなかった。　2.（それがどうして，またなぜ存在するようになったか）われわれにはわからない。　3.（それが何を意味するか）彼自身も確信がなかった。　4.（自分らの両親がどこにいるか）彼らは知らない。　5.（一般にほかの人々の考え方を私がいかに知らないかには）私は驚く。　6.（それをどういうふうに始めるかには）気をつけよ。　7.（彼女が彼に何をしようとしてくれと言うのか）彼はわからなかった。　8. 正しい裁きを得さえすれば（自分の命がどうなろうと）かまわなかった。9. 彼の母は今は彼女を何とかして片づけられさえすれば（だれと結婚しようと）かまわなかった。　10.（彼らがどこへ行こうと）われわれはたいして気にかけなかった。

10.5 「do not know＋疑問詞」

設 問　次の文で said の目的語はどれであろうか。

In utter embarrassment she said she knew not what.

解 説 saidの目的語はshe knew not whatであって，これは「彼女は何か知らなかった」から「彼女の知らなかった何かあるもの」の意味になっている。それで全文の意味は，「彼女はすっかりどぎまぎして，何やらわからないことをしゃべった」となる。仮にsomethingにshe knew not whatの代わりをさせれば，いちおう文法的には整うが，意味の点ではまだ言い足りないものが残る。なお，knew notは古い否定形であるが，この形の表現にはまだ昔のなごりとして残っている。また，次の文ではいちおう，somewhereで置き換えられる。

He will end his life *no one knows where.*（彼はどこかわからないところで野たれ死にするだろう）

この形の中の否定形はwho knows, God knowsで置き換えられることもある。「だれが知ろう——だれも知らない」「神ぞ知る——人はだれも知らない」で，結局は否定形と同意に帰する。

::::::研究問題::::::

次の文で，上述の「do not know＋疑問詞」の形を指摘し，その破格的な構造を避けるため，いちおうその真意に近い代名詞か副詞で書き換えてみよ。

1. The wagon jolted on, carrying me I knew not whither. [Cather, *My Ántonia*] 2. They had a great box in the cart, full of she did not know what. [Gaskell, *Cranford*] 3. She sat on quite quietly, occupied with none could tell what calm thoughts. [Maugham, *The Casuarina Tree*] 4. They were partners for I don't know how many years. [Dickens, *A Christ-*

mas Carol]　5. As the result of he knew not what conversations between the couple another letter was written to the headmaster. [Maugham, *Of Human Bondage*]

【解答】 1. I knew not whither (somewhere)　2. she did not know what (something)　3. none could tell what (some)　4. I don't know how many (some)　5. he knew not what (some)

【文意】 1. 荷馬車は私を乗せていずことも知れずごとごとと進んで行った。　2. 彼らは，彼女には何かわからないある物がいっぱい詰めこんである大きな箱を荷車に載せていた。　3. 彼女は，何かわからない落ち着いた考えごとにふけりながら，全く静かに座っていた。　4. 彼らは何年もの間共同出資者であった。　5. 夫婦の間で，彼には何かわからない話し合いが行われた結果，校長あてにまた手紙が書かれた。

10.6　譲歩節

次に示す三文の下線部はどれも「どんなことが起ころうとも…」であって，等しく譲歩の意を示す。文法的には，(a) の what は疑問詞であるが，(b) の whatever と，(c) の what は関係詞である。

(a)　No matter what may come, I am prepared for it.
(b)　Whatever may come, I am prepared for it.
(c)　Come what may, I am prepared for it.

⁝⁝⁝ 研 究 問 題 ⁝⁝⁝

次の文の下線部を上述の (a) か (b) か (c) のどれか一つの

型の譲歩節に書き換えよ。

1. Whatever you do, don't hurry. 2. Wherever you go, you will always find the same thing. 3. No matter how great is the difficulty, they make up their minds to conquer it. 4. I said that when he found the solution he was to call me, no matter what time it was. [Maugham, *Creatures of Circumstance*] 5. She could not go on like that, no matter how young and smart she looked. [Priestley, *Angel Pavement*]

【解答】 1. No matter what you do (Do what you may),... 2. No matter where you go (Go where you may),... 3. However great the difficulty is,... 4. whatever time it was,... 5. however young and smart she looked,...

【文意】 1. 何をしてもあわてるな。 2. どこへ行っても，いつも同じものを見いだすであろう。 3. 困難がいかに大きくても，彼らはそれを征服しようとする。 4. 彼が解決を見いだしたときは，何時であろうと起こしなさいと私は言った。 5. 彼女はいかに若くきれいに見えようとも，そのままでいるわけにはいかなかった。

10.7 疑問詞節に準じるもの

設 問 次の問題を試みよ。[長崎大]

次の英文の意味を変えないで省略できる部分を（　）で包め。

I don't know what I am to say.

解 説 上の問の答は（I am）であって，結局I don't know what to say.（私はどう言ってよいかわからない）は問題文と意味は同一である。問題文は普通の疑問詞節であるが，書き改めた文では疑問詞に不定詞が添えられている。節は本来，主語と動詞を備えているのであるから，上記の「疑問詞＋不定詞」の形は節とは言えない。けれども，文の中での使い方は本格的な疑問詞節とほとんど変わらない。

∷∷∷ 研究問題 ∷∷∷

次の各文中の「疑問詞＋不定詞」の形を指摘して，それの文中における役目を次に従って分類せよ（主語，補語，動詞の目的語，前置詞の目的語およびその前置詞の省略したもの）。

1. The question was how to keep these two people apart. 2. She did not know which way to look. 3. I do not remember that I ever received any instruction how to put sentences together. [Maugham, *The Summing Up*] 4. Why don't you ask his advice on how to deal with the matter? [Hardy, *Far from the Madding Crowd*] 5. How to begin was more than she knew. 6. He hadn't a notion what to say. [Maugham, *Creatures of Circumstance*] 7. He was uncertain whether to remain or depart. [Dickens, *Dombey & Son*]

【解答】 1. how to keep...（補語） 2. which way to look（動詞の目的語） 3. how to put...（その前に前置詞 as to が省略） 4. how to deal...（前置詞の目的語） 5. How to begin（主語） 6. what to say（その前に前置詞 of が省略） 7. whether to remain or depart（その前に前置詞 as to が省略）
【文意】 1. 問題は，どうしてこのふたりを引き離しておくかであった。 2. 彼女はどちらを見るべきかわからなかった。 3. 私は，短文をどうしてつづり合わせるかについて教えられた覚えはない。　4. その件をどう処理すべきかについて彼の助言をどうして求めないのか。　5. どうして始めるのか彼女にはわからなかった。　6. 彼はどう言ってよいのかわからなかった。　7. 彼はとどまっているべきか，立ち去るべきか，はっきり決めかねていた。

11. 関係詞

11.1 関係代名詞

設 問 次の文にwhoが二つある。その働きを比較してみよ。

I suppose I'm the only person who doesn't know who her lover was.（私は彼女の愛人がだれであったかを知らないただひとりの者であろうと思う）

解 説 第二のwhoは疑問代名詞で，それ以下の三語とともに疑問詞節（⇒10.2）を構成して，knowの目的語節となっている。第一のwhoは二つの役を兼ねている。すなわち，その前のpersonの代理としてdoesn'tの主語の役目と，それ以下の全部の語をひきいて，名詞personに結びつける役との二つである。その前にある名詞（これは**先行詞**という）の代わりをすることや，主語の役目をすることを考えると，このwhoは代名詞である。一方，自分もふくめて一つの節を構成してその節を名詞に結合するという役目は接続詞である。つまり，代名詞と接続詞とを兼ねているわけで，そのために**関係代名詞**と呼ばれる。

関係代名詞は，目的語の役をつとめることもある。

例 He wanted to know more about the man *whom* I recommended to him.（彼は私が推薦した男についてもっと知

りたいと思った）／There was some reason *which* he was not old enough to understand.（まだ年が若くて彼には理解できないある理由があった）

that も関係代名詞としての用法をもっているが，次の二文の that を比較してみよ。

(a) I know that he is an honest man.

(b) This is all that I know about Jack.

(a) の that は I know と he is... との間に立って両者を結合しているが，みずからは主語でも目的語でもない。先行詞とみるべき名詞もその前にない。したがって，この that は接続詞である。(b) の that は know の目的語であると同時に，先行詞 all に結合する役をもしているから関係代名詞である。

⁝⁝⁝ 研究問題 ⁝⁝⁝

(I) 次の文中の関係代名詞とその先行詞を指摘せよ。

1. He told me that in his country only rich people had cows, but, here any man could have one who would take care of her. [Cather, *My Ántonia*] 2. Everything had been done that could be done in so short a time. 3. But what did he say that so discouraged you? 4. Now although we have the instinct of the search for knowledge which has sent men out on voyages of exploration all over the world, here is also deep in all of us a fear and distrust of the unknown. [明治大]

(II) 次の文中，関係代名詞に導かれる節（これを**関係詞節**という）を抽出して，これを独立した文に改めよ。その際，関係代名詞は先行詞で置き換え（そのとき，多少の操作を必要とすることがある)，また必要あれば正常な位置に戻すこと。

1. They tried to save that shiftless, drunken gambler whom she had been so unfortunate as to marry. [Maugham, *Creatures of Circumstance*] 2. She was dressed neatly enough, but without distinction, in a dress that I guessed had been bought ready-made at the local branch of a big store. [*Ibid.*] 3. I have some sherry that they tell me isn't bad. [*Ibid.*] 4. A novelist must preserve a childlike belief in the importance of things which common-sense considers of no great consequence. [Id., *A Writer's Notebook*] 5. I imagined him to be by no means the shrewd fellow that he is in reality. 6. He placed under her bed a box of papers which he told her were valuable. [Cather, *My Ántonia*] 7. Would my marriage with her be a thing that you would find it impossible to countenance?

【解答】 (Ⅰ) 1. who (man) 2. that (Everything) 3. that (what) 4. which (instinct)
(Ⅱ) 1. She had been so unfortunate as to marry a shiftless, drunken gambler. 2. I guessed the dress had been bought ready-made at the local branch of a big store. 3. They tell me the sherry isn't bad. 4. Common-sense considers the things of no great consequence. 5. He is a shrewd fellow in reality. 6. He told her the papers were valuable. 7. You would find it impossible to countenance the thing.
【文意】 (Ⅰ) 1. 彼の国では金持ちだけが牛を持っているが，ここでは牛を飼いたいと思う人はだれでも持てるのだと彼は私に話した。 2. そんなに短い時間でできることは全部なされた。 3. しかし，いったい彼は君をそんなにがっかりさせるようなどんなことを言ったのですか。　4.　さて，われわれ人間は知識を求める本能を持っていて，そのために今まで人々は世界じゅうに探検旅行に出かけているわけであるが，一方われわれすべての者の心に深く，未知のものを恐れ不安がる気持ちがある。

（Ⅱ）1.　彼女が不幸にも結婚しただらしのない，飲んだくれのばくち打ちを彼らは救おうと試みた。　2.　彼女はきちんとした服装をしていたが，大きな店の地方の支店で既製品で買ったと思われる服を着て，目だつところはなかった。　3.　私は，悪くはないと言われているシェリー酒を少し持っている。　4.　小説家というものは，常識ではたいしたものではないと思われる物事が重要であるということを，いつまでも子供のように信じこんでいることが必要である。　5.　彼は実際は抜け目のない男なのだが，けっしてそういう者ではないと私は思った。　6.　価値があると彼女に話した書類を入れた箱を，彼は彼女の寝台の下に入れた。　7.　私が彼女と結婚することは，あなたには賛成することのできないと思われることでしょうか。

11.2　関係代名詞と前置詞

設問 1　関係代名詞は前置詞の目的語となることもある。その場合の前置詞の位置について，次の文を観察せよ。

(a)　This is the house in which I was born.
(b)　This is the house which I was born in.
(c)　This is the house that I was born in.
(d)　This is the house I was born in.

解説 1　四文とも「これは私が生まれた家です」である。(a) では「前置詞＋関係代名詞」の順序をとり，先行詞 the houseの直後に位置している。(b) では，前置詞が遊離して文尾へ送られている。この形は他の三つのどれよりも使用度が少ない。(c) では，関係代名詞はthatが用いられているが，thatのときは前置詞は必ず文尾へ送られる。(d) では (c) の文のthatを省略したものである。この場合はもちろん前置詞は文尾に置かれる。

設問2 さらに，次の三文中の関係代名詞の用法を観察せよ。

(a) That was the one thing *of which* details evaded him.

(b) That was the one thing details *of which* evaded him.

(c) That was the one thing *whose* details evaded him.

解説2 上の三つの文はいずれも「それが彼にはどうしてもその細部が思い出せないただ一つの事柄であった」の意味である。

さて，(a) (b) のwhichと，(c) のwhose (所有格) は関係代名詞であって，それらの先行詞はどれもthingである。そのうち，(a) のwhichの位置はその先行詞に近接しているという利点があるが，節の中ではof it detailsという語順になるのが少々難点である。その点は (b) ではdetails of itとなるからよい。しかし，先行詞から離れるのと，名詞が二つthing detailsというふうに並ぶという難点がある。(c) のようにwhoseにすれば，上述の語順からくる難点は解消されるが，先行詞が「物」であるという新しい難点が生じる。関係代名詞 whose は，通例その先行詞が「人」のときに用いられることになっているからである。しかし，of which によると構文が複雑になるので，時々「物」の場合にも whose が用いられる。

例 She thought of the broad, yellow and turbid river on *whose* banks she had lived so long. [Maugham, *The Casuarina Tree*]（そのほとりにずいぶん長く生活したことのある広い黄濁した川を彼女は思い出した）

なお，where は通例関係副詞（⇒11.4）として用いられるが，時々前置詞の目的語としても用いられる。その場合の where は関係代名詞とみられる。

例 That's the town *where* he comes from.（そこは彼の出身の町です）

実力テスト 26

（I） 次の文の適当な所に，（　　）内に示した前置詞を入れよ。

1. The man you saw me talking in the park yesterday is my uncle.（with）[東京大]　2. There are several points which I should like your advice.（on）　3. He drove us to the inn where the coach went.（from）[Thackeray, *Vanity Fair*]　4. He wore the same suit that I had seen him five years before.（in）[Maugham, *The Moon & Sixpence*]　5. I asked about his brothers whom as a child I had played.（with）[Id., *Cakes & Ale*]　6. The friendless state which he said he was made her think that he was like herself, unfortunate.（in）　7. There was hardly anything that he would not write verses.

(upon)

(Ⅱ) 次の文の of which を whose で，また whose を of which で書き改めよ。

1. He interrupted my reflections with an observation the profound cynicism of which startled me. 2. I went into a shop over the window of which I saw written, "Books bought and exchanged." [Borrow, *Lavengro*] 3. I put on my clothes by the light of a half-moon just setting, whose rays streamed through the narrow window. [C. Brontë, *Jane Eyre*]

【解答】 (Ⅰ) 1. The man you saw me talking *with* in the park... 2. There are several points *on* which I should like... 3. He drove us to the inn where the coach went *from*. 4. He wore the same suit that I had seen him *in* five years before. 5. I asked about his brothers *with* whom as a child I had played (*or* ...whom as a child I played *with*). 6. The friendless state *in* which he said he was made her think... (*or* ...which he said he was *in*...) 7. There was hardly anything that he would not write verses *upon*.

(Ⅱ) 1. ...with an observation whose profound cynicism startled me. 2. ...a shop over whose window I saw written,... 3. a half-moon just setting, the rays of which streamed...

【文意】 (Ⅰ) 1. 私が昨日公園で話しているところを君が見た相手の人は私のおじです。 2. 君の助言がほしいと思う点がいくつかある。 3. 大馬車が出発したその宿屋まで彼は私たちを馬車で送ってくれた。 4. 彼は私が五年前に会ったときと同じ洋服を着ていた。 5. 私は，子供のころ遊び友だちだった彼の兄弟たちのことを彼に尋ねた。 6. 彼は友だちのない状態にあると言ったが，そのために彼女は彼も自分と同じく不幸なのだなと思った。　7. 彼が詩の題材としなかったものはほとんどなかった。
(Ⅱ)　1. 彼が発言をしたので私の考えごとが妨げられたが，その発言の深い皮肉さには私は驚いた。　2. 窓の上に，「書籍買い入れ，および交換」と書いてあるのを見た一軒の店へ私は入って行った。　3. ちょうど沈みかけていた半月の光線が狭い窓から流れこんでいたので，その光を頼りに私は着物を着た。

11.3　関係代名詞の使いわけ

(a)　先行詞が「人」のときは，who, whose, whom.

(b)　先行詞が「物」のときは，which または that (whose を用いる場合については⇒11.2).

(c)　先行詞が制限的意味の形容詞を伴っているときは that がふさわしい。ただし「人」の場合は that または who, whose, whom.

(d)　前置詞を伴う場合 (⇒11.2)。

実力テスト 27

次の各英文の (　) 内に最も適当な関係代名詞を一つ入れよ。
1. We were the first (　　) ever burst into that silent sea. [慶応大]　2. The landlady, (　　) rooms I had taken, took my luggage upstairs. [慶応大]　3. I met two students (　　) I did not remember to have met before. [早稲田大]　4. We're in a part of the world (　　) no one knows very much about. [Hilton, *Lost Horizon*]　5. She was the very first woman (　　) Tony had fallen in love with. [Hardy,

Life's Little Ironies]　6. Later other explorers eagerly searched for a passage through (　　) they could sail to the rich markets of the East.　7. All Germans are not the devilish fiends (　　) they think them in England. [Maugham, *Ashenden*]　8. Would you like your son to be the richest man (　　) has ever lived?　9. He was glad to pick up anybody at (　　) cost he could indulge in the extravagance.　10. I have some papers here (　　) I really think it would be worth while to glance over.

【解答】 1. that　2. whose　3. whom　4. that　5. that　6. which　7. that　8. that　9. whose　10. which *or* that

【文意】 1. われわれがその静かな海へ飛びこんだ最初の者であった。　2. 私が間借りをした家のおかみさんが荷物を二階へ運んでくれた。　3. 私は，前に会った覚えのないふたりの学生に会った。　4. われわれは，世界のうちのあまりだれも知っていない地方にきている。　5. 彼女はトニーが恋慕した第一番めの女であった。　6. その後，他の探検者が東洋の豊かな市場へ航海できる航路を熱心に捜し求めた。　7. 英国人はドイツ人が凶暴な鬼畜だと考えているが，ドイツ人の全部がそうではない。　8. あなたはご子息を今までにない大金持ちにしたいと思いますか。　9. 彼は，だれでもその犠牲においてぜいたくにふけられるような人を選び出して喜んだ。　10. ざっと一読する価値があると私が本当に考えている書類をいくらかここに持ち合わせています。

11.4 関係副詞

設 問 次の各文の下線の語は関係副詞である。それについて，次の点を観察して，答えを案出せよ。

(a) Generally people living in large, crowded cities cannot have gardens where they can grow flowers.（草花を作れる庭）

(b) The summer holidays were the only part of the year when he was really happy.（本当に幸福である部分）

(c) I don't know the reason why he did it.（彼がそれをした理由）。

問題点 1. 関係副詞は，節の中では主語や目的語の役をするかどうか。 2. 関係副詞を「前置詞＋関係代名詞」の形で書き改めるとそれぞれどうなるか。 3. 各関係副詞の先行詞は何か。

解答・解説 1. 節の中で主語や目的語の役をしない。 2. where＝in which ／ when＝in which ／ why＝for which 3. where の先行詞は gardens（一般に「場所」を示す名詞）。when の先行詞は（the） part（of the year）（一般に「時」を示す名詞）。why の先行詞は（the） reason（一般に「理由」を示す名詞であるが，事実上 reason のみ）。

なお，前記の関係副詞のうち，when と why に対しては that が代用されることがある。

例 For the first six weeks *that* he was at the sanatorium he stayed in bed. [Maugham, *Creatures of Circumstance*]（療養

所にいたうちの最初の六週間は彼は床についていた）／Perhaps that is the reason *that* I don't believe anything he has told me. [Wilde, *The Picture of Dorian Gray*]（おそらくそれが，彼の言ったことは何も私が信じない理由だろう）

実力テスト 28

（Ⅰ） 次の各文の空所に適当な関係詞（関係代名詞・関係副詞）を補え。

1. This was the only day in all her life (　　) she was the centre of public attention. [Lawrence, *The Lost Girl*] 2. There was no particular reason (　　) she should remember it. [James, *An International Episode*] 3. I like to go up in the mountain (　　) there is some snow. 4. This is the point (　　) we stuck. 5. Then the day came (　　) I had to go back to school.

（Ⅱ） 下線部を clause の形に言いかえよ。

1. Of all the countries where he resided, he feels most at home in France, the country <u>of his birth</u>. [慶応大] 2. As we look about our country, <u>with its great cities and factories and highways</u>, our pride is unlimited. [上智大]

【解答】 （Ⅰ） 1. when 2. why 3. where 4. where 5. when （Ⅱ） 1. where he was born 2. which has great cities and factories and highways

【文意】 （Ⅰ） 1. この日は彼女の生涯のうちで彼女が世間の注目の的となった唯一の日であった。 2. 彼女がそれを覚えていなければならない特別の理由はなかった。 3. 私は雪のある山へ登りたい。　4. ここがわれわれが立ち往生した地点です。　5. それから，私が学校へ戻らねばならない日が来た。
（Ⅱ）1. 彼が住んだすべての国々のうちで，彼の生国であるフランスが彼には最も気楽である。　2. 大きな都市や工場や幹線道路のあるわが国を見回すと，われわれの誇りは無限である。

11.5　関係詞の省略

設　問　次の各文はそのままでもよいのであるが，○印の所に関係詞を補ってもよい。どんな関係詞が適当か考えよ。

(a)　The man ○ you saw yesterday is against the door.
(b)　I am not the man ○ I was.
(c)　Here is all the money ○ I have.
(d)　I tried to enlist the day ○ war broke out.
(e)　This is all the wine ○ there is in the house.

解答・解説　(a)　The man *whom* you saw yesterday...（昨日あなたが会った人が戸にもたれている）　(b)　I am not the man *that* I was.（私はかつての私ではない）　(c)　Here is all the money *that* I have.（ここに私の持ち金の全部があります）　(d)　...the day *that* war broke out.（戦争が始まった日に私は兵籍にはいろうとした）　(e)　...all the wine *that* there is...（これが家にあるぶどう酒の全部です）

さて，関係詞が省略される場合を考えてみると，まず多いのは，

(1)　節の中に主語と動詞が備わっているとき。上例のう

ちの (a)～(d) までの四例はそうである。これを別の言い方をすれば，関係代名詞が目的語に相当するとき (a と c)，主格補語に相当するとき (b)，関係副詞が that であるときである (d)。

上例の (e) では，節が there is で始まっているが，ある見方をすればこれも「主語＋be 動詞」に相当するものと考えることができるから，上の四例と同じとみてよい。

(2) 先行詞が way のときも関係詞の省略を見る。略された関係詞はやはり that である。way に対する本格的な関係副詞は how であるが，今はもう用いない。

例 The way he lived will make clearer to you the nature of his views. (彼の生き方を見れば，彼のものの見方がどんなものであるかがいっそうはっきりするであろう)

(3) 上述の原則的な場合と少し違って，主語の役をする関係代名詞が省略されることがある。この省略は次のような限られた場合にのみ見られる。

(a) 主文に there is (was) があるとき：There is somebody wants to see you. (だれか面会の人があります)

(b) 主文に It is (was) があるとき (いわゆる強調構文の場合)：It was you told me the story. (その話をしてくれたのはあなたです)

(c) 主文が What is (was) it...? か Who is (was) it...? の形のとき (⇒8.7)

What is it makes him so excited? (彼がそんなに興奮するのは何ですか)

上述 (a) (b) (c) の場合，関係詞がないのは there is

(was), It is (was), is it は形式化して，次のような文と同じものと考えられるからなのであろう。

(a) Somebody wants to see you.（だれかが君に面会したいと言っている）／(b) You told me the story.（君がその話をしてくれた）／(c) What makes him so excited?（何が彼をそんなに興奮させるのか）

::::::研究問題::::::

次の各文中，関係詞の補える所へ適当な関係詞を入れよ。

1. He opened another door from the one I'd come in by. [Maugham, *Creatures of Circumstance*] 2. I wish I had been able to get hold of a copy of his book, for I might have learnt from it something of the kind of man he was. [Id., *The Summing Up*] 3. Sometimes an experience I have had has served as a theme. [*Ibid.*] 4. The whisky he had drunk made him feel very wide awake. [Id., *The Casuarina Tree*] 5. There isn't a man in the world has suffered more than I have for want of money. [Gissing, *The House of Cobwebs*] 6. I don't think I like the way he spoke of his house. [James, *An International Episode*] 7. It's not the sort of thing you like to have said to you. [Galsworthy, *Justice*] 8. He liked the country from the first day he set foot in it. [Maugham, *Cakes & Ale*] 9. In all the eighteen years I was there I only had one adventure. [Webster, *Daddy-Long-Legs*] 10. When he is in the air, he turns his plane in the direction he wishes to go.

【解答】 1. from the one *that* I'd come in by. 2. the kind of man *that* he was. 3. an experience *that* I have had. 4.

The whisky *that* he had drunk... 5. There isn't a man in the world *who* has suffered... 6. the way *that* he spoke of his house. 7. the sort of thing *that* you like to have said to you. 8. from the first day *that* he set foot in it. 9. the eighteen years *that* I was there. 10. in the direction *that* he wishes to go.

【文意】 1. 彼は私が入ってきたドアとは別のドアをあけた。 2. 私は彼の本を一冊入手できたらよかったと思う。というのは，その本を読めば彼の人となりをいくらか学べたであろうから。 3. 時には私が経験したことがテーマとなった。 4. 彼は飲んだウィスキーですっかり目がさえた。 5. 金がないために私以上に苦しんだ人は世界じゅうにだれもない。 6. 自分の家についての彼の話しかたを私はどうも好かない。 7. それは君が自分に言ってもらいたいようなことではない。 8. 彼は足を踏み入れたその日からその国が好きになった。 9. 私がそこにいた十八年のうち，たった一回珍しい事件に遭遇した。 10. 彼が空中にいるときは，飛行機を行きたい方向に向ける。

11.6 関係詞の継続用法

関係詞を使用する本来の目的は，節を先行詞に結びつけることにあるのであるが，時には comma によって主文から切り離されて，それ以下がいちおう独立した文のような働きをすることもある。これを**継続用法**という。

継続用法に用いられる関係詞は，who，whose，whom，which，where，when など wh- に始まるものに限られる。that は継続用法にすることはない。

I met a friend of my father's, who（＝and he）said he

was going to America.（私は父のある友人に会ったが，その人はアメリカへ行くと言った）

⁞⁞⁞ 研究問題 ⁞⁞⁞

次の各文中の継続用法の関係詞を指摘し，それらを「接続詞＋人称代名詞（または副詞）」の形に書き換えよ。

1. He was unceremoniously thrust into a carriage, which at once drove rapidly away. [Stevenson, *New Arabian Nights*] 2. All at once a strange sensation came over me, the remembrance of which, even at this distance of time, produces a remarkable effect upon my nervous system. [Borrow, *Lavengro*] 3. His favorite poet was Cowper, whose moral sentiments greatly soothed him. 4. Today I have been to the National Gallery, where I saw a great many pictures. 5. The leopard seldom shows fight unless brought to bay, when he is more or less dangerous. 6. He was about to crush the bug with his heel, when a new thought made him stop. 7. In London there are many parks, among which Hyde Park is the most famous. 8. She read this letter twice, after which she sealed it up. 9. She divested herself of this pink raiment; in doing which a note fell out from her corsage. [Thackeray, *Vanity Fair*] 10. As he approached the village he met a number of people, but none whom he knew, which somewhat surprised him. [Irving, *Sketch-Book*]

【解答】 1. which＝and it 2. of which＝and of it 3. whose＝for his 4. where＝and there 5. when＝and then 6. when＝and then 7. among which＝and among them　8. after which = and after it　9. in doing which = and in doing it　10. none of whom = and none of them; which = and it

【文意】 1. 彼は粗末に馬車の中へ押し込まれ，その馬車はただちに急ぎ走り去った。　2. 突然私は妙な感じに襲われた。そしてそのときの感じを思い出すと，遠く離れた今日でも私の神経系にはっきりとある影響をあらわす。　3. 彼の好きな詩人はクーパーであって，その人の道徳的情操は大いに彼の心を和らげるのであった。　4. 今日は私は国立美術館に行ってきたが，そこでは非常に多数の絵を見た。　5. ヒョウは追いつめられないかぎり，めったに抵抗することはないが，追いつめられるといくぶん危険である。　6. 彼はかかとでその虫を踏みつぶそうとしたが，ふと考えなおしてそれをやめた。　7. ロンドンには公園が多いが，その中でもハイドパークが最も有名である。　8. 彼女はこの手紙を二度読んだ，そしてそのあとでそれを封した。　9. 彼女はこの桃色の衣服を脱いだが，脱いでいる間に胴衣から一通の手紙が落ちた。　10. 村に近づくにつれて彼は多くの人に出会ったが，そのうちのだれも知り合いではなかった。そしてそのことを彼はいささか妙に思った。

実力テスト 29

空所に適当な関係詞を一語入れよ。[1-3 学習院大，4 横浜市立大]

1. He returned to his native village, (　　　) he spent the last few years of his life.　2. Dr. Smith, (　　　) we met at the party, is going back to his country.　3. I lighted another match, (　　　) also went out.　4. The rain washed away the track, (　　　) prevented the train from

running.

【解答】 1. where　2. whom　3. which　4. which
【文意】 1. 彼は故郷の村に帰って，そこで彼の生涯の最後の何年かを過ごした。　2. パーティで会ったスミス博士は帰国されます。　3. 私はもう一本のマッチに火をつけたが，それも消えた。　4. 雨で線路が洗われて，そのため列車は不通になった。

11.7 複合関係詞

設問 次の二文中の what の意味を比較してみよ。

(a) I know what you have in your pocket.

(b) I always speak what I think.

解説 (a) は，「君がポケットに何を持ってるかを知っている」であって，この what は疑問代名詞である。(b) は，「私は心に思うことを常にしゃべる」というのであって，what には疑問の意味はない。この what は「(…ところの) こと」であって，先行詞を兼ねた関係代名詞である (what＝the thing which)。これを**複合関係代名詞**という。関係副詞 where, when も先行詞を兼ねることがある。

例 This is where he lives.（ここが彼の住んでいるところです——where＝the place where）／The dog ran away from where he had been lying.（その犬は寝ていたところから逃げ去った——from where＝from the place where）

／I remember when there was no electric light.（私は電灯のなかったころを覚えている——when＝the time when）／That's why she is afraid.（それが彼女がこわがる理由です——why＝the reason why）／This is how he walks.（これが彼の歩き方です——how＝the way that）

上述の複合関係詞は，書き改めた英語を見てもわかるように，その中に含まれた先行詞は確定的な意味のものである。ところが，中には，「何でも」のように任意選択的意味のものもある。ことに，-ever の形の複合関係詞は常に任意選択的意味である。

例 Give me what you can.（何でもくだされるものをください——what＝anything you can）／Whatever he says is true.（彼の言うことは何でも真である——whatever＝anything he says）

⁝⁝⁝ 研究問題 ⁝⁝⁝

（I） 次の各英文中の複合関係詞を指摘し，全文を日本語に訳せ。

1. How can you tell me what you know is false? 2. Spelling is a curious thing. It's so often different from what you expect it to be. 3. They lived what might have been thought very lonely lives. 4. Her health isn't what it was. [Cather, *My Ántonia*] 5. I'm astonished at what you say has happened. [Hilton, *Lost Horizon*] 6. I must do what I'm convinced is right. [Maugham, *Up at the Villa*] 7. I should fancy that crime was to them what art is to us. [Wilde, *The Picture of Dorian Gray*] 8. Many times he looked over the people's heads to where his son's wife sat alone. [Burnett, *Little*

Lord Fauntleroy] 9. He's changed a good deal from when I used to know him. 10. He put what he had to say plainly and with logical sequence. [Maugham, *A Writer's Notebook*]

（II） 次の文中の複合関係詞を any- の形で書き換えよ。

1. The emotion caused by a work of art has value only if it has an effect on character and so results in action. Whoever is so affected is himself an artist. [Maugham, *A Writer's Notebook*] 2. I am very well persuaded that whatever you do will always be natural and rational. [Dickens, *David Copperfield*] 3. You may ask what you will, and I will grant your wish.

【解答】 （I） 1. what（うそとわかっていることをどうして君は私に話すのですか） 2. what（つづり字は妙なものです。こうであろうと思うのと違うことが多いのです） 3. what（とても寂しかろうと思われるような生活を彼らは送った） 4. what（彼女の健康はもとのようではなかった） 5. what（私はお話しの事件を聞いて驚いています） 6. what（私は正しいと確信していることをしなければならない） 7. what（彼にとって犯罪は，われわれにとっての芸術のようなものでしょう） 8. where（彼は息子の嫁がひとりで座っている方へ，人々の頭越しに何度も視線を向けた） 9. when（彼は私が知っているころとはずいぶん変わった） 10. what（彼は明瞭に，理路整然と自分の意見を述べた）

（II） 1. Whoever＝Anyone who 2. whatever＝anything (that) 3. what＝anything (that)

【文意】 （II） 1. 芸術作品によって引き起こされる感動は，人格に影響を与え，その結果行動に現れて初めて価値がある。そういうふうに影響を受ける人はだれでも，自分みずからが芸術家である。 2. あなたのなさることは何でも常に自然で合理的であろうと私は深く思いこんでいます。　3.　何でも好きな物を請求してみよ。そうすれば私は君の願いをかなえてあげよう。

11.8　関係形容詞

関係代名詞は形容詞的にも用いられる。その場合，意味は次のように（a）（b）のふたとおりがある。

（a）　任意選択的意味（＝any...that...）。これから進展して，総括的意味（＝all...that...）にもなる。

例　Wear *what* clothes you please.（＝Wear *any* clothes *that* you please.「どれでも好きな衣服を着なさい」）／Bring *what* parcels you can carry.（＝Bring *all* the parcels *that* you can carry.「運べるだけの包みを持ってきなさい」）／Go *which* way you will.（＝Go *any* way *that* you will.「どちらでも好きな方へ行きなさい」）

（b）　確定的意味（the...that...）。継続用法のときはand the... に相当する。

例　Give me *what* money you have.（＝Give me *the* money *that* you have.「お持ちの金を私にください」）／He was then appointed ambassador to Japan, *which* post he filled with perfect honour.（＝and he filled the post...「彼はそれから日本駐在大使に任命されたが，その職をりっぱに勤めた」）

なお，（a）のような任意選択的意味のときは，-everの形の複合関係詞も用いられる。

例　Take *whatever* measures are considered best.（＝Take any measures that are considered best.「何でも最上

と思われる方策をとれ」)／I will take *whichever* book you reject.（＝...either book that you reject.「どちらでも君が不要としてはねる本を私はもらいましょう」)

::::::研究問題::::::

次の文中の関係形容詞を指摘し，それに関係のある部分を上記の説明にならって書き換えよ。

1. The stranger lay inert, while we made what examination we could. [Hilton, *Lost Horizon*]　2. I am come to offer what service may be in my power.　3. The old man lost what little self-possession he ever had. [Dickens, *Dombey & Son*]　4. Whatever little sense of the beauty of poetry he possessed he had gained entirely from Dorian. [Wilde, *The Picture of Dorian Gray*]　5. He kept his bed for a week, by which time he was restored.

【解答】 1. *what* examination we could（＝all the examination that we could）　2. *what* service may be in my power（＝any service that may be in my power）　3. *what* little self-possession he ever had（＝the little self-possession he ever had）
4. *Whatever* little sense of the beauty of poetry he possessed（＝all the little sense of beauty of poetry that he possessed）
5. by *which* time he was restored（＝and he was restored by the time）
【文意】 1. その見知らぬ男は，われわれが可能な検査をしている間，動かないでじっと横になっていた。　2. 私は自分にできるお手伝いをしようと思ってまいりました。　3. その老人は自分の持っているわずかの落ち着きもなくしてしまった。

4. 彼は詩の美しさは少しはわかるのであったが，それは全くドリアンから学んだのであった。　5. 彼は一週間床についていたが，一週間たったころには回復した。

実力テスト 30

（Ⅰ） 次の各英文の下にあげた語のうち適当なものを選んで空所に一語ずつ入れよ。

1. That morning he happened to ride a terribly crowded train. It was not till he had got off that he found himself robbed ______ ______ ______ money he had. ［一橋大］

   all, by, little, of, what, which

2. I discovered my limitations and it seemed to me that ______ only sensible thing was to aim ______ ______ excellence I could within them. ［Maugham, *The Summing Up*］

   at, to, the, for, what, whose

（Ⅱ） 次の（a）と（b）の文が同じ意味になるよう適当な語を考え，その語を書き入れよ。［室蘭工大］

(a) I spent (　　　) money I had with me.

(b) I spent all the money (　　　) I had with me.

（Ⅲ） What seems nasty, painful, evil, can become a source of beauty, joy and strength, if faced with open mind.

上の例文中の what に最も近い用法の what を次の文から選んで記号で答えよ。［中央大］

(a) What are the prices of these books?　(b) You can't imagine what trouble we have had.　(c) Now give me what is in your hand.　(d) He gave away what little money he had.　(e) What a significant remark he added!

【解答】（Ⅰ） 1. of what little　2. the ; at what　（Ⅱ） (a) what　(b) that　（Ⅲ） (c)

【文意】（Ⅰ） その朝は彼はたまたまひどく込み合っている列車に乗った。下車して初めて持ち合わせの金をすられたことに気づいた。　（Ⅱ） 私は持ち合わせの金を全部使った。　（Ⅲ） 不潔・苦痛・邪悪に見えるものも，偏見のない心で直面すれば，美・喜び・力の根元となれる。　(a) これらの本の値段はいくらですか。　(b) われわれがどんな苦労をしたか，君には想像できないであろう。　(c) さあ，君の手の中にある物を私に渡しなさい。　(d) 彼は持ち合わせのわずかな金をやってしまった。　(e) 彼はなんと有意義な言葉を付け加えたことだろう。

11.9 擬似関係詞

設問 次の文の下線語について，関係詞らしい点を検討してみよ。

(a) Let me know such things as you consider essential.（君が肝要だと思うようなことを知らせてください）／(b) I've never had more money than would last me a few days at a time.（私は二三日持ちこたえる以上の金を一時に持ったことはない）／(c) There was no man but would risk all for such a prize.（そんな大きな賞にすべてをかけようとしない人はなかった）

解説 (a) の as は consider の目的語の役をしているし，(such) things を先行詞としている点は関係代名詞に似ている。しかし，意味は「…のような」というのであって，接続詞的なところもある。

(b) の than は would の主語である。そして，(more) money をある程度は先行詞と見ることができる。しかし，「…よりも」の意味を考えると接続詞とみられる（⇒25.7）。

(c) but は would の主語であり，(no) man を先行詞として考えられる。しかし，やはり接続詞的なところが残っている。but 自身に否定の意味を含み，また常に否定の意味の語を先行詞とする。それで，(c) の文は次のように書き改められる。

There was no man that would *not* risk all for such a prize.

なお，as には継続用法もある。

They married early, *as* (＝which) was the custom in those days.（彼らは早く結婚したが，それは当時の風習であった）

⁝⁝⁝ 研 究 問 題 ⁝⁝⁝

次の空所を適当な連結詞で埋めよ。

1. I want you to lead such a life (　　) will make the world respect you. [Wilde, *The Picture of Dorian Gray*]　2. My brother's arrival did not produce the beneficial effect upon my father (　　) I at first hoped it would. [Borrow, *Lavengro*]　3. I read to him such books (　　) I thought might prove entertaining to him. [*Ibid.*]　4. I felt sure that he was born under a bluer sky (　　) is generally seen in England. [Maugham, *Cosmopolitans*]　5. I think they will live in so rational a manner (　　) may in time make their past imprudence forgotten. [Austen, *Pride & Prejudice*]　6. It

was a poor weapon, but perhaps the best (　　) he could lay his hands on at the moment.　7. At that time there were not cities or towns such (　　) we see now.

【解答】 1. as　2. which *or* that　3. as　4. than　5. as　6. that　7. as

【文意】 1. 世間から尊敬されるような生涯を送るようにしてほしい。　2. 兄が到着しても，最初私が望んだような好結果を父に与えなかった。　3. 彼がおもしろがるだろうと思われるような本を私は彼に読んでやった。　4. 英国で普通見られるよりももっと青い空の下で彼が生まれたのだと私は確信した。5. 彼らは分別のある生き方をして，その過去の無分別がついには忘れ去られるようにするだろうと私は考える。　6. それは無力な武器であったが，おそらくあのとき彼が取り得た最上のものであったろう。　7. 当時は，われわれが今日見るような都市も町もなかった。

実力テスト 31

次の各題の (b) の文を (a) の意味になるように書き改めるために必要な単語を記せ。

1. (a) There is no one who does not know such a simple matter.　(b) There is no one (　　) (　　) such a simple matter.［神戸大］

2. (a) There is no work whatever but he can criticize.　(b) There is no work whatever (　　) he can (　　) criticize.

3. (a) Those enterprises wanted what money could be got. (b) Those enterprises wanted as much money (　　) could

be got.

【解答】 1. but; knows　2. that; not　3. as

【文意】 1. (a) そんな簡単なことを知らない人はない。 2. (a) 彼が批評できない作品は全くない。 3. (a) それらの事業には，入手できるだけの金がいる。

12. 形容詞

12.1 間接限定，その他

「形容詞＋名詞」の結び付きで，両者の間が意味的には異常な関係にあるものがある。

例 in my young days＝in the days when I was young（私の若かったころ）／a hungry look＝a look which suggests hunger（空腹そうな顔）／a good swimmer＝a person who swims well（泳ぎのうまい人）／a sick room＝a room in which a person lies sick（病室）

::::::研 究 問 題::::::

上の説明にならって，次の「形容詞＋名詞」を関係詞を用いて書き換えよ。

1. a heavy smoker　2. a great admirer of Keats　3. a perfect stranger　4. a probable winner　5. an invalid diet

【解答】 1. a person who smokes heavily　2. a person who admires Keats greatly　3. a person who is perfectly a stranger　4. a person who will probably win　5. a diet which is suitable for an invalid person

実力テスト32

（I） 各文の空所に適当な形容詞を入れよ。[1-2 慶応大]

1. He is liable to get seasick; he is a (　　) sailor. 2. Even if you don't win the game, never be a (　　) loser. 3. He is mentally inferior to a child two years old; he is an (　　) idiot.

（II） 次の文中，形容詞の使い方で，「人」に用うべきものと，「物」に用うべきものとを混乱している点が一か所ずつある。それを訂正せよ。

1. I am impossible to read as many as ten pages of this difficult English book. [東京工大] 2. Will you please meet me at the foot of the staircase in that tall building at 2:00 p.m. on March 3 if you are convenient. [東京工大]

【解答】 （I） 1. bad 2. bad 3. absolute （II） 1. I am impossible... は I am unable... か It is impossible for me... に訂正する。 2. if you are convenient は if it is convenient に訂正する。

【文意】 （I） 1. 彼は船に酔いやすい，すなわち，船に弱い人である。 2. たとえ勝負に勝たなくても，けっしてぶつぶつ言ってはいけない。 3. 彼は知的には二歳の子供に劣る，つまり彼は全くのばかである。

（II） 1. 私はこのむずかしい英書の十ページも読めない。 2. もしご都合がよければ三月三日の午後二時にあの高い建物の階段の下で私に会ってくださいませんか。

12.2　名詞に近い意味の形容詞

形容詞の本領は，名詞の性質や状態を記述することであるが，次の諸例を見ると少し変わっている。

parental authority（親の権威）（<parent）

a national holiday（国民祝日）（<nation）

the monetary unit（貨幣単位）（<money）

上例の形容詞の意味をみると，名詞に「…の」が加わっただけで，性質・状態を描写するに至っていない。すなわち，形容詞の形態にはなっているが，意味上はむしろ名詞に近いと言える。名詞の中には，形容詞の形を持たなくて，名詞そのままを形容詞的に用いることがある（例 university education「大学教育」；a relief fund「救済基金」）。上述の形容詞は，こういう形容詞的用法の名詞と意味上は変わりがないのである。

名詞的意味の濃厚な形容詞は，主として名詞の前で用いられ（**直接用法**，または**限定用法**という）be の次に置かれること（**間接用法**，または**叙述用法**という）は少ない。また，その程度の大きいことを示すために very などの副詞によって修飾されることも少なく，程度を比較するための比較の変化をすることも原則的にはないのである。もし，very があったり，比較の変化をすれば，その場合の意味は普通の記述形容詞としてのものである。

例 a very natural piece of acting（きわめて自然な所作——記述的）；natural forces（自然の力，自然力——名詞的）

研究問題

各名詞から形容詞を作って，示した日本語に合致するよう，（　　）の中に入れよ。

1. nerve → the（　　　）system（神経系統）
2. president → a（　　　）election（大統領選挙）
3. metropolis → the（　　　）area（大都市圏）
4. commerce →（　　　）correspondence（商業通信）
5. education →（　　　）expenses（教育費）
6. form →（　　　）beauty（形式美）
7. industry → an（　　　）exhibition（産業博覧会）
8. industry → an（　　　）person（勤勉な人）

【解答】 1. nervous　2. presidential　3. metropolitan　4. commercial　5. educational　6. formal　7. industrial　8. industrious

実力テスト 33

下線部中の名詞を形容詞形に直して，下線部全体を書き換えよ。

1. The discovery of America was a pure accident.［慶応大］
2. Arrange them in order of number.　3. The present was decked out with a great number of ribbons.

【解答】 1. purely accidental　2. in numerical order　3. numerous ribbons

【文意】 1. アメリカ発見は全くの偶然であった。　2. それらを数の大小の順に並べなさい。　3. 贈り物は多数のリボンで飾ってあった。

12.3　副詞的用法の形容詞

設　問　次の二文中の nice の意味を考えよ。

(a)　It was nice cold weather.

(b)　Doesn't it feel nice and soft?

解　説　(a) では nice は cold に対して，また (b) では nice and は soft に対して，軽い強意語として働いている。

(a)　ちょっと寒い天候であった。

(b)　それは触れてちょっと軟らかではないですか。

こういうふうに程度を示して，副詞的に用いられる形容詞は，nice のほかに fine, rare, good, great などがある。これらは，名詞の前では他の形容詞と並べて用いるが，名詞を伴わないで補語として用いられるときは二個の形容詞は and で結ばれる。

形容詞の中には，「…のように」という意味で副詞的に用いられるものがある。

例　The water was icy cold.（水は氷のように冷たかった）

現在分詞も形容詞の前で，程度を示す副詞として用いられる。

例　Her forehead was burning hot.（彼女の額はやけどをするほどに熱かった）

::::::研究問題::::::

次の文中，副詞的用法の形容詞・分詞を指摘し，関係部分を和訳せよ。

1. The water was nice and clean. [Galsworthy, *The Silver Spoon*] 2. The donkey pricked up her ears and broke into a good round pace. [Stevenson, *Travels with a Donkey*] 3. I trust that you are properly grateful for this very rare good fortune that has befallen you. [Webster, *Daddy-Long-Legs*] 4. She believes that people who go fishing on Sundays go afterwards to a sizzling hot hell! [*Ibid.*] 5. Well, I'm rare and glad to see you! 6. It became inky black about me. [Wells, *The Stolen Bacillus*] 7. Though he groped around, he could find no fuel that was not soaking wet. [Galsworthy, *Captures*] 8. It was groping dark, but not cold for January. [Id., *Over the River*]

【解答】 1. was *nice* and clean（とてもきれいであった） 2. a *good* round pace（かなりの速力） 3. this very *rare* good fortune（この非常な幸運） 4. a *sizzling* hot hell（焦熱地獄） 5. am *rare* and glad（とてもうれしい） 6. became *inky* black（インクのように真っ暗になった） 7. was not *soaking* wet（ずぶぬれでなかった） 8. was *groping* dark（手探りしなければならないほどに暗かった）

【文意】 1. 水はとてもきれいであった。 2. ロバは耳を立てて，かなり速い歩調で急に走りだした。 3. 君の身に起こったこの非常な幸運に対して，君がちゃんと感謝する気持ちになっていることと私は信じます。 4. 日曜日に魚釣りに行く人はあとで焦熱地獄に落ちると彼女は信じている。 5. やあ，あなたにお会いして私はとてもうれしい。 6. あたりは真っ暗になった。 7. あたりを手探りしたが，彼はずぶぬれになっていない薪を捜し出すことはできなかった。 8. 手探りしなければならないほどに真っ暗だったが，一月にしては寒くなかった。

12.4 名詞的用法の形容詞

設 問 次の「the＋形容詞」の意味・用法を検討してみよ。

(a) The rich have their troubles as well as the poor.（金持ちは貧乏人と同じく悩みがある）

(b) He has no sense of the humorous.（彼にはユーモアを解する心がない）

解 説 形容詞（分詞を含む）は the を伴って，名詞として用いられる。用い方は次のとおり。

(a) ＝複数普通名詞（通例「人」を示す）

(b) ＝集合名詞・抽象名詞（通例，単数扱い）

なお，対句をなすときは the を用いない。

例 He cast a look at the crowd of *old and young* about him.
（彼は周囲の老若の群集を一べつした）

こういう用法の形容詞の前に置く修飾語は副詞であるのが合理的である。しかし，名詞としての用法は今日までにかなり長く確立しているのだから，名詞とも考えられて，その修飾語として形容詞がその前で用いられることもある。

例 They made a stand against *the newly rich*. [Galsworthy, *To Let*]（彼らは成金連中に反対の立場をとった）／ *The intelligent young* read Walter Pater with enthusiasm.

[Maugham, *The Summing Up*]（知的な青年たちは熱狂的にウォルター・ペーターを読んだ）

⁝⁝⁝ 研究問題 ⁝⁝⁝

（Ⅰ） 次の文中の名詞的用法の形容詞を指摘し，その訳語を示せ。

1. When at last the inevitable happened it came upon Mr. Warburton with all the shock of the unexpected. [Maugham, *The Casuarina Tree*] 2. We want your help in a public work on behalf of the humble. [Galsworthy, *Swan Song*] 3. The two stopped with that sudden ecstasy of delight felt by the sensitive young. [Aldington, *Death of a Hero*] 4. His temper bordered on the irritable. [Dickens, *The Pickwick Papers*] 5. He told two or three stories verging on the improper. [Galsworthy, *The Man of Property*]

（Ⅱ） 次の括弧内の不適当な語を消せ。

1. The rich never（has／have）a chance of being neighbourly to（their／his）equals. [Huxley, *Point Counter Point*]

2. There（are／is）nothing of the marvellous in what I am going to relate. [Dickens, *The Pickwick Papers*]

【解答】（Ⅰ） 1. the inevitable（不可避的のこと）; the unexpected（不慮のこと） 2. the humble（身分の低い者たち） 3. the sensitive young（感受性の強い青年たち） 4. the irritable（いらだたしさ，立腹状態） 5. the improper（みだらなこと） （Ⅱ） 1. has, his を消す。 2. are を消す。

【文意】（Ⅰ） 1. いよいよ不可避的のことが起こったときは，それは不慮の事件が与えるすべてのショックをもってウォーバトン氏を襲った。 2. われわれは，低い階層のための公共事業でご援助をお願いしたい。 3. ふたりは，感受性の強い青年たちが感じるあの突然の激しい歓喜をもって立ち止まった。 4. 彼の気分は立腹状態に近かった。 5. 彼はみだらといってもよいような話を二つ三つした。
(Ⅱ) 1. 金持ちは自分と同等の人たちと近づきになる機会がない。 2. 私がこれから話すことになんら驚嘆すべきことはない。

12.5 動詞代用の形容詞

設 問 次の下線部の意味を考えてみよ。

(a) I am conscious of the importance of the matter.
(b) I am conscious that twilight is gathering fast.

解 説 (a) では，be conscious of がまとまって know に相当する意味を持つ。「私はそのことの重要なことに気づいている」

(b) では be conscious で同じく know の意味になっているが，次に *that*-clause を従えているから of はない。一般的に言って，*that*-clause の前に前置詞が置かれることはまずないことである。「私は宵闇がどんどん迫っていることに気づいている」

:::::: 研 究 問 題 ::::::

次の各文中の動詞的用法の形容詞を抽出し，それに相当する他動詞を示せ。

1. He gave a long dismal whistle indicative of surprise and dismay. [Dickens, *The Old Curiosity Shop*] 2. They will not be wasteful of what is given them. [Burnett, *Little Lord*

Fauntleroy]　3. Mrs. Charman had seen him transacting business at the Bank of England, a place not suggestive of poverty. [Gissing, *The House of Cobwebs*]　4. He could not look her straight in the face. She, observant of this, kept a very steady eye on him, and spoke with all possible calmness. [*Ibid.*]　5. The sleek housecat, forgetful of her prey, sat winking at the rays of sun starting through the keyhole and cranny in the door. [Dickens, *The Old Curiosity Shop*]

【解答】 1. indicative of＝(which) indicated　2. be wasteful of＝waste　3. not suggestive of＝(which) does not suggest　4. observant of＝observing　5. forgetful of＝forgetting
【文意】 1. 彼は驚きとろうばいを示す長い陰気な口笛を発した。　2. 彼らは自分らに与えられたものを無駄にはしないだろう。　3. チャーマン夫人は彼が英国銀行で用事をしているのを見たことがあったが，英国銀行は貧乏を思わせる場所ではない。　4. 彼は彼女の顔をまともに見ることはできなかった。彼女はこれに気づいて，彼をじっと見すえ，できるだけ落ち着きはらって話した。　5. つやつやした家猫は，餌のことを忘れて，ドアの鍵穴や隙間から漏れてくる太陽の光線にまばたきしながら座っていた。

実力テスト 34

次の各文の下線部を，意味を変えないで節に書き改めよ。
1. I am sure of your success in the coming examination. [小樽商大]　2. I am certain of his innocence.　3. I am ignorant of the reason for their quarrel.　4. Not until he spoke did she seem aware of his arrival.　5. I was afraid of

treading on somebody's toes.

【解答】 1. that you will succeed in the coming examination 2. that he is innocent 3. why they quarrel (*or* quarreled) 4. that he had arrived 5. lest I should tread on somebody's toes

【文意】 1. 私は，今度の試験で君が及第することを確信している。 2. 私は彼の無実を確信している。 3. 私は彼らの口論の理由を知らない。 4. 彼がしゃべるまで，彼女は彼の到着に気づいていないようであった。 5. 私はだれかの足指を踏みつけないかと心配した。

13. 比較級・最上級

形容詞と副詞は，他と比較して程度がより大きいか，最も大きいかを示す変化をする。これを**比較の変化**という。

13. 1 比較の変化の規則

(1) 単音節語はすべて -er, -est による。

(原　級)	(比較級)	(最上級)
fast (速い，速く)	faster	fastest
fine (りっぱな)	finer	finest
big (大きい)	bigger	biggest

(2) 二音節以上の語は原則的に more, most によるが，次のような二音節語は -er, -est による。

a) -ly : holy (聖なる)　holier　holiest
(early「早い」，likely「ありそうな」，ugly「醜い」，manly「雄々しい」など)

b) -le : noble (気高い)　nobler　noblest
(humble「卑しい」，gentle「穏かな」，simple「簡単な」など)

c) -er : clever (賢い)　cleverer　cleverest
(tender「やさしい」，bitter「苦い」など)

d) -ow : narrow (狭い)　narrower　narrowest
(sallow「血色の悪い」，shallow「浅い」，hollow「うつろ

の」，yellow「黄色の」など）

e）　-y : happy（幸福な）　happier　　　happiest

（heavy「重い」，dirty「汚い」，easy「容易な」，handy「便利な」，funny「おかしい」，pretty「きれいな」，merry「陽気な」，ready「用意ができて」，lazy「なまけた」など）

f）　よく使われる二音節語：

common（普通の）　commoner　　　commonest

（cruel「残酷な」，wicked「邪悪な」，pleasant「愉快な」，quiet「静かな」，solid「中身のある」，handsome「顔だちの整った」など）

g）　後の部分にアクセントのある語：

polite（丁重な）　politer　　　politest

（profound「深遠な」，complete「完全な」，secure「安全な」，precise「正確な」，concise「簡潔な」，abrupt「唐突の」，sincere「誠実な」，severe「厳しい」など）

(3)　上の (2) で示した語の否定の語は三音節でも -er, -est による：

unholy（不浄な）　unholier　　　unholiest

（ignoble「下品な」，insecure「不安定な」，unpleasant「不愉快な」，impolite「失礼な」，incomplete「不完全な」，unhappy「不幸な」など）

(4)　不規則変化

good（よい） well（達者で，うまく）	better	best
ill（病気で），bad（悪い） badly（ひどく）	worse	worst

many（多数の） much（多量の）	more	most
little（少ない，少なく）	less	least
old（年取った）	elder（年上の）	eldest
far（遠い，遠く）	farther further	farthest furthest

以上の規則は原則的なものであって，実際上は必ずこのとおりでないこともある。ことに補語として用いられるときには，一音節語でも more, most による変化を用いることがかなりある。

::::::研 究 問 題::::::

次に示す各文中，比較の変化で原則的でないものを指摘せよ。
1. His heart had yearned after me, and his ways towards me were more tender than he knew. [Gaskell, *Cousin Phillis*] 2. My mother, who never professed sternness, was far more severe than my father. [*Ibid.*] 3. We two grew dearer and yet more dear to each other. [Haggard, *She*] 4. He was the sternest and most severe of masters. [Dickens, *David Copperfield*] 5. He was far more sad than she was.

【解答】 1. more tender (tenderer) 2. more severe (severer) 3. more dear (dearer) 4. most severe (severest) 5. more sad (sadder)
【文意】 1. 彼の心は私を慕っていた。そして彼の私に対する態度は，彼が意識している以上にやさしかった。 2. 母は厳格を明言したことはなかったが，父よりはずっと厳しかった。 3. われわれふたりはますます親しくなった。 4. 彼は最も厳しく厳格な主人であった。　5. 彼は彼女よりもずっと悲しんだ。

実力テスト 35

（Ⅰ） 次の文の意味を変えないで，その中の最上級は比較級で，比較級は最上級で書き換えよ。

1. Mary is the most beautiful girl in our school. ［電気通信大］
2. The Mississippi is longer than any other river in America.

（Ⅱ） 次の日本文の英訳には誤りが一つある。それを訂正せよ。［明治大］

年をとるにつれて，このことわざが本当であることがいっそうはっきりわかるようになるだろう。

As you grow old, you will realize the truth of this saying all the more clearly.

【解答】 （Ⅰ） 1. Mary is more beautiful than any other girl in our school.　2. The Mississippi is the longest river in America.

（Ⅱ） As you grow older,...

【文意】 （Ⅰ） 1. メアリーは学校じゅうで最も美しい少女である。　2. ミシシッピー川はアメリカのどのほかの川よりも長い。

（Ⅱ） 君は年をとるにつれて，ますますはっきりとこのことわざの意味の真であることがわかってくるでしょう。

13.2 注意すべき最上級の用法

最上級の用法のうち，多少単純でないものがある。次の各問題はそういう用法の最上級を含んでいるが，それを吟味せよ。

⁞⁞⁞⁞⁞⁞ 研 究 問 題 ⁞⁞⁞⁞⁞⁞

1. I shall be most happy to tell you anything I can. [Doyle, *A Study in Scarlet*] 2. They had a most irritable professional vanity. It was most odd to watch them. [Lawrence, *The Lost Girl*] 3. His greeting had met with the merest murmur of reply. [Gissing, *The House of Cobwebs*] 4. I want to hear the smallest thing about her. [Maugham, *The Moon & Sixpence*] 5. She never made the smallest sign that she saw him. [*Ibid.*] 6. The greatest minds do not necessarily ripen the quickest. 7. We are all in the best of health. 8. Each was trying his hardest to read the other's thoughts. [Maugham, *Ashenden*] 9. After the cold of the night the birds were singing their clearest in the sunshine. [Galsworthy, *Captures*] 10. Then his gout was at the worst. [Burnett, *Little Lord Fauntleroy*]

【解答・考え方】 1. 2. most happy, a most irritable, most odd の most は very に置き換えても意味に変わりがない。その理由は，これらは最上級ではあっても，特定の範囲内で「最も…な」ではなくて，程度の高いことを強調するために最上級を利用したにすぎないからである。こういうのを**絶対最上級**（Absolute Superlative）という。絶対最上級には時々 the がつかないし，時には不定冠詞をとることもある。

3. の merest も絶対最上級であるが，原級 mere だけでも「全くの」「ほんの」の意味であるのだが，それを強めて merest にしたのである。だから，merer という比較級の用法はないと言ってよい。

4. 5. の smallest は，ただ「最も小さい」ではなくて，even の意味を含んでいる。

6. greatest は普通の用法の最上級であるが，quickest は副詞の最上級であって，それが the を伴っていることは注目に値する。副詞の最上級に定冠詞は理屈からは不要であるが，実際には時々 the が用いられる。

例 I always like you *the* best of all.（私はいつでもあなたがいちばん好きです）

7.-10. いずれも最上級が，名詞的に用いられている。

【文意】 1. 私は喜んで，できることは何でも話します。 2. 彼らはとてもしゃくにさわる職業的虚栄心を持っていた。彼らを見ているととても変な感じがした。 3. 彼の挨拶は，ただぶつぶつという返事で応じられただけであった。 4. 私は彼女のことはどんな小さなことでも聞きたい。 5. 彼女は自分が彼を見たという様子は全然見せなかった。 6. 最も偉大な精神が最も速く熟するとはかぎらない。 7. われわれはみんなとても丈夫です。 8. 各自は相手の心のうちを読みとろうとしていっしょうけんめいであった。 9. 昨夜の寒気のあとであるから，鳥は日光を浴びて非常にさえた声で歌っていた。 10. そのときは彼の痛風は最悪の状態にあった。

13.3 比較の程度を示す副詞

比較してその差が大きいか小さいかなどを示すためには副詞が用いられる。

::::::研究問題::::::

次の文で，比較の程度を示す副詞を指摘せよ。

1. The satisfaction of my mother was even greater than mine. 2. He walked much more carefully. 3. He is much the greatest writer. 4. He has been out so many evenings—darker far than this. 5. Dusting rooms was far the easiest task. 6. Is he any better this morning? 7. He is no better than a peasant. 8. A whale is no more a fish than a horse is. 9. No fewer than ten persons were killed. 10. He paid no less than fifty dollars.

【解答】 1. even 2. much 3. much 4. far 5. far 6. any 7. no 8. no 9. no 10. no
【文意】 1. 母の満足は私のよりもさらに大きかった。 2. 彼はずっと慎重に歩いた。 3. 彼はずぬけて最大の作家である。 4. 彼は今までに幾夜も外出したことがあった——今夜よりもずっと暗い夜に。 5. 部屋の掃除はずばぬけてたやすい仕事であった。 6. 彼は今朝は少しでもよいほうですか。 7. 彼は一農夫にすぎない。 8. 馬が魚でないのと同じように，鯨は魚でない。 9. 十人もの人が死んだ。 10. 彼は五十ドルも払った。

実力テスト 36

次の日本文の英訳には一つの誤りがある。それを正せ。［明治大］

本大学は来年は二十億円にものぼる金を使う計画である。

Our university is planning to spend no more than 2,000 million yen next year.

【解答】 no more than は no less than に訂正。

13.4　副詞 the の用法

比較級の前にしばしば副詞としての the が置かれる。そういう場合は，原因を示す語・句・節が前かあとにあるのが常であって，the は「その原因のために（いっそう）…」という意味である。

例　I like him *the* better for his faults.（彼の欠点のゆえになおいっそう彼が好きだ）／He was now looking at her in admiration, but she didn't like him any *the* better for it.（彼は今や彼女に見とれていたが，彼女はそのために彼が好きにはならなかった）／I like you none *the* worse for this fault of yours.（君のこの欠点にもかかわらず，私は君が好きだ）

上掲の最後の例で none は否定の副詞であるが，「none＋the＋比較級」の形は，熟した訳語を必要とすることが多い。

例　The detective left the house *none the wiser*.（刑事は来たときと同様何もわからないままでその家を去った）／He was *none the worse* for the accident.（事故があっても彼は何ともなかった）／Because a man can write great works he is *none the less* a man. [Maugham, *The Summing Up*]（大作を書ける人だからとてやはり人間である）

なお，この副詞 the は，相関的に用いられて，正比例的関係を示す。

例　*The* more a man has, *the* more he wants.（人は金がたまればたまるほどもっとほしくなる）

⁝⁝⁝ 研究問題 ⁝⁝⁝

次の各文中の副詞 the と比較級を指摘し，全文を日本文に訳せ。

1. It was a large square room, looking all the larger from the absence of all furniture. [Doyle, *A Study in Scarlet*] 2. A great part of our lives is occupied in reverie, and the more imaginative we are, the more varied and vivid this will be. [Maugham, *The Summing Up*] 3. We were all the greater friends for this idea being utterly put away and buried out of sight. [Gaskell, *Cousin Phillis*] 4. The darkness was so complete that I might have been surrounded by an army and yet none the wiser. [Stevenson, *New Arabian Nights*] 5. Nell was none the slower in going away for this remark. [Dickens, *The Old Curiosity Shop*]

【解答】 1. the larger（それは大きな四角の部屋で，全部の家具がないのでいっそう大きく見えた） 2. the more imaginative; the more varied and vivid（われらの生活の大部分は空想に占められている，そしてわれわれに想像力があればあるほどこれがいっそう変化があり活発となるであろう） 3. the greater（この考えが全くしまいこまれて隠されてしまったので，私たちはいっそう仲よくなった） 4. the wiser（全くの闇夜だったので，一軍隊に取り囲まれたとしても全然わからなかったであろう） 5. the slower（ネルはこう賞められても，やはりさっさと引き上げていった）

実力テスト 37

（I） 次の空所を埋めよ。［武蔵工大］

He is none ______ happier for his wealth.

（Ⅱ） 次の文中，副詞 the に対応する，原因を示す句や節を英文で書いて文を完結せよ。

1. 散歩したために気持ちがよくなった。

I feel the better for...

2. 服装が悪くてもその人を軽蔑してはならない。

You should not think the worse of a man because...

3. 私はそれを食べてからずっと気分がよくなった。

I found myself much the better after...

4. 君のおとうさんを知っているからいっそう喜んで君を援助しよう。

I will help you the more willingly because...

【解答】 （Ⅰ） the　（Ⅱ） 1. for my walk　2. because he is poorly dressed　3. after I had eaten it　4. because I know your father

【文意】 （Ⅰ） 彼は財産があっても幸福でない。

14. 副詞

14.1 副詞の形態

設 問 副詞の多くは形容詞または分詞に -ly をつけて作る。この際、つづり字上で多少注意すべき点があるが，それを次の例を観察して，あとで示す (a)—(c) の項目にまとめよ。

happy—happily（幸福に）／merry—merrily（陽気に）／weary—wearily（疲れて）／shy—shyly（shily）（恥ずかしそうに）／gay—gayly（gaily）（愉快に）／dry—dryly（drily）（冷淡に）／idle—idly（なまけて）／noble—nobly（気高く）／simple—simply（簡単に）／true—truly（ほんとに）／sole—solely（ただ）／whole—wholly（全く）／full—fully（じゅうぶんに）／dully—dully（鈍く）

(a) -y に終わる語は…

(b) -e に終わる語は…

(c) -ll に終わる語は…

解 説 (a) -y に終わる語は，y を i にして -ly をつける。例外的に，-y をそのままにして -ly をつけてもよいものがある。

(b) -e に終わる語は，e を省いて -ly をつける。例外：

solely, wholly

(c) -ll に終わる語は y のみをつける。

:::::: 研 究 問 題 ::::::

次の各文の意味を変えないで，「形容詞＋名詞」の部分を「動詞＋副詞」の形に改めて，文全体を書き直せ。

1. He met with amazing success. 2. I am sorry for his miserable failure. 3. They made a close examination of the evidence. 4. The trade is making a steady growth. 5. He gave it a satisfactory explanation.

【解答】 1. He succeeded amazingly. 2. I am sorry that he failed miserably. 3. They examined the evidence closely. 4. The trade is growing steadily. 5. He explained it satisfactorily.

【文意】 1. 彼は驚くべき成功を収めた。 2. 私は彼のみじめな失敗を気の毒に思う。 3. 彼らは証拠物件を綿密に調べた。 4. 販売はどんどん増加している。 5. 彼はそれを満足に説明した。

14.2 副詞の意味・用法

副詞は主として動詞・形容詞・副詞を修飾して，場所・方向・仕方・程度・状態・否定などを示す。時には，句・節または文全体を修飾することがある。

:::::: 研 究 問 題 ::::::

次の各文で副詞を指摘し，それが何を修飾しているか，またそれが示している意味を述べよ。

1. It can be found everywhere. 2. They went away at once. 3. Prices were then lower. 4. He behaved meanly to his children. 5. He shook his head slightly. 6. It is pretty late. 7. School is over at three o'clock. 8. He is not a coward. 9. She did it only through friendship. 10. I happily had a remedy for my disquietude.

【解答・考え方】 1. everywhere（動詞修飾，いくぶん文修飾ともみられる——場所） 2. away（動詞修飾——方向） 3. then（動詞修飾，いくぶん文修飾ともみられる——時） 4. meanly（動詞修飾——仕方） 5. slightly（動詞修飾——程度） 6. pretty（形容詞修飾——程度） 7. over（動詞修飾——状態，ただし，「状態」を示す副詞は形容詞に近いので，その働きは動詞修飾というよりも補語というほうが近い） 8. not（文修飾——否定） 9. only（句修飾——主観的⇒14.5） 10. happily（文修飾——仕方（主観的）⇒14.5）
【文意】 1. それはどこにでも見つかる。 2. 彼らはただちに立ち去った。 3. そのときは物価は低かった。 4. 彼は自分の子供たちに卑劣なふるまいをした。 5. 彼はちょっと頭を振った。 6. 時刻はかなりおそかった。 7. 学校は三時に終わる。 8. 彼は臆病者ではない。 9. 彼女はただ友情からそうしたのだ。 10. 私には幸いにも，自分の動揺を落ち着かせる方法があった。

14.3 Flat Adverb

副詞の中には，-ly をとらない形で，仕方や程度を示すものがある。形態上からは，形容詞と同じであるから，形容詞か副詞かの区別は意味・用法によるよりほかはない。こうい

う -ly のない副詞を Flat Adverb というが，その大部分のものは -ly の形も併用されていて，意味・用法も同じであることが多い。もっとも，少数のものは，-ly のあるなしによって意味を異にしているものがある。

The sun shines *bright* in the spring.（太陽は春にはきらきらと輝く）
The stars were shining *brightly* in the sky.（星は空できらきらと輝いていた）

The snow is falling *soft*.（雪は静かに降っている）
She *softly* pushed it away.（彼女はそっとそれを押しやった）

The handbook is sold very *cheap*.（その手引き書は非常に安く売られている）
I got the books too *cheaply*.（私はそれらの本をあまりにも安く手に入れた）

How *slow* the time passes!（なんとゆっくりと時は過ぎるのであろう）
He walked *slowly* towards the door.（彼はゆっくりドアの方へ歩いていった）

The sun shone *hot* on the head.（太陽は頭に熱く照りつけた）
The flame blazed *hotly* within her.（熱情は熱く彼女の心の中で燃えた）

He studied English *hard*.（彼は熱心に英語を勉強した）
It is *hardly* possible for me to help you.（私が君を助けるのはほとんど不可能である）

She spoke *low* and quietly.（彼女は低い声で静かに話した）
He bowed *lowly* before her.（彼は丁寧に彼女に頭を下げた）

比較級や最上級の形では -ly のない形のほうが好まれる。

例 I know where it can be done cheapest.（私はそれが最も安くできるところを知っている）／Her heart beat more feebly and *slower.*（彼女の心臓はいっそう弱くゆっくりと打った）／He writes *cleverer* than he talks.（彼はしゃべるときよりも書くときのほうがうまい）／Try to state your case *clearer.*（君の言い分をもっとはっきりと述べなさい）

:::::: 研究問題 ::::::

日本文の意味に合うように，英文の…の部分を埋めよ。

1. あの店は高い。
   They sell … at that store.
2. 彼女は町のどの婦人よりもきれいに着飾っていた。
   She dresses … than any lady in the town.
3. もっとゆっくり歩いてください。
   Walk …, please.
4. 太陽はますます熱く照りつけた。
   The sun shone ….
5. 彼女はいつもよりそっとノックした。
   She knocked … than usual.

【解答】 1. dear 2. finer 3. slower 4. hotter and hotter 5. softer

14.4 副詞の位置

設 問 次の各組の副詞の位置と意味について考察せよ。

(1)
(a) A highway ascends *gently* from the low country to the summit of the defile.（本道は低地から峡谷の頂きの方へゆるやかに上る）
(b) She *gently* shook his sleeve to arouse his attention.（彼女は彼の注意を引くために袖をそっと揺り動かした）

(2)
(a) You acted *foolishly*.（君は愚かにふるまった）
(b) I *foolishly* told them of our plan.（私は愚かにもわれわれの計画を彼らに話した）

解 説 仕方を示す副詞は，動詞を修飾するのであるから，動詞の直前か直後に位置するのが当然である。動作の仕方を重く見るときは，動詞のあとに位置するのが原則である(1)(a)。仕方を重視しないときは，(1)(b)のように動詞の前に位置する。動詞のあとに目的語が続くようなときには，この語順になることが多い。

(2)(a)でも，foolishly は act の仕方を述べている。act だけでは意味が漠然として，「どんなふうに」と規定する語がぜひ必要である。こういうときは副詞は動詞の直後に従うのが原則である。一方，(2)(b)の foolishly を見ると，told の仕方を述べているとは考えられない。「愚かな語り方をした」ではおかしいのである。この foolishly は，「自分が自分らの計画を彼らに話した」という事全体に対して，語り手 I が心に抱く感じである。それで訳語も「愚かにも」となる。そして文全体を修飾する。こういう目的で用いられた副詞は，文中のどの語とも無関係であるから，文の首頭や文の末尾に位置することもある。

例 (a) Happily he did not die.

(b) He did not die, happily.

上の二例文の意味はいずれも，「彼は幸福にも死ななかった」である。(a) の Happily の次に comma があることもある。(b) の happily の前には comma があることが必要である。もし comma がないと，happily は die 一語を修飾して，その仕方を示し，「幸福な死に方をしなかった」となる恐れがある。

:::::: 研究問題 ::::::

次の各文中の仕方の副詞を指摘し，動詞修飾か，文修飾かを明らかにせよ。

1. That apparently did not tend to raise her spirits. [Hardy, *Wessex Tales*] 2. Happily his broken arm was the left. [Gissing, *The House of Cobwebs*] 3. He briskly waved his hand in the negative. [Dickens, *Dombey & Son*] 4. He hesitated, murmured reluctance, but soon gratefully accepted my offer. [Gissing, *The House of Cobwebs*] 5. The message never arrived, unfortunately. 6. We rightly judge of people by the company they keep. 7. It has been truly remarked that in order of time, decoration preceeds dress. 8. Half a loaf is surely better than none. 9. You probably will never succeed. 10. She wisely refused his request.

【解答】 1. apparently（文 修 飾） 2. Happily（文 修 飾） 3. briskly（動詞修飾） 4. gratefully（動詞修飾） 5. unfortunately（文 修 飾） 6. rightly（動 詞 修 飾） 7. truly（動詞修飾） 8. surely（文修飾） 9. probably（文修飾） 10. wisely（文修飾）

【文意】 1. それはどうも彼女の元気を引き立てることにならなかったようだ。 2. 幸いにも彼の折れた腕は左であった。 3. 彼は打ち消して手を活発に揺り動かした。 4. 彼はちゅうちょし，気の進まないことを小声で言ったが，まもなく喜んで私の申し出を受けた。 5. 通信は不幸にも到達しなかった。 6. その友だちによって人を判断するのは正しい。 7. 時間的順序では，装飾のほうが衣服よりも先であると言われてきたのは至言である。 8. 半分でもないよりはまし（ことわざ）。 9. 君はたぶん成功しないだろう。 10. 彼女は賢明にも彼の要求を拒絶した。

14.5 主観的副詞

設 問 次の四文中の simply の意味・用法を比較研究せよ。

(a) I was brought up simply.

(b) The weather was simply splendid.

(c) I work simply because I like to work.

(d) I simply don't like him.

解 説 (a) の simply は「質素に」と，育てられた仕方を示している副詞であって，普通の用法である。(b) (c) (d) の simply は，「ただ」「まさしく」「全く」などの意味で，語・句・節・文を強めてそれをはっきり浮かび上がらせる役をする。浮かび上がらせようと意図するのはもちろん話し手であるから，このsimplyは主観的な投入語である。(b) は形容詞splendidに対して，(c) ではbecause I like to workという節に対して，また (d) ではI don't like himなる否定文全体に対して，それぞれ，話者が話し相手の注意を引こうとして強調している。

文意 (a) 私は質素に育てられた。 (b) 天気は全くすばらしかった。 (c) 私はただ働きたいから働くのです。 (d) 私は本当に彼を好きません。

時には，名詞，代名詞，または動詞を強調することもある。動詞強調の場合は，仕方を示す副詞と混同してはならない。

例 The coughing fit *fairly* choked him. [Cather, *My Ántonia*]
(せきこんでくると全く彼の息がとまるほどであった)

::::::研 究 問 題::::::

次の文中，話者がある語句に対して相手の注意を引こうとして用いている副詞と，それによって浮き出される語句を指摘せよ。

1. She had been delayed purely by an accident. 2. We even commercialise salvation—for so much virtue, so much salvation! [Galsworthy, *Castles in Spain*] 3. This can only be done by elimination of the unfit. 4. Sophy did not exactly love him, but she had a respect for him which almost amounted to veneration. [Hardy, *Life's Little Ironies*] 5. The dark surface of the wood revealed absolutely nothing. [Id., *Wessex Tales*]

【解答】 1. purely（by an accident） 2. even（salvation）
3. only（by elimination of the unfit） 4. exactly（love）;
almost（veneration） 5. absolutely（nothing）
【文意】 1. 彼女は全く偶然のことで遅れた。 2. われわれは，どれだけの徳に対してどれだけの救いというふうに，罪の救いをすら商業化する。 3. このことは不適者を除去することによってのみなし遂げられる。 4. ソフィは正確な意味で彼を愛していたのではなかった。しかし，尊敬といってもよいほどの敬意を彼に対して持っていた。 5. 森の暗い表面には全然何も見えなかった。

15.　存在構文

15.1　誘導副詞

日本文,「そこには三人の少年がいた」を英語に移すと, There were three boys there. となる。thereが二つあるが,「そこには」に当たるのは文の末尾にある thereである。文頭の There は続く be 動詞と合して, 人や物の存在を表す一つの形式となっている。もとは,「そこに」であったのだろうが (例 There's our father.「あそこにおとうさんがいる」),「そこに」の意味を失って, 形式化してしまっている。だから, 存在場所は別に副詞または句をもって示さねばならない。

There is a boy *in the room*. (部屋の中にひとりの少年がいる)

こんな場合に, there を文頭に用いないで, A boy is in the room. と言ってもよいのではないかと思う人もあるであろう。ところが, 英語の実際の表現ではそういうことはほとんどない。たいていは there で始めるのである。その理由はこうである。一般に, 文頭に立つ主語は, 話し手にも相手にも既に知られているのが常である。既に話題になったものについて, さらに新しいことを述べるというのが一般のあり方である。ところが,「ひとりの少年がいる」というときは, そのときやっと存在が明らかにされただけであって, その少年は相手にはもちろん初めてのものである。それを，文頭に立てて主語にするのは変なことになる。その変な感じをなくすため，there を用いて a boy を導き出す仕事をさせる。それで，こういう役目をする there を**誘導副詞**と呼ぶ。

存在場所を示す副詞句が文頭に位置することがあるが，そういうときでも誘導副詞が用いられる。しかし，時々用いられないこともある。その理由は，誘導の必要性はいくぶん薄らいでいるからである。

例 *In some parts of the world* there are many dangerous animals.（世界の各地に多くの危険な動物がいる）／*Between this town and our city* there is a railroad.（この町とわが市との間には鉄道がある）／There is a large reading room in the library. *In this room* there are tables and desks for those who wish to study.（図書館には大きな読書室がある。この部屋には勉強したい人のためにテーブルや机が置いてある）／*Along this street* are many shops and a bank.（この通りに沿ってたくさんの店と銀行がある）

上例を見てもわかるように，存在場所を示す副詞句が文頭に立つのは，句の中に this や that など指示詞を含むときが多い。こういう指示詞は，それによってさし示される既述の事物になるべく近接させる必要があるから，文頭に出されるのである。

:::::: 研究問題 ::::::

（Ⅰ） 存在文中の be 動詞は，助動詞または助動詞に類するものを伴うことがある。そういう形を用いて，次の英文を完成せよ。

1. 私の引き出しに多少お金があるかもしれない。
There (　　) (　　) some money in my drawer.
2. 戦争が起こるだろうという話である。
They say there (　　) (　　) (　　) (　　) a war.
3. 両国民の間には戦争のあったことはない。
There (　　) (　　) no war between the two nations.
4. 彼らの間にこの件について手紙の往復があったらしい。
There (　　) (　　) (　　) (　　) some correspondence about this affair between them.
5. この町にもと有名な文庫があった。
There (　　) (　　) (　　) a famous library in this town.

(Ⅱ) 次の文の下線部は 'there be' の変形を含んでいる。それは 'there be' と何との結合したものかを明らかにせよ。

1. There proved to have been a prior acquaintance between them. 2. There chanced to be no one in the house. 3. There is thought to be something queer about it. 4. There is sure to be some money in the box. 5. He says that there begins to be a general talk about the two.

【解説】 (Ⅰ) 1. may be 2. is going to be 3. has been 4. seems to have been 5. used to be
(Ⅱ) 1. proved to... (結局…とわかった) 2. chanced to... (偶然…がいた) 3. be thought to... (…があると思われる) 4. be sure to... (確かに……ある) 5. begin to... (そろそろ…し始める)

【文意】 (Ⅱ) 1. 彼らは以前から近づきであったことがわかった。 2. たまたま家の中にはだれもいなかった。 3. それにはどこか変なところがあると思われている。　4. その箱の中には確かにいくらかの金がはいっている。　5. そのふたりについてうわさが出始めていると彼は言っている。

実力テスト 38

意味を変えないで下線部を clause に書き換えよ。

1. We became the more intimate from there being many resembrances of character between us.　2. I felt sure of there being no recurrence to the subject.　3. It is necessary for there to be a change in the plan.　4. They reminded me of the solitude of this place, and there being no help near.

【解答】 1. because there were many resembrances...　2. that there would be no recurrence to...　3. that there should be no change...　4. that there was no help near

【文意】 1. われわれふたりは，人柄の点で類似したところが多いことでいっそう親しくなった。　2. その話題に再び戻ることはないことを私は確信した。　3. その計画に変更を加える必要がある。　4. 彼らはこの場所の寂しいこと，また近くに援助を求めるところがないことを私に注意した。

15.2 be 動詞に代わる自動詞

設 問 次の文の lived を was で置き換えてみて，両者の意味を比較してみよ。

Once upon a time there *lived* a girl who was called Cinderella.（昔シンデレラという名の少女がいた）

解 説 lived の代わりに was を用いても，意味の変わりはほとんどない。lived はここでは，「住んだ」という単なる動作でなくて，「住んでいた」という状態を示すのであり，これは「存在」と離れた意味ではない。live のほかいくつかの自動詞が there の次で用いられる。

なお，be 動詞の場合と同じく（⇒15.1），場所を示す副詞句が文頭に立つときは誘導副詞がないことがある。

In a village not far from this town *lives* my mother's youngest sister.（この町から遠くないある村に母の末の妹が住んでいる）

∷∷∷ 研究問題 ∷∷∷

次の各文中の誘導副詞に続く動詞を指摘して，それらを意味の上から分類してみよ。

1. Then there stood before her a little old woman with a golden wand in her hand. 2. At that moment there came a knock at the door. 3. There flows a big river through the city. 4. In the shadow of the archway there lingered a young man who seemed to be waiting for some person. 5. To my interest in his nature and character, there was added a curiosity as to his origin, his life, his fortune and status in the world. [Stevenson, *Dr. Jekyll & Mr. Hyde*] 6. A year later there was born a boy to them. 7. He looked round. There seemed no habitations in sight. [Galsworthy, *The Silver Spoon*]

【解答・考え方】 (a)「存在」に近い意味の自動詞：1. stand（立って<u>いる</u>） 3. flow（流れて<u>いる</u>） 4. linger（ぶらつ

いている） 7. seem（あるように思われる）

(b) 「到来」「出現」の意の自動詞または受動態動詞（「存在するに至る」の意だからやはり「存在」に近い）：2. come（…してくる） 5. be added（つけ加えられる） 6. be born（生まれる）

【文意】 1. そのとき彼女の前に，金色の魔法のつえを手に持ったひとりの小さい老婆が立っていた。 2. そのとき戸口にノックの音が聞えてきた。 3. 大きな川が市を貫流している。 4. アーチ通路の陰に，だれかを待っているらしいひとりの青年がぶらぶらしていた。 5. 彼の性質や人となりに対する興味に加えて，彼の素性・生活・財産・身分についても知りたいという気持ちが起こった。 6. 一年後に彼らにひとりの男の子が生まれた。 7. 彼はあたりを見回したが，住み家は一軒もなさそうであった。

実力テスト39

Rewrite the following using There at the beginning:［慶応大］
1. No buses run at this time of night. 2. Nobody was at the top of the mountain when I reached there. 3. A Chinese magician with three magic boxes and two assistants appeared on the stage. 4. Millions of stars which mankind has never seen exist in the universe.

【解答】 1. There run no buses… 2. There was nobody… 3. There appeared on the stage a Chinese magician… 4. There exist in the universe millions of stars…

【文意】 1. 夜のこんな時刻にバスはない。 2. 私が山頂に達したときにはそこにはだれもいなかった。 3. ひとりの中国人の奇術師が，三つの魔法の箱とふたりの助手とともに舞台に現れた。　4. 人間がまだ見たこともない幾百万の星が宇宙に存在する。

15. 3　形式化した 'there be'

設問　次の二文の下線部の過去分詞が意味上果たしている役割を比較してみよ。

(a)　His pention was adequate, and there was a little money <u>saved</u> up besides.（彼の恩給はじゅうぶんであったし，その上貯金も少しあった）

(b)　There must be reparation <u>made</u> in such case.（そういう場合には補償がなされなければならない）

解説　(a) では，saved は money の修飾語とみられる。(b) では，made はいちおう reparation の修飾語とみられるが，しかし「そういう場合になされる補償がなければならない」ではおかしい。'There must be...' の be は存在を示しているというよりも，made との結合がより強く感じられる。それで結局，Reparation must be made in such case. という文と同じ意となる。しかし，後者の文では，reparation という初めて提起される主語が文頭に立つことになる。そういう唐突さを避けて，誘導副詞 there でもって導き出すほうが英語では自然である。つまり，there be は全く形式化して誘導の役だけをつとめることになる。なお，here be にもこれに似た用法がある。

::::::研究問題::::::

次の各文を，there, here を用いないで，「主語＋動詞」の構文に直せ。

1. There's everyone waiting in the hall. 2. As years went on, there came to be a lot of such tales sung by the bards. 3. There's something happened to him. We must get him out. [Hilton, *Lost Horizon*] 4. There's nobody will touch your money. [Stevenson, *New Arabian Nights*] 5. Here's a man come to see you about a dog. [Bennett, *The Old Wives' Tale*] 6. It is the belief of my heart that there was murder done. [Stevenson, *Dr. Jekyll & Mr. Hyde*] 7. It is very necessary that there should be some understanding arrived at between us. [Dickens, *Dombey & Son*] 8. There is this to be noted about it. 9. There'll be Tom an expense to me. [Eliot, *The Mill on the Floss*] 10. Come, there's half my plan done now! [Carroll, *Alice in Wonderland*]

【解答・考え方】 1. Everyone is waiting in the hall. 2. A lot of such tales came to be sung by the bards. 3. Something is happened to him.（happened は is と結合して現在完了） 4. Nobody will touch your money. 5. A man is come to see you about a dog.（come は is と結合して現在完了） 6. Murder was done. 7. Some understanding should be arrived at between us. 8. This is to be noted about it. 9. Tom will be an expense to me. 10. Half my plan is done now.

【文意】 1. みんなが広間で待っている。 2. 年月がたつにつれて，多くのそういう物語が吟唱詩人によって歌われるようになった。 3. 彼に何かあったのだ。彼を引き出さねばならない。

4. だれも君の金に手を触れる者はなかろう。　5. ここに，犬のことで面会したいという人が来ています。　6. 殺人が行われたのだというのが私の確信していることです。　7. われわれふたりが，なんらかの理解に到達することが全く必要なことです。　8. それについてはこのことに注意を払うべきです。　9. トムが私には物いりとなってきましょう。　10. そら，私の計画の半分ができ上がったぞ。

16. 動詞

16.1　動詞の変化形

動詞は動作や状態を述べる語である。動詞は文構成上最も重要な役割をするが，その際いろいろに自分の形を変える。そういう諸変化のうち，基本的な三つの変化形を三主形といって，原形・過去・過去分詞をさす。そしてこの三主形の変化を活用という。その活用が規則的である動詞を**規則動詞**といい，不規則的なものを**不規則動詞**という。

日常よく用いられる動詞の大部分は，不規則動詞である。これらは重要であるから，ぜひ暗記する必要がある。

規則動詞は原形に -ed をつけて過去・過去分詞を作る。

なお，原形に -ing をつけて，現在分詞と動名詞を作る。また，三人称単数現在の動詞には -s または -es をつける。

-ed，-ing，-(e)s をつけるとき，つづり字上多少注意すべきことがある。

:::::: 研 究 問 題 ::::::

(I)　次の規則動詞の変化の諸例を観察し，あとに示した項目によって，つづりの上の注意事項をまとめよ。

die（死ぬ）	died	died
arrive（着く）	arrived	arrived
cry（叫ぶ）	cried	cried

try（試みる）	tried	tried
play（遊ぶ）	played	played
fit（適合する）	fitted	fitted
stop（止める）	stopped	stopped
visit（訪問する）	visited	visited
prefer（好む）	preferred	preferred
transfer（移す）	transferred	transferred
offer（提供する）	offered	offered
travel（旅行する）	travel(l)ed	travel(l)ed

(a) eで終わる語

(b) yで終わる語

(c) 一つの子音字で終わり，その前が短母音であるとき

(d) rおよびlで終わる語

（Ⅱ） 次の -ing 形を観察して，原形から -ing 形を作る際のつづりの上の諸注意を，あとに示した項目によってまとめよ。

take（取る）—taking　like（好む）—liking　die（死ぬ）—dying　tie（結ぶ）—tying　sit（座る）—sitting　set（置く）—setting　occur（起きる）—occurring　offer（提供する）—offerring　travel（旅行する）—travel(l)ing

(a) eで終わる語

(b) ieで終わる語

(c) 一つの子音字で終わり，その前が短母音であるとき

(d) rおよびlで終わる語

（Ⅲ） 次の三人称単数現在の形を観察して，-s をつけるか -es をつけるかの区別法をあとに示した項目によってまとめてみよ。

miss（外れる）—misses　buzz（ぶんぶんいう）—buzzes　wish（望む）—wishes　catch（捕らえる）—catches　cry（叫ぶ）—cries　study（研究する）—studies　play（遊ぶ）—plays　employ（雇う）—employs　go（行く）—goes do（する）—does

(a) s, z, sh, ch に終わる語

(b) y に終わる語

(c) o に終わる語

【考え方】（Ⅰ）(a) e で終わる語は e を利用して d のみをつける。(b) y で終わる語は y を i に変えて -ed をつける。しかし，y の前に母音字があれば y はそのまま。(c) 一つの子音字で終わり，その前が短母音であるときは子音字を重ねる（注意：frolic—frolicked)。しかし，子音字の前の短母音に accent のないときは，ただ -ed のみをつける（例：visited)。(d) r に終わる語も r を重ねるのであるが，その前の母音に accent がなければ，ただ -ed のみをつける（例：offered)。l に終わる語も l を重ねるが，米国では重ねないこともある。

（Ⅱ）(a) e で終わる語は e を省いて -ing をつける。(b) ie で終わる語は y に変えて -ing をつける。(c) 一つの子音字で終わり，その前が短母音であるときは子音字を重ねる（注意：frolic—frolicking)。(d) r で終わる語は，その前の母音にアクセントのないときを除いて，r を重ねる。l で終わる語は l を重ねるが，米国では重ねないこともある。

（Ⅲ）(a) s, z, sh, ch に終わる語には -es をつける。(b) y に終わる語は，y を i に変えて -es をつける。ただし，y の前に母音があれば，そのままに -s をつける。(c) o に終わる語には -es をつける。

実力テスト 40

（Ⅰ） 次の各文の空所に lie, lay およびその変化形のうち最も適当な一語を選んで入れよ。［東京外語大］

1. I finished writing and (　　) my pen on the desk.　2.

I (　　　) in bed with a headache all day yesterday.　3. My hens have (　　　) ten or twelve eggs per week all this winter.　4. I feel like (　　　) on a sofa.　5. Hokkaido (　　　) to the north of Honshu.　6. I've often (　　　) on the grass on sunny days.

(II)　次の各文のあとに与えられた指定に従って (　　) 内に各一語を書き入れよ。[慶応大]

1. (　　　) on the table was the book that (　　　) there the previous evening; it had (　　　) there for some days. (lie の変化形)　2. John (　　　) his wife to the theater last night, and afterward (　　　) her to our house to supper. (take と bring の変化形)　3. (a) I had the picture (　　　) in the library.　(b) The murderer was (　　　) this morning. (hang の変化形)

【解答】 (I) 1. laid　2. lay　3. laid　4. lying　5. lies　6. lain　(II) 1. Lying; lay; lain　2. took; brought　3. (a) hung　(b) hanged

【文意】 (I) 1. 私は書き終えてペンを机の上に置いた。　2. 私は昨日は一日じゅう頭痛で床に寝ていた。　3. うちのめんどりはこの冬はずっと週に十個から十二個の卵を生んだ。　4. 私はソファーの上で横になりたい。　5. 北海道は本州の北にある。　6. 私は日の照る日にはしばしば芝生に寝転んだ。

(II) 1. テーブルの上には，その前の晩そこにあった本があった。その本は数日前からそこに置いてあった。　2. ジョンは昨夜妻を芝居へ連れていき，そのあとでわれわれのうちへ夕飯に連れて来た。　3. (a) 私はその絵を書斎にかけさせた。　(b) 殺人犯は今朝絞首刑になった。

16.2 動詞の自動・他動

目的語をとる動詞を**他動詞**といい，目的語をとらない動詞を**自動詞**という。

動詞が示す動作の性質を検討すると，動作が他の対象に及ぶものと，みずからの中に完結するものとがある。前者は他動的動作であって，eat, buy, read などはその例である。後者は自動的動作であって，swim, walk, live, stand などがその例である。

しかし，実際の用法からみると，本来他動的動作を示す動詞が目的語をとらないことがある。すなわち，自動詞的に用いられるのである。それは，その場合，動作そのものが表現の中心になって，目的語を考える必要のないときである（例：次の a, b）。また，こういう省略が一般化して，自動詞としての用法が確立しているものもある（例：c）。

(a)　We *eat* to live, but do not live to *eat*.（われわれは生きるために食べるので，食べるために生きるのでない）

(b)　The man was urging two tourists to *buy*.（その男はふたりの観光客に買うように勧めていた）

(c)　I have no time to *read*.（私には読書する時間がない）

一方，本来自動的動作を示す動詞が他動詞として用いられて，目的語を従えることもある。これは「…して…する（させる）」のように，手段・方法を示すとき（例：次の a, b），また (c) のように動詞と語源を同じくする名詞を目的語とするとき（これを**同族目的語**という），または使役的意味に用いるとき（例：d）である。

(a)　He *swam* the lake.（彼は湖を泳ぎ渡った）

(b)　I'll *walk* you home.（お宅まで歩いてお送りしましょう）

(c)　She *lived* a lonely life in the country.（彼女は田舎で寂しく暮らした）

(d)　They *stood* him against the wall.（彼らは壁をうしろに彼を立たせた）

::::::研究問題::::::

（Ⅰ）　次の下線の動詞が目的語を必要としない理由を述べよ。そのうち，目的語省略が確立しているものについては，その目的語を補ってみよ。

1. He likes to give.　2. I neither lend nor borrow.　3. Does she smoke?　4. Let us send for the doctor.　5. We had just time to change for dinner.　6. The hens are laying again.　7. "John, there's somebody." — "I know."

（Ⅱ）　次の下線部は本来は自動的動作を示す動詞であるが，目的語を従えている。上の説明によって，それがどういう場合であるかを述べよ。

1. She nodded her assent.　2. He dreamed a strange dream.　3. He ran his car into the garage.　4. He tried to walk off his headache.　5. He laughed a high, excited little laugh.

（Ⅲ）　次の下線の動詞は手段・方法と他動的動作とをあわせ示している。これを次の方式に従って意味的に分析せよ。

（例：He smiled his thanks.＝He expressed his thanks by smiling.／She faltered a reply.＝She gave a reply falteringly.）

1. He groped his way down the stairs.　2. He stared me

out of countenance. 3. He talked himself hoarse. 4. "It ought really to be seen from farther off," panted Mary.

【解答】 （Ⅰ） 1. give（things） 2. lend（money）; borrow（money） 3. smoke（tobacco） 4. send（someone） 5. change（our clothes） 6. laying（eggs） 7. know（この場合は「知っている」か「知っていないか」だけをはっきりさせればよいのであるから，目的語は必要でない）
（Ⅱ） 1. nodded（手段・方法を示す） 2. dreamed（同族目的語を従える） 3. ran（使役的意味で用いている） 4. walk（手段・方法を示す） 5. laughed（同族目的語を従える）
（Ⅲ） 1. groped his way（=made his way by groping） 2. stared me out of countenance（=put me out of countenance by staring） 3. talked himself hoarse（=made himself hoarse by talking） 4. panted Mary（=said Mary pantingly）
【文意】 （Ⅰ） 1. 彼は与えるのが好きだ。 2. 私は貸しも借りもしない。 3. 彼女は喫煙するか。 4. 医者を呼びましょう。 5. われわれは食事のために着替えをする時間がやっとであった。 6. めんどりはまた卵を生んでいる。 7. 「ジョンよ，だれかいますよ」「わかっています」
（Ⅱ） 1. 彼女はうなずいて賛同の意を示した。 2. 彼は変な夢を見た。 3. 彼は自動車を車庫に入れた。 4. 彼は散歩して頭痛を直そうとした。 5. 彼は高い興奮した小さな笑い声を発した。
（Ⅲ） 1. 彼は階段を手探りで降りた。 2. 彼はじろじろながめて私にきまり悪い思いをさせた。 3. 彼は話して声をからしてしまった。 4. 「それは本当に，もっと離れたところからでも見えるはずですよ」とメアリーはあえぎながら言った。

16.3　二重目的語

I gave him money. では him と money の二つの目的語がある。前のを**間接目的語**といい，あとのを**直接目的語**という。真の目的語は直接目的語のほうであって，間接目的語はいくぶん副詞的な性格をおびる。すなわち，その中には，前置詞 to か for が潜在しているからである。そして，上述の順序をくずすと，潜在している前置詞が現れる。

例 I gave money *to* him.（私は彼に金を与えた）／He will buy me a fountainpen.＝He will buy a fountainpen *for* me.（彼は私に万年筆を買ってくれるだろう）

もっとも，両目的語がともに人称代名詞であるときは，語順が逆になってもよい。

例 Her mother did not give *it her*. (to her としてもよい。「母親はそれを彼女に与えなかった」)

二重目的語をとる動詞は，「…に…を与える（してやる）」という意味になることが多い。その否定の「与えない」の意味の動詞であることもある。それでこういう動詞を時に，**授与動詞**と呼ぶことがある。しかし，二重目的語をとる動詞の全部が授与動詞というわけではない。

例 The teacher *asked* me a question.（＝asked a question of me「先生は私に質問をした」）／I can *forgive* him everything.（私は彼に全部をゆるしてやれる）／I *envy* you your magnificent house.（私は彼のすばらしい家がうらやましい）

::::::研 究 問 題::::::

次の各文中の二重目的語と，それを従える動詞を指摘せよ。

1. It was on his conscience that he had done her injustice. [James, *Daisy Miller*] 2. Is a daughter not to be allowed to spare her dying father anxiety and care? 3. I will read you a passage which particularly interests me. 4. No one paused to throw him a copper. 5. I can't go yet, even if you do get me an invitation. [Gaskell, *Cousin Phillis*] 6. She was sinking into a state which scarcely left her the command of her mind. 7. That you may see the difference of our Christian spirit, I pardon you your life before you ask it. [Lamb, *Tales from Shakespeare*] 8. This spares me the trouble of having to take a bath. 9. I denied him what he asked. 10. I am sure you will not refuse me my request.

【解答】 1. do (her ; injustice) 2. spare (her dying father ; anxiety and care) 3. read (you ; a passage) 4. throw (him ; a copper) 5. get (me ; an invitation) 6. leave (her ; the command of her mind) 7. pardon (you ; your life) 8. spare (me ; the trouble ...) 9. deny (him ; what he asked) 10. refuse (me ; my request)

【文意】 1. 彼は彼女を不当に扱ったことで気がとがめた。 2. 娘は臨終の父親に心配と気苦労をさせないようにしてやれないのですか。 3. 特に私の興味を引く章句を読んであげましょう。 4. 立ち止まって彼に銅貨を投げ与える者はだれもなかった。 5. 君が招待状を手に入れてくれても，私はまだ行けない。 6. 彼女はどうやら狂気に近い状態に陥りつつあった。 7. われわれキリスト教徒の精神の違いがわかるように，おまえが頼む前におまえの命をゆるしてやる。 8. これで入浴の面倒が省けるだろう。 9. 私は彼の頼みごとを断わった。 10. きっと君は私の頼みをきいてくれるだろう。

16.4　不完全自動詞

たとえば，He is diligent では，動詞 is は状態を述べるのであるが，それ自身はほとんど意味はなく，従う形容詞の助けを借りて叙述を全うする。be のような自動詞を不完全自動詞といい，その不完全さを補うために用いられる形容詞や名詞を**補語**という。そして，不完全自動詞に添う補語は，主語の状態を述べるので**主格補語**といわれる。

不完全自動詞は，be 以外にもあるが，それらはいずれも状態を述べるという点で be 動詞に似ている。be 以外の不完全自動詞を，だいたい次の四種に分類することができる。

(a)　**remain 型**　前から継続している状態を示す。

例　He remained faithful to the last.（彼は最後まで忠実であった）

(b)　**stand 型**　動作後そのまま継続する状態を示す。stand は「立つ」という意味のときは，動作を示して普通の自動詞である。「立っている」という意味のときは，一度立ち上がる動作をしたあと，そのままの状態でいるのであるから，be 動詞に似た意味である。また，比喩的な意味では，stand はほとんど be 動詞に等しい。

例　He stood erect for a time.（彼はしばらく直立していた）／He stands innocent of any wrong.（彼はなにも不当なことをしていない）

(c)　**become 型**　変化して到達する状態を示す。

例　The two became more intimate every day.（ふたりは日に日に親密になった）

(d)　**look 型**　感覚を通して認識される状態を示す。

例 She looked pretty.（彼女は美しく見えた）

上例で，she が「見る」という動作をしているのではない。「見る」人は話者であって，she は見られる立場にある。例文は，見られる彼女を主語として表現した叙述であって，そのときの彼女の状態を述べているのであるから，She was pretty. に近接した表現である。

⁝⁝⁝ 研究問題 ⁝⁝⁝

上述の分類法に従って，次の各文中の不完全自動詞を区分せよ。

1. She sat thoughtful for twenty minutes. 2. He seemed a very old man. 3. True worth often goes unrecognized. 4. He lay awake a long time before getting up. 5. Like all shy men he sometimes appeared arrogant. 6. The tree grew taller and taller. 7. I hope he will get better soon. 8. His voice sounded resentful. 9. This medicine tastes bitter. 10. They all kept attentive through the lecture. 11. His hair turned gray. 12. Maybe you won't stay rich all your life. [Webster, *Daddy-Long-Legs*] 13. These roses smell sweet. 14. The three men fell silent. 15. This paper feels rough. 16. She felt tired and sleepy. 17. The leaves hung lifeless. 18. His prediction has come true. 19. This new invention will prove useful to all humanity. 20. I feared that he had gone mad.

【解答】 (a) 継続状態 3. go 10. keep 12. stay
(b) 動作後の継続状態 1. sit 4. lie 17. hang
(c) 変化状態 6. grow 7. get 11. turn 14. fall

18. come　19. prove　20. go

(d) 感覚状態　2. seem　5. appear　8. sound　9. taste　13. smell　15. feel

(e) その他　16. feel

【文意】 1. 彼女は二十分間考えこんで座っていた。　2. 彼はとても老人に見えた。　3. 真の価値はしばしば認められないままでいる。　4. 彼は起き上がる前に長い間目をあけたままで横になっていた。　5. 内気な人の常として彼は時々尊大らしく見えた。　6. 木はだんだん大きくなった。　7. 彼はすぐ直るだろうと思います。　8. 彼の声は怒っているように聞えた。　9. この薬は苦い。　10. 彼らはみんな講演の終わるまでよく聞いていた。　11. 彼の頭髪は灰色になった。　12. おそらくあなたは一生涯金持ちでいらっしゃることはないでしょう。　13. これらのバラはよいにおいがする。　14. その三人の男は黙ってしまった。　15. この紙はざらざらする。16. 彼は疲れて眠くなった。　17. 葉は力なく垂れていた。18. 彼の予言は事実になった。　19. この新発明は全人類に役だつものとなるでしょう。　20. 私は彼は気が変になったのだと思った。

16.5　準主格補語

主格補語をとる自動詞は，それ自身では意味が不完全なのであって，補語の助けを借りて初めてその意味が落ち着くのである。この主格補語の用法が広げられて，完全自動詞の場合にも用いられることがある。たとえば，He will come home rich from America.（彼は金持ちになってアメリカから帰ってくるだろう）で，He will come home from America. はそれだけで完結した叙述であるが，上の例文ではこれに追加的に，帰ってくるときの彼の状態が rich であると述べている。本来ならば，He will come home from America. と He will be rich. の二文になるべきところを，一方を圧縮して補語の形にして，一文にまとめたものである。この補語は本格的な主格補語とは区別されねばならない。ここでは便宜的に**準主格補語**と呼ぶが，専門的には叙述同格語と呼ばれる。

準主格補語を従える自動詞は，come，go など出発到着を意味するもの，および lie など状態を述べるものが多い。

なお，準主格補語はもともと独立した叙述であるべきものであるから，時々 comma で引き離されることがある。さらには，それを文頭に移すことさえある。こんなふうに分離されると，半ば独立性を取り戻したことになって，主文に対して理由や譲歩を示す副詞節に相当する働きをするに至る。

例 She retreated from the window, fearful of being seen. [Austen, *Pride & Prejudice*]（彼女は見られることを恐れて窓から引き下がった）／He, wounded, sank to the ground.（彼は負傷してくずれるように倒れた）／Silent and reserved, he seldom spoke in the office.（無口で内気だったので，彼は事務所ではめったに口をきかなかった）／Always sensitive, he was especially so at this moment. [Gissing, *A Life's Morning*]（彼はいつでも神経過敏なのであるが，このときには特にそうであった）／A careful host, he went into the dining-room to see that the table was properly laid. [Maugham, *The Casuarina Tree*]（注意深く主人役を勤めるたちだったので，彼は正餐の用意がきちんと整っているか確かめ

るために食堂に入っていった）／A sensitive man himself, he was strangely insensitive to the feelings of others. [*Ibid.*]（みずからは敏感な人であったが，他人の感情には妙に鈍感であった）

また，準主格補語は，本来は完結した文に追加的に添えられたものであるから，主文の動詞は他動詞であって目的語もあることがある。そういう場合でも，追加叙述は主語についてなされるのであって，目的語には関係はない。

例 A big wave rolled over them, and they were all swallowed up in a moment, and nobody reached land *alive* but Robinson Crusoe.（大きな波が彼らの上を通り過ぎて，彼らは一瞬のうちにみんな飲みこまれた。そして生きて上陸した者はロビンソン・クルーソー以外にだれもなかった）／Martin regarded the young man, *unmoved*.（マーチンは平然としてその青年をながめた）

∷∷∷ 研 究 問 題 ∷∷∷

（I） 次の各文中の準主格補語を指摘し，その意味が「状態」以外のものが加わっているときは特記せよ。

1. The river then was very shallow and ran clear and bright over a shingly bottom. [Maugham, *The Casuarina Tree*] 2. The next morning I got up sore and stiff. [Macdonald, *The Egg and I*] 3. From the seaside, we returned to town brown and healthy. [*Ibid.*] 4. She had come to us a child, and now she was a tall, strong young girl. [Cather, *My Ántonia*] 5. Thus she died a victim of the radioactive bodies which she and her husband discovered. 6. He came back a changed

man altogether. 7. A true-born child of town, he would have found the real country quite unendurable. [Gissing, *The Town Traveller*] 8. He was very chatty with the man, and they parted excellent friends. [Dickens, *Dombey & Son*] 9. Unable to prove his innocence, Silas was forced to leave his native town. 10. Sensible that any show of anger was useless here, her mother restrained herself. [Dickens, *Dombey & Son*]

（Ⅱ） 各下線語の用法を比較せよ。

(a) He looked <u>surprised</u>.

(b) He looked up <u>surprised</u>.

【解答】 （Ⅰ） 1. clear and bright 2. sore and stiff 3. brown and healthy 4. a child 5. a victim（of...） 6. a changed man 7. A true-born child of town（理由） 8. excellent friends 9. Unable（to...）（理由） 10. Sensible（that...）（理由）

（Ⅱ） (a) 主格補語（彼はびっくりしたようであった） (b) 準主格補語（彼はびっくりして見上げた）

【文意】 （Ⅰ） 1. 川は当時はとても浅くて，砂利の川底の上をきれいに澄んで流れていた。 2. 翌朝私が起きたときは，からだが痛んでこわばっていました。 3. われわれは黒く焼けて健康になって海岸から戻ってきた。 4. 彼女が私どものところへ来たときには子供であったが，今では大きな頑丈な若い娘になっていた。 5. かようにして彼女は，彼女と夫とで共同発見した放射性物体の犠牲となって死んだ。 6. 彼はすっかり人が変わって戻ってきた。 7. 彼は生粋の都会っ子であったから，本当の田舎をたえがたいと思ったことだろう。 8. 彼はその男を相手にひどくおしゃべりをして，ふたりは仲よく別れた。　9. 自分の無実を証明することができなくて，サイラスは故郷の町を立ち去らねばならなかった。　10. ここでは怒りを見せてもだめだということがわかっていたので，彼女の母は我慢した。

16.6　目的補語

他動詞の中には，目的語をとっただけではその意味を完結させることのできないものがある。これを**不完全他動詞**という。その意味を完全にするために補う語を**目的補語**という。目的補語には主として形容詞（分詞を含む）や名詞が用いられ，目的語の状態を述べる。ゆえに目的語と目的補語との間は常にbe動詞でつなぐことができる。

例 I think <u>him a trustworthy lad</u>.（＝I think that *he is a trustworthy lad*.「私は彼が信頼できる青年だと思う」）

目的補語をとる不完全他動詞はだいたい次の五種に分類できる。

(a)　**継続の他動詞**

She *keeps* the rugs clean.（彼女はじゅうたんをきれいにしておく）

(b)　**思考伝達の動詞**

We *imagined* him weak in character.（われわれは彼は性格が弱いのだと考えた）／They *called* their son Tom.（彼らは息子をトムと呼んだ）

この種の動詞の多くは目的補語の前にto beをとることがある。それは，目的語と目的補語との間に潜在する関係をはっきりさせるためである。

例 I *judged* him *to be* about sixty years of age.（彼は約六十歳だと私は判断した）

また，この種の動詞の中には，目的補語の前に as を必要とするものがある。この as は，「…と」というふうに次の語を取り上げる働きをする。この as はだいたい前置詞と考えてよいが，次に形容詞を従えることもあるのだから，特別の前置詞と考えねばならない。

例 We *regarded* the offer *as* absurd.（われわれはその提議はおかしいと考えた）

（c） **感覚動詞**

I am glad to *see* you well.（あなたが達者であるのを見て私はうれしい）

（d） **要求の動詞**

They all *wanted* me dead.（彼らは皆私が死ぬことを要求していた）

（e） **使役動詞**

She will *make* you happy.（彼女は君を幸福にしてくれるだろう）

この種の動詞は目的補語をすぐ次に従えることがある。これは「動詞＋目的補語」で一つの他動詞的意味を作り上げるときに見られる。

例 You must *make fast* the doors before you go to bed.（寝る前に戸締まりをしなければならない）

なお，不完全他動詞ではなく普通の動作を示す他動詞が目的補語を従えることがある。こういう場合は，目的語に動作が加えられてその結果生じる状態を示すのである。この場合も目的補語が目的語の前に位置することがある。

例 She always sweeps the floor *clean.*（彼女はいつも床をきれいに掃く）／He painted the door *green.*（彼はドアを緑色に塗った）／They broke the locks *open.*（彼らは錠をこじあけた）／He went to the window and threw it *open.*（彼は窓ぎわへ行って，それをさっとあけた）／She tore *open* the envelope with trembling fingers.（彼女は震える指で封筒をひき破った）

また，普通の他動詞が目的語をとって，いちおう叙述は完結しているのに，さらに目的語の同時的状態を述べるために補語を添えることがある。すなわち，**準目的補語**（⇒16.5 準主格補語）と呼んでよい場合である。

例 They brought him to England quite *young.*（彼らは彼がまだ幼いころ英国へつれて来た）／Let us send her away *happy.*（彼女に楽しい心持ちで行かせましょう）／I left you quite *a child.*（私は君がほんの子供のときに別れた）／I had no money *left.*（私は全然金を残していなかった）

上述の全部の場合に言えることであるが，他動詞が受動態になれば，目的補語はもちろん主格補語に変わる。

I was thought very handsome.（私はとてもハンサムだと思われていた）／The grass was nibbled *short and even.*（草はかじられて短く平らになっていた）

⁝⁝⁝ 研究問題 ⁝⁝⁝

次の各文中の目的補語を指摘し，目的補語をとる不完全他動詞を五種に分類せよ。完全他動詞であって目的補語をとるものについては，結果の目的補語と同時的目的補語とに分けよ。

1. People called him a genius, but Edison did not like to be so called. 2. I beg your pardon. I don't want to leave you angry. [Galsworthy, *The White Monkey*] 3. They found the boy in the morning, pale and faint. 4. Some persons understood this as most typical of the Victorian Age. 5. The troops found it impossible to march in the heat. 6. Young people may consider rule absurd and authority ridiculous. 7. I worried myself sick. [Maugham, *The Narrow Corner*] 8. Your gratitude should have rendered you incapable of such conduct. 9. I should like my tea sweet. 10. You had better have all the windows open. 11. They declared him an enemy to mankind. 12. Mother heard him lamenting, and came in. 13. I made loose some of the strings that fastened my hair. 14. I'm glad to see you back safe and sound. 15. He has painted his barn a bright pumpkin yellow. [Webster, *Daddy-Long-Legs*]

【解答】 (a) 継続の動詞 10. have (open)

(b) 思考伝達動詞 1. call (a genius) 4. understand (typical) 5. find (impossible) 6. consider (absurd; ridiculous) 11. declare (an enemy)

(c) 感覚動詞 12. hear (lamenting)

(d) 要求の動詞 9. like (sweet)

(e) 使役動詞 8. render (incapable) 13. make (loose)

同時的状態 2. leave (angry) 3. find (pale and faint) 14. see (safe and sound) 結果の状態 7. worry (sick) 15. paint (a bright pumpkin yellow)

【文意】 1. 世人はエジソンを天才と呼んだが，彼はそう呼ばれるのを好まなかった。 2. ごめんなさい。私は怒ったままにしてあなたのところから去りたくない。 3. 彼らは朝になってその少年を発見したが，彼は顔は青ざめ，気が遠くなっていた。 4. これはビクトリア時代の最も典型的なものと解した人もあった。 5. 軍隊はこの暑熱の中を行軍するのは不可能であることがわかった。 6. 若い人は規則は道理に合わないし，権威はばかげたものであると考えるかもしれない。 7. 私は気をもんでとうとう病気になった。 8. 感謝の念からして君は恩人に対してそんな行為はできないはずであったのに。 9. 私の茶は甘くしてほしい。 10. 君は窓を全部あけておいたほうがよい。 11. 彼は人類の敵であると彼らは宣言した。 12. 彼が嘆いているのを聞いて，母が入ってきた。 13. 私は頭髪をゆわえている糸の何本かをゆるめた。 14. 私は君が無事息災で帰って来たのを見てうれしい。 15. 彼は納屋を明るいかぼちゃのような黄色に塗った。

実力テスト 41

次の下線部分を clause に書き改めよ。

1. I suppose it to be John. ［小樽商大］
2. He thought of all authors as struggling with poverty.

【解答】 1. ...that it is John. 2. ...that all authors were struggling with poverty.

【文意】 1. 私は，それはジョンであると思った。 2. 彼は，すべての作家は貧乏と戦っているものと考えた。

17. 時制

動詞の時間的関係を示す形を**時制**という。英語では時制が形態で示されるのは現在と過去の二種だけで，未来はshall，willの助動詞を用いる。別に動作の完了を示す完了形と，動作・状態の進行中であることを示す進行形とがある。

17.1　現在時制

現在時制は現在の動作や状態を述べるのであるが，そういう本来の役目以外に次のような用法もある。

(a)　**習慣的動作状態と不変の真理**

これらは，現在・過去・未来に通じて行われることであるが，便宜上現在時制で表される。

(b)　**未来の動作・状態**

この場合は，未来を示す副詞や副詞句を伴うのが常である。これがないと現在との区別ができないわけである。また，when，if，beforeなど，時や条件を示す接続詞に導かれる節の中でも現在時制が未来を示す。

(c)　**過去の動作**

過去の出来事を物語るとき，それをいかにも目の前に見るように感じさせるために現在時制を用いることがある。これを**歴史的現在**（Historical Present）という。

::::::研究問題::::::

次の例文中の現在時制は何を示しているか。

1. He writes to his mother once a month. 2. The earth goes round the sun. 3. Tomorrow morning, at an early hour, Prince Florizel of Bohemia returns to London. [Stevenson, *New Arabian Nights*] 4. I will pay it when I am a man. 5. When I see him tomorrow, I will tell him of it. 6. I am here all day next Sunday. 7. I'll go if it is fine tomorrow. 8. Two and two make four. 9. The kid was crazy about cars. Jimmy comes in one day with his motorbike and sidecar and asks for some petrol. He comes up and looks at it in the way he had. [Waugh, *Decline & Fall*]

【解答】 1. writes（習慣的動作） 2. goes（不変の真理） 3. returns（未来の動作） 4. am（未来の状態） 5. see（未来の動作） 6. am（未来の状態） 7. is（未来の状態） 8. make（不変の真理） 9. comes ; asks ; comes ; looks（全部，過去の動作――歴史的現在）

【文意】 1. 彼は母親に月一度手紙を出す。 2. 地球は太陽の回りを運行する。 3. 明朝早くボヘミアのフロリゼル皇子がロンドンに帰られる。 4. 私はおとなになったらそれを返します。 5. あす彼に会ったら，私はそのことを彼に話します。 6. 彼は次の日曜日には一日じゅうここにいます。 7. あす晴天なら私はまいります。 8. 二と二で四になる。 9. その子供は自動車に夢中だった。ジミーはある日サイドカー付きのモーターバイクでやって来て，ガソリンを求める。その子供は近寄ってきて，彼の持ち前のしかたでバイクを眺める。

17.2　時制の一致

設　問　次に示す両話法の時制を比較してみよ。

(a)　He said to me, "I am too ill to go to school." (**直接話法**――「私は病気がひどくて学校へ行けない」と彼が私に言った)

(b)　He told me that he was too ill to go to school. (**間接話法**――彼は病気がひどくて学校へ行けないと私に言った)

解　説　間接話法の文を見ればわかるように，英語では主文の動詞が過去時制であれば，それに続く従節の中の動詞は同じく過去時制になるのが原則である。これを**時制の一致**という。上例 (b) について言うなら，彼が語ったときに病気であったのだから，he was ill と言うのは理に合っている。日本語では直接話法的な表現をするのであるから，「病気であると言った」となる。

主文の動詞が形式的に過去時制になっているとき，すなわち，過去形ではあるが実際は現在のことを言っているようなときでも，この時制の一致の規則は行われるのが建て前である。

::::::研究問題::::::

(I)　下線の過去時制は真に過去の動作・状態を示しているかどうか検討せよ。

1. "Do you think she likes you?" — "Well, no, I shouldn't think she did." [Lawrence, *Women in Love*]　　2. I shouldn't

like to be in a world of people who acted individually and spontaneously. [*Ibid.*] 3. I thought that he was in an unknown part of the islands near India. 4. "Will it annoy you if she is left behind?" — "I would far rather she went." [C. Brontë, *Jane Eyre*]

(Ⅱ) 次の各文で時制の一致が行われていない理由を考えよ。

1. He knew that in moments of emotion people are inclined to be melodramatic and stilted. [Maugham, *Ashenden*] 2. I told you I am independent, sir, as well as rich: I am my own mistress. [C. Brontë, *Jane Eyre*] 3. Since she discovered that I know him, I have risen very much in her opinion. [Webster, *Daddy-Long-Legs*]

【考え方】 (Ⅰ) 1. she did は実際は she does 2. acted は実際は act 3. was は実際の過去 4. went は実際は goes
(Ⅱ) 1. 常習的動作を示すから。 2. 3. 話した当時においても真である事実を示すから。

【文意】 (Ⅰ) 1. 「君は彼女が君を好いていると思うか」——「そうだね，まあ彼女は好いていないと思うね」 2. 私は，各自が自然発露的に行動する人々から成るような世界にいたくない。 3. 彼はインドの近くの島の未知の部分にいるのだと私は思った。 4. 「彼女があとに残されると君は迷惑するでしょうか」——「私は彼女が行ったほうがずっと望ましい」
(Ⅱ) 1. 感動したときは人はメロドラマ的に，また誇張的になりがちであるということを彼は知っていた。 2. 私は裕福であって，経済的に独立していると申し上げました。私は自由に行動できるのです。 3. 私が彼を知っていることが彼女にわかってからは，彼女は私を重んじるようになった。

17.3 現在完了

過去時制は過去の動作や状態を述べるのであって，現在とはいちおう無関係である。しかし，われわれの経験界では，過去と現在とはきっぱり分離してはいない。動作が過去において行われたものでも，その結果が現在に及んでいることもあり，また過去に始まった状態が現在まで継続していることもある。こういうように現在に関係のある過去の動作や状態は現在完了時制で表される。

現在完了時制は have（has）に過去分詞を添えたものであるが，出発・到着の意の動詞は be に過去分詞を添えた形もあわせ用いられる。

例 He *has gone* to school.（彼は学校へ行った——今は家にいない）／My money *is gone*!（金がなくなっている）

現在完了は現在に観点をおいているのであるから，過去を明示する副詞（句・節）を添えたり，when で尋ねたりすることは矛盾である。

He has gone up to Tokyo yesterday.（誤）

When has he come here?（誤）

::::::研究問題::::::

現在完了の用法を次の六種に分けられるが，これに基づいて以下の各文中の現在完了の用法を分類せよ。

(a) つい最近完了した動作・状態

(b) 過去の動作の結果としての現在における状態

(c) 現在までの経験

(d) 現在まで継続している動作・状態

(e) 一般的な完了動作

(f) 未来完了時制の代用（when, if などに導かれる節の中で）

1. I am a son of poor parents, but I have lost my parents. 2. I have just written my answer. 3. Have any of you ever heard of the gyroscope? 4. It is hard to break a habit to which one has grown accustomed. [Maugham, *Creatures of Circumstance*] 5. I shall return as soon as I have arranged the preliminaries of your introduction. [Stevenson, *New Arabian Nights*] 6. I feel that the time is arrived when he should exert himself. [Dickens, *David Copperfield*] 7. "Your sister-in-law has just been to see me, Mr. Dallison." [Galsworthy, *Fraternity*] 8. I used to think that one day I should write a really great novel, but I've long ceased even to hope for that. [Maugham, *Cakes & Ale*] 9. It is the most beautiful thing I have ever seen in my life. [Lawrence, *Women in Love*] 10. As a boy I liked reading, and I've always had a book at hand for my leisure time. [Gissing, *The House of Cobwebs*]

【解答】 (a) 最近完了 2, 7 (b) 結果 1, 6 (c) 経験 3, 9 (d) 継続 8, 10 (e) 一般的完了 4 (f) 未来完了の代用 5

【文意】 1. 私は貧乏な両親の息子ですが，その両親をなくしました。 2. 私はつい今返事を書いたところです。 3. 君は回転儀というものについて聞いたことがあるか。 4. 慣れてしまった癖を破るのは困難である。 5. 君を紹介する下準備をしてしまえばすぐ帰ります。 6. 彼が努力しなければならない時が到来したように思う。 7.「ダリソンさん，あなたの義理のねえさんがつい先に見えていました」 8. 私は以前，いつかは本当にりっぱな小説を書くだろうと思っていたのだが，もうずいぶん前からそんなことを望まなくなっている。 9. それは私が今までに見たいちばん美しい物です。 10. 子供のころは私は読書が好きでした。そして今日までずっといつも暇な時の用意に一冊の本を近くにおいています。

実力テスト42

（I） 次の日本文の英訳には，それぞれ一つの誤りがある。それを訂正せよ。

1. この十年間彼から何も便りがない。

Nothing was heard from him for the last ten years. ［明治大］

2. うちからは今までにたくさんの将軍を出した。

We had many generals in our family.

3. 私は彼が赤ん坊のときから知っている。

I know him since he was a baby.

（II） 次の各文を意味を変えないで，（　　）内の文を完結することによって書き換えよ。

1. I myself have only known it a few hours. (It is......since ......)

2. They are now not quite six weeks married. (It is hardly six weeks since......)

3. It has been nearly two months since I wrote to you. (I...... to you nearly two months)

【解答】 （I） 1. was heard は has been heard に。 2. had は have had に。 3. know は have known に。

（II） 1. It is only a few hours since I myself knew it. 2. It is hardly six weeks since they were married. 3. I have not written to you nearly two months.

【文意】（Ⅱ） 1. 私自身それを知ったのがほんの二三時間前です。 2. 彼らが結婚してまだ六週間とはならない。 3. あなたにお手紙を差し上げてからかれこれ二か月になりました。

17.4 過去完了

二個の過去の動作を述べるに当たって，動作の行われた順序で述べていけば両方とも普通の過去時制で表せばよい。しかし，時には順序を逆にすることがある。そういうときには先の動作であることを明示するために過去完了時制を用いる。また，二個の動作のどちらが先かが問題になるような場合も，先の動作は過去完了時制で表す。

例 I lost the watch which my father *had bought* for me.（父が買ってくれた時計を私はなくした）／I found the boys *had grown* taller and stouter.（私は，少年たちは背が高くなり，頑丈になっていることがわかった）／He said that he *had finished* his home task.（彼は宿題をしてしまったと言った）／No sooner *had* he *uttered* the words than he regretted them.（彼はその言葉を発するか発しないかに言わねばよかったと思った）／He hastened to the door, and disappeared as rapidly as he *had come*. [Dickens, *The Old Curiosity Shop*]（彼は急いで戸口へ進み，来たときと同じくそそくさと姿を消した）

以上のように，過去完了は時間的な差異を明らかにするために用いられるが，そのほかに，現在完了の完了・結果・経験・継続の四用法の現在時点を繰り上げて過去の一時点に基点を求めた用法がある。

::::::研 究 問 題::::::

（Ｉ） 次の各文中の過去完了の意味・用法と，基点となっている時点を明らかにせよ。

1. He seemed to us an experienced and worldly man who had been almost everywhere. [Cather, *My Ántonia*] 2. His teeth were so sound that he had never been to a dentist in his life. [*Ibid.*] 3. He rent out another page, offered it to Rose with the pencil, and in a moment had secured the precious scrap of paper in his pocket. [Gissing, *The House of Cobwebs*] 4. She was then fifteen—her mother had been dead twelve years. 5. I hurried to his home, but he had already left for his office. 6. She came to my crib last night when you were gone down to supper. [C. Brontë, *Jane Eyre*]

（Ⅱ） 各文の下線部 (a) と (b)，または (c) の起こった順序はどうか。

1. I had already sealed this up(a) when a fresh terror struck upon my soul.(b) [Stevenson, *Dr. Jekyll & Mr. Hyde*] 2. Soon afterwards the guests departed,(a) but not until they had given the child some money.(b) 3. I went to bed(a) after I had told my parents(b) what I had seen.(c)

【解答】 （Ｉ） 1. 経験（He seemed... で示される過去の時点） 2. 経験（His teeth were... で示される過去の時点） 3. 完了（He rent..., offered... のすぐあと） 4. 継続（彼女が十五歳のとき） 5. 結果（彼の家に着いたとき） 6. 結果（were gone down）（彼女が私の部屋に来たとき）

（Ⅱ） 1. (a)→(b) 2. (b)→(a) 3. (c)→(b)→(a)

【文意】 （Ｉ） 1. 彼は，ほとんどあらゆるところへ行ったことのある，経験の豊富な世事に通じた人であるようにわれわれには見えた。　2. 彼の歯はとても丈夫で，一生涯歯医者へ行ったことはなかった。　3. 彼はもう一枚ちぎり取って，それを鉛筆といっしょにローズに渡し，次の瞬間にはその貴重な紙切れを自分のポケットにしまいこんだ。　4. 彼女は当時十五歳であった，つまり彼女の母が死んで十二年たっていた。　5. 私は彼の家へ急いだが，彼はもう事務所へ出たあとだった。　6. 昨夜あなたが夕食に降りて行かれて留守の時に，あの方が私の部屋にやって来ました。

（Ⅱ） 1. 私がこれを封じてしまうと，新たな恐怖が私の心を襲った。　2. すぐあとでお客たちは帰って行った。しかしその前にその子になにがしの金を与えたのであった。　3. 両親に見たことを話したあとで私は寝についた。

実力テスト 43

次の文の話法を転換せよ。

1. She said, "I have been ill for a week."　2. He said, "I did my home task yesterday."　3. His mother said to him that a package had come to him by mail that morning.　4. He said that he had returned from his journey the day before.

【解答】 1. She said that she had been ill for a week.　2. He said that he had done his home task the day before.　3. His mother said to him, "A package came to him by mail this morning."　4. He said, "I returned from my journey yesterday."

【文意】 1. 「私は一週間病気をしていました」と彼女は言った。2. 「私は昨日宿題をした」と彼は言った。　3. 彼の母は彼にその日の朝小包が郵便で彼のところに来ていると言った。 4. 彼は旅行からその前日戻ったと言った。

17.5 進行形

進行形は「be＋現在分詞」の形をとり，動作・状態の継続進行を示す。

例 The baby *is* again *crying.*（現在進行中の動作「赤ん坊はまた泣いている」）／You *are being* very funny, no doubt.（現在進行中の状態「あなたはどうも変ですね」）／He *was writing* a letter when I entered his room.（過去の一時点で進行中の動作「私が彼の部屋に入ったときは彼は手紙を書いていた」）／I *shall be giving* a lesson then.（未来の一時点で進行中の動作「私はその時は授業をしているでしょう」）／How long *has* this *been going* on?（現在完了進行形――現在まで継続している動作「これはいつごろから続いているのか」）／I *had been reading* the novel till I went out.（過去完了進行形――過去の一時点まで継続していた動作「私は外出するまでこの小説を読んでいた」）

:::::: 研究問題 ::::::

次の進行形の用法を検討し，上に述べた普通の用法と異なっている点を明らかにせよ。

1. I am leaving London for good. [Gissing, *The House of Cobwebs*] 2. "How long are you staying?" — "A day or two. But there is no particular hurry." [Lawrence, *Women in Love*] 3. I knew neither the girl nor the man she was marrying." [Hemingway, *The Sun Also Rises*] 4. He's

coming to lunch tomorrow week. [Galsworthy, *The White Monkey*]　5. He went to shave and change his shirt while the turkey was roasting. [Cather, *Neighbor Rosicky*]　6. You shouldn't go about without an overcoat; you'll be getting sciatica or something. [Galsworthy, *The Man of Property*]　7. I am afraid I must be going.　8. It looks like a storm, and you'd better be getting home before it comes. [Cather, *Neighbor Rosicky*]

【解答・考え方】 (a) 予定や未来の動作を示す：1, 2, 4；(過去からみた未来) 3.

(b) 受動進行形の代わり：5 (was being roasted とあるところである。The house is building なども同じ例である。この種の -ing 形は，もとは a-building であった。この a- は前置詞である。そして a は古い on のつづまった形。on は今日の in に相当する。したがって，a の次の building は動名詞である。ゆえに a-building は「建築中で」の意。この a- が不定冠詞とまちがわれる恐れもあってだんだん脱落していった。a が脱落したあとでは building は動名詞とは言えないので，現在分詞として扱われる。しかし，意味の上からは，普通の現在分詞ではなく，受身的意味を含むことになる)

(c) 助動詞の次で，近接未来を示す：6, 7, 8 (had better は助動詞扱い)

【文意】 1. 私は永久にロンドンを去ります。　2.「どれくらいご滞在の予定ですか」――「一両日。しかし別に急ぐこともないのです」　3. 私はその娘も，また彼女が結婚しようとしている男も知らなかった。　4. 来週の明日彼は昼食に来ます。5. 七面鳥が料理されている間に，彼はひげをそりシャツを着替えに行った。　6. あなたはオーバーを着ないで歩き回ってはなりません。座骨神経痛かなんかにかかりますよ。　7. 残念ながらおいとましなければなりません。　8. どうも嵐になりそうです。君は嵐がやってこないうちに帰ったほうがよい。

18. 受動態

主語が動作を受ける立場にあることを示す動詞の形である。「be＋過去分詞」で表される。

18. 1　受動態の形態と意味

設　問　次の二文の下線部の意味を比較してみよ。

(a)　He was buried yesterday.（彼は昨日葬られた）

(b)　He *is buried* at Westminster.（彼はウェストミンスターに葬られている）

解　説　(b) は受動的動作が行われた結果，到達した状態を述べているもので，**状態受動**と呼ばれる。(a) は受動的動作そのものを表す。「be＋過去分詞」の形で，受動的な動作も状態も表現できるのであるが，これは便利なようで，また一面紛らわしいこともある。それで受動的動作のほうは，be の代わりに get や become を用いる傾向にある。

例　They *got married* and lived happily for a long time.（彼らは結婚して，長い間幸福に暮らした）／It gradually *became rumoured* in the village.（それはだんだんと村でうわさされるようになった）

次に「私は万年筆を盗まれた」というのを英語に直すに当たって，よく I was stolen my fountainpen. とすることがあるが，これは誤りである。第一，盗まれたのは万年筆であるから，I was stolen はおかしい。第二に，受動態に目的語があるのがおかしい。SVO（主語＋動詞＋目的語）という型の文のOがSの位置につくことによって受動態ができるのであるから，受動態の文ではもう目的語がないはずである。それで，上の日本文はI had (got) my fountainpen stolen. と訳すのが正しい。「万年筆が盗まれた（My fountainpen was stolen)」ということを自分が体験したのであるから，こういうのは**経験受動**と呼ばれる。

類例 I got my hair cut.（私は頭髪を刈ってもらった）

なお，受動態の文では目的語がないのが原則であるが，時に目的語があることがある。それは，SVOO の文型，すなわち二重目的語のある場合で，そのうちの一個が主語になっても，他の一個は残るはずである。

例 He was given *the watch.*（彼はその時計が与えられた）／The watch was given (to) *him.*（その時計は彼に与えられた——to の有無はどちらでもよい）

::::::研 究 問 題::::::

（Ｉ） 次の下線部を日本語に訳せ。

1. The walls were made of gold and silver, and were hung with diamonds. 2. He told me the dream of his life was to get appointed to a diplomatic post at Washington. [James, *An International Episode*] 3. They made him a carpenter, but during his first week he had his right hand cut off by a circular saw. [Maugham, *A Writer's Notebook*] 4. He did not know he was being observed, and he only behaved himself in

his ordinary manner.　5. At last the truth became known to everybody.

（Ⅱ） 次の文中の受動態動詞に添えられた目的語を主語として別の受動態の文を作れ。

1. Peace was still denied him. [Maugham, *The Summing Up*]
2. The story was told me by a professor of French literature at an English university. [Id., *Creatures of Circumstance*]　3. All these things were forgiven him because he was a real gentleman. [Gissing, *The House of Cobwebs*]

【解答】 （Ⅰ） 1. 金銀で造られていた；ダイヤモンドがつるされてあった　2. 任命される　3. 右手を切りとられた　4. 観察されていた　5. 知られた（わかった）

（Ⅱ） 1. He was still denied peace.　2. I was told the story by...　3. He was forgiven all these things.

【文意】 （Ⅰ） 1. 壁は金銀で造られていて，ダイヤがぶら下げてあった。　2. 彼の一生の夢はワシントン駐在の外交官に任命されることであると私に話した。　3. 彼らは彼を大工にしたが，最初の週のうちに彼は丸のこで右手を切り取られてしまった。　4. 彼は観察されていることを知らなかった。そして，ただいつもと同じようにふるまっていた。　5. ついに真実がだれにもわかってきた。

（Ⅱ） 1. 平和はやはり彼に与えられなかった。　2. その話は，ある英国の大学のフランス文学の教授が私に話したのです。　3. 彼は真の紳士であったので，これらのことはすべて彼は許された。

実力テスト 44

（Ⅰ） 次の文を受動態になおせ。

1. Injustice always breeds fear.［中央大］　2. I will see to the matter.　3. We must not lose sight of such important points.　4. They heard him call out for help.　5. They say there will be another war.　6. The twenty-one words helped him become the most famous physician of his generation.［広島大］

（Ⅱ）次の各文を能動態になおせ。

1. A man is known by the company he keeps.［関西学院大］　2. I was trodden upon and fallen over.　3. Then footsteps were heard approaching from the garden.　4. She was seen to run up the stairs with tears on her eyelashes.　5. These rats must be got rid of by all means.

【解答】（Ⅰ）1. Fear is always bred by injustice.　2. The matter shall be seen to.　3. Such important points must not be lost sight of.　4. He was heard to call out for help.　5. It is said that there will be another war.　6. He was helped to become the most famous physician of his generation by the twenty-one words.

（Ⅱ）1. We (*or* You) know a man by the company he keeps.　2. They trod on me and fell over me.　3. Then we heard footsteps approaching from the garden.　4. We saw her run up the stairs with tears on her eyelashes.　5. We must get rid of these rats by all means.

【文意】（Ⅰ）1. 不正は常に恐怖を生む。　2. 私がその件を取り計らいましょう。　3. われわれはそういう重要な点を見失ってはならない。　4. 彼らは彼が救いを求めるのを聞いた。　5. また戦争が起こるといううわさです。　6. その二十一の言葉は，彼を当時の最も有名な医者にならせた。
（II） 1. 交際相手を見れば，その人の人柄がわかる。 2. 私は踏みつけられたり，つまずかれたりした。 3. その時，足音が庭先から近づいてくるのが聞えた。 4. 彼女はまつげに涙をためて階段をかけのぼるのが見られた。 5. われわれはどうしてもこのねずみを退治せねばならない。

18.2 受動的意味の自動詞

設問 次の下線部の動詞の意味を考察せよ。

The book sells well.（その本はよく売れる）

解説 sell は元来は「売る」という意の他動詞であるが，その場合は主語は「人」である。上例では主語が「本」であるので，「売れる」という受動的意味を持つとされている。しかし，本当の受動態なら，「売る人」が考えられるわけであるが，上例の場合にはそれが裏面に隠れて，むしろ「本」の自主的動作のように考えられている。

このような用法の自動詞は常に「物」が主語になるときである。そして，その動作の行われるときの「物」の状態を述べるために，補語をとることがある。自動詞は意味上 be に近づくからである。このことは，感覚を示す動詞が「物」（「人」なら，動作を受ける立場に立つもの）を主語としたときにとる意味と似ている（⇒ 16.4 (d)）。

⁝⁝⁝ 研 究 問 題 ⁝⁝⁝

次の文の中で，受動的意味を持つ自動詞を指摘し，その訳語を示せ。

1. Staple-fiber goods don't wash well. 2. His plays won't act, and his poems won't sell. 3. The car rides smoothly. 4. The carriage draws easily. 5. None of us photographed well. 6. Stir till the pulp cooks to a marmalade. 7. That suit wears long. 8. Few writers can compare with Scott as creators of romance. 9. The letter reads as if he were joshing me. 10. The cake eats crisp.

【解答】 1. wash（洗濯がきく） 2. act（芝居になる）; sell（売れる） 3. ride（乗って——走れる） 4. draw（引ける） 5. photograph（写真に映る） 6. cook（煮える） 7. wear（着て——もつ） 8. compare（くらべものになる） 9. read（読める——書いてある） 10. eat（食べて——である）

【文意】 1. スフは洗濯があまりきかない。 2. 彼の劇は演じられないだろうし，彼の詩は売れないだろう。 3. その自動車は乗りごこちがよい。 4. その車は楽に引ける。 5. 私たちのだれも写真はうまく写らなかった。 6. 果肉が煮えてマーマレード状態になるまでかき回しなさい。 7. あの服は長く着られる。 8. ロマンスの創造者としてスコットに比較され得る作家は少ない。 9. その手紙は彼が私をからかっているように読める。 10. その菓子は食べてかりかりする。

18.3 再帰動詞の受動態

設問 次の二文の下線部の意味を比較してみよ。

(a) She <u>was seated</u> near the stove at her sewing, and she rose as I came in. [Maugham, *The Moon & Sixpence*]

(b) He asked his visitor to be seated. [Gissing, *A Victim of Circumstances*]

解 説 (a) は「座っていた」(状態) であり, (b) は「座る」(動作) である。日本語の訳ではどちらも受身ではなくて, 自動詞的である。英語の seat は他動詞で,「座らせる」「着席させる」の意味である。それで,「座る」「着席する」は, seat に再帰目的語を配して, seat yourself (himself, etc.) とする。この目的語を主語にして作った受動態が be seated である。再帰動詞の受動態は動作も状態も表わせるが, どちらかというと状態が多い。それで上の問題文は, (a)「彼女は縫い物をしながらストーブのそばに座っていた, そして私が入っていくと彼女は立ち上がった」, (b)「彼はお客に座ってくださいと言った」となる。

:::::: 研 究 問 題 ::::::

次の文中にある再帰動詞の受動態を抽出してその訳語を示せ。
1. After we were all seated at the supper table, she asked him about the old place and about our friends there. [Cather, *My Ántonia*] 2. She was by nature a sunny soul, and had always snatched the tiniest excuse to be amused. [Webster, *Daddy-Long-Legs*] 3. For a long time I was busied in meditation. [Borrow, *Lavengro*] 4. I came to a place where some peasants were engaged in cutting up and clearing away a confused mass of fallen timber. [*Ibid.*] 5. This gave him a chance to become acquainted at early age with the great world. [Maugham, *Cakes & Ale*] 6. The vulgar admire

others for having what they themselves would rather be possessed of. 7. You must be prepared to follow truth wherever it leads you.

【解答】 1. were seated（着席した） 2. be amused（笑う） 3. was busied（忙しかった） 4. were engaged（従事していた） 5. become acquainted（知るようになる） 6. be possessed of（持っている） 7. be prepared（覚悟している）

【文意】 1. われわれ一同が夕飯の食卓に着いてから，彼女はもとの場所のことや，そこにいる友人たちのことを彼に尋ねた。 2. 彼女は生まれつき明るいたちの子で，いつでもどんな小さな口実でも捕らえて笑った。 3. 長時間私は一心にめい想にふけっていた。 4. 私は，何人かの小百姓が，雑然と集積された倒木を切ったりかたづけたりする仕事に従事している場所にやって来た。 5. このことが，年若くて世間を知る機会を彼に与えた。 6. 俗悪な人たちは，自分が持ちたいと思うものを持っているというので他人をほめるものだ。 7. 君は真理が導くところへはどこへでもついて行く覚悟がなければならない。

18.4 原因を主語とする他動詞の受動態

英語では，「気に入る」「喜ぶ」「驚く」「落胆する」などの意を示すに当たっては，「人」を主語とするときは受動態を用いる。

例 The child *was* much *pleased* with his new hatchet.（子供は新しいおのがとても気に入った）

上例について言うと，主語たる「子供」は自分でしようと思って気に入るのではなくて，何か原因があってそうなるのである。please は「気に入らせる」「喜ばせる」という意の他動詞であって，その主語には通例，原因をなすものがなる。「人」はその原因によって「喜ばされる」立場に立つ。ゆえにその「人」を主語に立てると，当然受動態となる。ところが，日本語ではこういう考え方はとられないので，英語のこういう受動態は自動詞的に訳される。

こういう受動態の場合，程度の副詞としては much を用いるのが原則であるが，時々 very が用いられることがある。その理由は，過去分詞が状態を示す形容詞と感じられるからである。たとえば，pleased は glad と同義に考えられるのである。

例 He was really very pleased.（彼は本当に喜んだ）

∷∷∷ 研究問題 ∷∷∷

次の各文の中から上述のような受動態を抽出して，その訳語を示せ。

1. Every one was very tired and bitterly depressed. [Mottram, *The Spanish Farm*] 2. I was excited about receiving the letter. 3. The children did not seem to be in the least frightened at the sight of so much grandeur. 4. The boy was especially interested in social problems. 5. He was so astonished that he scarcely knew what to say.

【解答】 1. was tired（疲れた）; was depressed（元気がなかった） 2. was excited（興奮していた） 3. be frightened（驚く） 4. was interested（興味を持っていた） 5. was astonished（びっくりした）

【文意】 1. だれも皆非常に疲れ，ひどく元気がなかった。 2. 私は手紙を受け取ったことで興奮していた。 3. 子供たちはそんなに多くの豪華なものを見ても少しも驚いていないようであった。 4. その少年は特に社会問題に興味を持った。 5. 彼はひどくびっくりしたので，どう言ってよいかわからないほどであった。

19. 仮定法

法（Mood）とは叙述に対する話者の心的態度を示すための動詞の語形変化をいう。事実として述べる事柄には，動詞は普通の形のものが用いられる。これは**直説法**（Indicative Mood）と呼ばれる。それに対して，心に考えられている事柄を述べるときに用いられる動詞の形を**仮定法**（Subjunctive Mood）という。

19.1 仮定法現在

設 問 次の下線語の意味・用法について考えてみよ。

He proposed that she <u>go</u> to Europe.

解 説 全文の訳は「彼は彼女が欧州へ行ってはと提議した」である。go は三人称単数現在であるのに goes とならないこと，また主文の動詞 proposed は過去であるのに go が時制の一致をしないこと，この二つが問題である。この go は仮定法現在である。仮定法現在は各人称に通じて be, have が用いられ，その他の動詞は三人称単数のときも -s をつけない。

仮定法の動詞は，事実としての動作・状態でなく，考えられている事柄，したがって実現はまだ疑問であるような事柄を述べるのに用いられる。上掲の例文で言うと，she go to

Europeというのは，提議の内容であって，それはまだ考えられている段階の事柄である。事実にはなっていない事柄である。こういう事柄は仮定法現在で表される。そして，一般に仮定法は時制の一致の規則の適用外に立つ。なお，例文のような形は主として米国の用法であって，英国では仮定法代用の助動詞shouldを用いて，次のように言うのが普通である（⇒20.4（d））。

He proposed that she should go to Europe.

上述の仮定法現在は，古い英語では広く用いられたが，今日の英語ではその使用範囲が狭くなっていて，考えられる事柄でも，直説法の動詞で表現されている場合がある。

例 See that you *lock* the door before you go to bed.（寝る前に確かに戸に錠をおろしてくださいよ）／Look to it that this doesn't happen again.（こんなことが二度と起こらないよう気をつけてくださいよ）

::::::研究問題::::::

次の各文中の仮定法現在の動詞を抽出して，その関係部分を訳せ。

1. Whoever fights for the true faith, whether he fall or conquer, shall receive a glorious reward. 2. When a separation from those we love is imminent, we cannot rest until the parting be over. [Thackeray, *Vanity Fair*] 3. If the plant be rare, its discovery gives me joy. [Gissing, *The Private Papers of Henry Ryecroft*] 4. Why did Dulles insist that Adenauer be prepared to make such a major concession? [*Newsweek*] 5. The Federal court ordered that the plan for integration

be carried out. [*Newsweek*] 6. He bowed to his father's desire that he marry soon to assure survival of the monarchy. [*Newsweek*] 7. God grant there be nothing wrong! [Stevenson, *Dr. Jekyll & Mr. Hyde*] 8. Silas wanted to do everything for the child himself lest she grow fonder of some one else.

【解答】 1. fall, conquer（負けても勝っても） 2. be（別離が終わってしまうまでは） 3. be（その植物が珍しいものなら） 4. be（アデナウワーが心の用意をするようにと） 5. be（人種無差別の計画が実施されるようにと） 6. marry（彼が結婚するようにという父の希望） 7. grant（神様が聞きとどけてくださるように） 8. grow（彼女がいっそう好きにならないように）

【文意】 1. 真の信仰のために戦う者はだれでも，負けても勝っても，輝かしい報いを受けるであろう。 2. 愛する者との別離が差し迫っているときは，別離が終わってしまうまでは落ち着かれないものである。 3. その植物が珍しいものであれば，それを発見したことが喜びとなる。 4. アデナウワーがそんな大きな譲歩をする覚悟をするようにとダレスが主張したのはなぜか。 5. 連邦裁判所は人種的差別の廃止の計画が実施されることを命令した。 6. 彼は，王国の存続を保証するために結婚するようにという父王の希望に承服した。 7. なにもまちがいがありませんように。 8. サイラスは，その女の子が自分以外の人が自分より好きにならないように彼女の世話は全部自分がしようと思った。

19.2 仮定法過去

仮定法過去の動詞は直説法の過去と同形である。ただ be の過去形としては各人称に通じて were を用いる。

例 It is time you *were* helping your father.（君はもうおとうさんの手伝いをすべきころだ）／If I *were* rich, I would go to America.（金持ちだったら私はアメリカへ行くだろう）

上例を見ると，実際は今は手伝いをしていないのであるし，金持ちでもないのである。こういうように，現在の事実と反対のことを想像して表現するには仮定法過去を用いる。また過去の疑わしい事柄を表すにもこの形を用いる。

:::::: 研 究 問 題 ::::::

次の各文の中の仮定法過去を抽出して関係部分を訳せ。

1. I don't believe it for a minute, and even if it were true I don't want you to say it. [Maugham, *The Casuarina Tree*]　2. She says it's pretty near time he thought of retiring. [Id., *Cakes & Ale*]　3. If it came to a trial, your name might appear.　4. The teacher looks at us fixedly, one after the other, as though he were reading our inmost thoughts.　5. Betty advanced towards it on tiptoe, as if she were afraid to awake it. [Thackeray, *Vanity Fair*]　6. My wife is dead and my child is dead, and I wish I were dead myself. [Hilton, *Good-bye, Mr. Chips*]　7. The two girls waited a while, to see if there were any hope. [Lawrence, *Women in Love*]　8. He wished, though it were only a second, to divert the vision's strong gaze from himself. [Dickens, *A Christmas Carol*]

【解答・考え方】 1. even if it *were* true「たとえ本当であっても」（実際は本当でない） 2. he *thought* of retiring「引退を考えてもよい」（実際は考えていない） 3. If it *came* to a trial「もし公判になると」（実際は公判になる可能性は薄い） 4. as though he *were* reading「読んでいるかのように」（実際は読んでいない） 5. as if she *were* afraid「恐れているかのように」（実際は恐れてはいなかった――少なくとも，恐れていたかもしれないが定かでない） 6. I *were* dead「死にたい」（実際は死んでいない） 7. if there *were* any hope「望みがあるかどうか」（望みがあるかどうかは，そのときは定かではなかった） 8. though it *were* only a second「たとえたった一秒であっても」（事実でなくて，考えられたこと）

【文意】 1. 私はしばらくもそれを信じないし，たとえそれが真実であっても，君にそれを口にしてもらいたくない。 2. 彼がそろそろ引退を考えるべき時期であると彼女は言っている。 3. 公判になれば，君の名前が出るかもしれない。 4. 先生はあたかも心の奥底を読み取るかのように，次々とわれわれをじっと見つめられる。 5. ベティはそれの目をさますのを恐れているかのように，つまさきでその方へ近づいて行った。 6. 妻も死に，子供も死にました。それで私も死んだらよいと願っています。 7. ふたりの娘は，少しでも望みがあるかどうか見きわめるために，しばらく待っていた。 8. たとえ一秒間でもよい，幽霊の強い凝視を自分からはずしたいと彼は思った。

実力テスト45

（I） 次の各英文の中の誤りを正せ。

1. Get up. It is time you go to school.［慶応大］
2. I wish you are not going away to a foreign country.

（II） 次の下の文の空所にそれぞれ一語を使って，上の文と同じ

内容の文にせよ。［横浜市立大］

{ It is a pity that you don't know how to do it.
{ I wish (　　　) (　　　) how to do it.

【解答】 (Ⅰ) 1. go は went に訂正　　2. are は were に訂正　(Ⅱ) you ; knew

【文意】 (Ⅰ) 1. 起きなさい。学校へ行く時間ですよ。　2. あなたが外国へ行かなければよいのですが。　(Ⅱ) 君がそれのしかたを知らないのは遺憾である。

19.3　仮定法過去完了

仮定法の過去完了は，直説法の過去完了と形の上では変わらないが，その意味・用法は違う。

設　問　次の二文の下線部は仮定法過去完了であるが，実際はどんな「時」を示しているか考えてみよ。

(a)　He would have got away also if I <u>had not prevented</u> him.

(b)　You look as if you <u>had seen</u> a ghost.

解　説　(a) は「私がとめなかったら彼もまた行ってしまったであろう」であって，下線部は I prevented him. という過去の事実に対して，その正反対を想像して言っている。

(b) は「君はつい今幽霊を見たような顔をしている」というのであって，下線部は You have not seen a ghost. という現在完了で表すべき事実に対して，その正反対の想像を表している。こういう想像を表現するには仮定法過去完了の形をもってなされる。

as if, as though で導かれる節の中では時々直説法の動詞が用いられる。

例 Your letter sounds as if you *live* in an old castle, for I have never heard of any other building with a moat around it. (お手紙を見ると，あなたはまるで古城の中に住んでおいでのように思われます……) ／It seems as if he *has been* through something worth while. (彼は何かよいことがあったみたいだ) ／"I am miserable," he said. He looked as if he *was*. [Burnett, *Little Lord Fauntleroy*] (「私は不幸です」と彼は言った。(実際) 彼は不幸そうに見えた)

as if (though) の節の中で直説法が用いられるとき，主文では seem, look, sound など，「…のように思われる」の意の動詞が用いられている。節の中の内容は，実際そのとおりであるか，あるいはそのとおりかもしれないという程度であって，少なくとも事実の反対を表してはいない。

::::::研 究 問 題::::::

次の下線部の動詞は実際はどんな「時」を示しているか。

1. I wish I <u>had not let</u> my son go. 2. She drew quickly into the corner of the sofa, as though she <u>had been told</u> that a snake lay curled up beside her. [Maugham, *The Casuarina Tree*] 3. His sister started back, as if a ghost <u>had entered</u>. [Dickens, *Dombey & Son*] 4. It looks as if we <u>shall have</u> a long journey. [Hilton, *Lost Horizon*] 5. He pressed the bell several times and altogether waited nearly five minutes, but nobody

came. It looked as if she was out, after all. 6. It didn't seem as if she understood how much I loved her. 7. Had I not known that he was in a prosperous state I should have suspected that he was going to borrow a hundred pounds from me. [Maugham, *Cakes & Ale*]

【解答・考え方】 1. 過去(実際は行かせた) 2. 過去(主動詞の動作のすぐ前において,実際は話されなかった) 3. 過去(妹が started back したすぐ前において,実際は幽霊は入ってこなかった) 4. 未来(たぶん,そうなりそうな未来の事実) 5. 過去(おそらく彼女は留守であった) 6. 過去(ほとんどそうと思われる過去の事実) 7. 過去(実際の事実とは正反対)

【文意】 1. 私は息子を行かせなければよかったと思う。 2. 蛇がそばでとぐろを巻いていると告げられたかのように,彼女はソファーのすみに飛び寄った。 3. まるで幽霊が入ってきたかのように,彼の妹は飛びのいた。 4. われわれは長い旅になりそうだ。 5. 彼は何度もベルを押し,全体で五分近くも待ったが,だれも出てこなかった。 6. どれだけ私が彼女を愛しているかが彼女にはわからないようであった。 7. 彼が繁盛しているということを私が知らなかったら,彼は私に百ポンドの借金をしようと思っているのではないかと思っただろう。

実力テスト 46

(I) 次の各英文の下にあげた語のうち適当なものを選んで,文中の各空所に一語ずつ入れよ。

1. Yesterday I narrowly escaped being knocked down by a reckless driver. If I (　　) (　　) crossing the street a second earlier, I should now be dead. [一橋大]

did,　had,　should,　start,　started,　would

2. If I (　　) only (　　) enough money to buy a revolver, I (　　) have shot (　　) my father did.

did,　had,　have,　like,　would,　as

(Ⅱ) 次の文を，与えられた書き出しで，ほぼ同じ意味を表すように書き改めよ。［中央大］

As I swam I was not drowned. (If...)

【解答】 (Ⅰ) 1. had ; started　2. had ; had ; would ; as
(Ⅱ) If I had not swum well, I should (*or* might) have been drowned.

【文意】 (Ⅰ) 1. 昨日私はもう少しで向こう見ずの運転者に突き倒されるところであった。もう一秒早く街路を横切り始めたら，私は今は死んでいることでしょう。　2. ピストルを買うだけの金さえあったら，私は父がやったように私も弾丸で自殺したでしょう。　(Ⅱ) 私は水泳がうまかったからおぼれなかった。

20. 助動詞

動詞を助けて，疑問形や否定形を作り，また時制・法・態の諸形を作る動詞をいう。

20.1 do

do には，本動詞として，また助動詞として，種々の用法がある。

::::::研究問題::::::

次の文中の do (does, did) をまず本動詞と助動詞に分類し，さらにその意味・用法を述べよ。

1. "Which do you want, a pen or a pencil?" — "A pencil will do." 2. I chose my wife as she did her gown. 3. You did not have to tell me who you were. 4. How many English lessons do you have a week? 5. I dare say the prison has sent her mad, as they say it often does. 6. I do like that sort of thing. 7. Not for a moment did he falter in his purpose.

【解答・考え方】 (a) 助動詞として 1. 疑問形を作る 3. 否定形を作る 4. 疑問形を作る 6. 強調形 7. 倒置文（否定的意味の副詞または副詞句が文頭にくるとき）

(b) 本動詞として 1. 役だつ (serve) の意 2. 代動詞

(＝chose)　5.　代動詞（＝sends...）

【文意】 1.「ペンと鉛筆とどちらが入り用なのですか」——「鉛筆でよろしい」　2.　妻がガウンを選んだのと同じしかたで私は彼女を選んだ。　3.　君はだれであるかを私に話す必要がなかった。　4.　君らは一週に何回英語の時間があるか。　5.　そういうことはよくあると言われているが，牢獄生活が彼女の気を狂わせたのだろう。　6.　私はああいうことは好かない。　7.　一瞬間たりとも彼の決意はゆるがなかった。

20.2　will と would

will は助動詞として次のような意味を示す。未来，意志，習慣，推量。

また，would は助動詞としての意味・用法を次のように分類できる。

(a)　過去から見た未来，過去の意志，過去の習慣，過去の推量

(b)　（仮定を基として）未来・現在の意志，現在の推量

(c)　現在の願望（＝wish to）

∷∷ 研究問題 ∷∷

(I)　各文の will の意味・用法を上掲の説明にしたがって分類せよ。

1.　That will be our train, I fancy.　2.　I keep telling him to listen, but he won't.　3.　You won't be in time unless you hurry.　4.　He is waiting for us downstairs. He will be wondering where we are.　5.　There he will sit hour after hour without saying a word.　6.　If you will come with me, I will show you to your apartments. [Hilton, *Lost Horizon*] 7. My sisters will be glad to have you with us. 8. But we will not talk again of what has happened. [Wilde, *The Picture of Dorian Gray*]

(Ⅱ) 各文中の would の意味用法をまず，過去のことに関係しているものと，現在または未来に関しているものとに二分し，さらに上掲の説明に基づいて分類せよ。

1. Sometimes he would sit silent and abstracted, taking no notice of anyone. 2. Without bridges, travel and transportation would become very difficult and, in some cases, almost impossible. 3. I kept telling him not to do it, but he would do it. 4. He was not sure he would be in time. 5. I suppose she would be about forty when she died. 6. I would rather starve than steal. 7. An express train, going night and day at sixty miles an hour, would take 5¼ months to get to the moon. 8. If the sun were to be extinguished, every animal and every plant on the earth would die in a day or two. 9. If I had enough money, I would buy the house. 10. She would have long ago bought a bicycle had she been able to afford it. [Gissing, *The House of Cobwebs*]

【解答】 (Ⅰ) 1. 推量 2. 意志 3. 未来 4. 推量 5. 習慣 6. 意志（二つとも） 7. 未来 8. 意志（ただし，相手の意志も誘っているのだから，we will は let us と同義となる）

(Ⅱ) (a)（過去に関連して） 1. 習慣 3. 意志 4. 未来 5. 推量 10.（仮定に基づいて）意志 (b)（現在に関連して） 2. 推量 6. 願望 7. 推量 8. 推量 9. 意志

【文意】（Ⅰ）1. たぶんあれが私どもの乗る列車でしょう。 2. 私は，謹聴するようにと絶えず注意するのですが，彼はそうしようとしない。 3. 君は急がなければ遅れるでしょう。 4. 彼は私たちを階下で待っています。彼は私たちがどこにいるのかと思っているでしょう。 5. 彼はそこでひと言も言わないで何時間も座っている。 6. いっしょに来れば，君の借りる部屋へ案内しよう。 7. 私の姉妹たちは君がうちに来てくれるのを喜ぶでしょう。 8. しかし，できたことを再び話さないでおきましょう。

（Ⅱ）1. 時々彼は，だれをも無視して，黙りこくりぼんやりして座っているのであった。 2. 橋がなければ旅行や輸送は非常に困難になり，場合によってはほとんど不可能になるであろう。 3. 私は彼にそれをしないようにと絶えず話していたが，どうしてもそうするのでした。 4. 彼は時間に間に合う確信がなかった。 5. 彼女が亡くなったときは四十歳ぐらいだったろうと思う。 6. 私は盗みをするよりは飢え死にしたほうがましだと思う。 7. 時速六十マイルで夜昼走る急行列車が月に達するのに五か月と四分の一を要するだろう。 8. 太陽が消えてしまうようなことがあれば，地球上のすべての動物や植物は一両日で死んでしまうであろう。 9. お金がじゅうぶんあれば，私はその家を買うでしょう。 10. 金があったら彼女はずっと前に自転車を買っていたであろう。

実力テスト 47

次に示す英文の下線部の would は次の 1-4 の would のどれに最も近いか，その番号を書け。［東京学芸大］

Parents who would prefer not to have a TV set may find that their children insist on visiting neighbors who do have a set.

1. If it had not been for his father his offer would have been

rejected. 2. She came to ask him what he would have for breakfast. 3. He said that she would make an ideal wife for his son. 4. They used to nod to each other when they met, and now and then they would exchange a word or two.

【解答】 2.
【文意】 テレビ受像機を持たないことを望む親たちは，自分の子供たちが受像機を持っている近隣の人たちを訪問しようと言い張るのに気づくであろう。 1. 彼の父がいなかったならば彼の申し出は拒絶されたであろう。 2. 彼女は彼に朝食に何を食べたいかと尋ねに来た。 3. 彼は，彼女が彼の息子には理想的な妻となるであろうと言った。 4. 彼らが出会うと互いにうなずきあい，時々はひと言ふた言言葉をかわすのであった。

20.3 shall

その意味・用法は次のとおり。

(a) **未来**（一人称を主語として）

I *shall* be late for school.（私は学校に遅れるだろう）／I *shall* have reached there before Easter.（私はイースターまでにはそこに到着しているだろう）／*Shall* I die soon?（私はもうすぐ死ぬでしょうか）

語るそのときになされた決意は will で表されるが，すでに計画となっていれば，たとえそれが話者の意志から出たものであっても，shall で表される。

例 I *shall* be at home tomorrow.（私は明日は在宅のはずです）／I *shall* come to your office at ten.（私は十時に事

務所にお伺いします)

また，周囲の事情から余儀なくされる行動もshallで表される。

例 I *shall* whip you if you don't behave better.（もっと行儀よくしないとむち打ちますよ）／"Will you come with us?" — "No, I *shan't*"（いいえ，同行するわけにはいきません）

(b) **話者の意志**（二，三人称を主語として）

上述の（a）のshallと本質的に異なるものではなく，やはり表面的には「君（彼）は…することになる」であるが，裏にそれは話者の意志でそうなるという意味を含ませた言い方である。

例 If you are a good girl, you *shall* have it.（おとなしくすればあなたにそれをあげよう）／They *shall* be dismissed.（彼らを解雇する）／It *shall* be just as you wish.（君の望みどおりにしてあげよう）／There *shall* be no mistake.（まちがいのないようにします）

(c) **相手の意志**（一，三人称を主語とする疑問文で）

Shall I get you some more tea?（もう少しお茶を持って来ましょうか）／Where *shall* he go?（彼をどこへ行かせましょうか）

(d) **相手の都合**（二人称を主語とする疑問文で）

例 *Shall* you be back by the evening?（夕方までにお帰りになりますか）

(e) **未来**（従節中で――主語の人称には関係ない――単純未来および，既定計画や事情からそうなるというものも含

む)

例 When this letter *shall* fall into your hands, I shall have disappeared.(この手紙がお手に入るころは私は姿を消しているでしょう)/His plan is that his son *shall* be educated under his own supervision.(彼の計画は,息子は自分の監督のもとで教育するというのである)

::::::研究問題::::::

次の各文中の shall の意味用法を上のように分類せよ。

1. What shall I bring to the picnic?　2. If you do not open the door I shall send for a locksmith and have it broken open. [Maugham, *Ashenden*]　3. I shall be delighted if you come. 4. Have you quite determined that Iris shall not marry this boy? [Maugham, *Cosmopolitans*]　5. Hold your tongue, or I shall be angry with you. [Borrow, *Lavengro*]　6. It shall not happen again.　7. When shall they be moved? There's no hurry—shall we say this afternoon? [Dickens, *The Old Curiosity Shop*]　8. I shall say nothing till I have seen the body. [Stevenson, *Dr. Jekyll & Mr. Hyde*]

【解答】 (a) 未来:2, 3, 4(従節中で), 5, 8　(b) 話者の意志:6　(c) 相手の意志:1, 7

【文意】 1. ピクニックには私は何を持って来ましょうか。　2. 君が戸をあけないのなら,私は錠前屋を呼んで来てあけさせます。　3. 君が来れば私はうれしい。　4. 君は,アイリスにはこの青年と結婚させないと心に決めているのですか。　5. お黙んなさい,でないと怒りますよ。　6. それが再び起こらないようにします。　7. いつそれらを移そうか。別に急ぐこともないのだが――今日の午後ではどうだろうか。　8. 死体を見るまでは何とも言えない。

20. 4　should

should の意味・用法は次のとおり。

（a）**時制の一致**によって shall が should になったもの。この中には，単純未来を示すもの（一人称主語）のほか，話者の意志を示すもの（二，三人称主語）も含まれる。

（b）**推量**（一人称主語）。仮定を基とした叙述の中で見られる。過去の推量は「should have＋過去分詞」の形をとる。

（c）**義務**（主語の人称に関係ない。そして，過去形であっても現在を示す）。実現しなかった過去の義務は「should have＋過去分詞」の形で表す。

（d）**仮定法現在の代用**（⇒19.1）。

おもに *that*-clause 中に見られるが，if や lest に導かれる節の中にも見られる。いずれも事実を示すのではなくて，心に考えられた事柄を示す。そして，主語はどの人称でも変わりはなく，また主文の時制によっても変わりはない。

例 After the excitement of the last few days it was natural that he *should* be tired.（この二三日間の興奮のあとで彼が疲れるのは当然であった）／If it *should* rain tomorrow, they would not go.（万一あす雨降りなら彼らは行かないだろう）／I am terrified lest they *should* notice me.（私は彼らに気づかれはしないかとびくびくしている）

（e）**不審**（what, how, why などで始まる疑問文の中で）。主語の人称には関係ない。

(f) 丁寧（主語の人称に関係なし)。もとは (b) の用法から発したものであるが，今は裏に仮定が意識されないのが普通。

::::::研究問題::::::

次の各文中の should の用法を上の説明に基づいて分類せよ。

1. He said that the English should never take him alive. 2. Lincoln thought that no man should be kept as a slave. 3. There is no reason why he should keep the matter secret now. [Dickens, *The Old Curiosity Shop*] 4. I should suppose any one would be proud of such a fine thing. 5. Why, what should I know about it? It's nothing to do with me! [Galsworthy, *The Man of Property*] 6. I know that she is very healthy and strong, or I should not have selected her. 7. In his cheeks, just visible over the blankets, there was more colour than there should have been. [Galsworthy, *Fraternity*] 8. You prefer that I should not be accepting favors from strangers. [Webster, *Daddy-Long-Legs*] 9. She was exceedingly desirous that everything should go with due order and decorum. [Cather, *My Ántonia*] 10. It was surely impossible that she should not have seen him come in through a room so small. [Hardy, *Life's Little Ironies*]

【解答】 (a) 時制の一致：1.（話者の意志） (b) 推量：6.（過去） (c) 義務：2, 3, 7. (d) 仮定法代用：8, 9, 10. (e) 不審：5. (f) 丁寧：4.

【文意】 1. 英国軍にはけっして自分を生けどりにはさせないと彼は言った。 2. いかなる人も奴隷にされておいてはならないとリンカーンが考えた。　3. もう彼がその件を秘密にしておくべき理由はない。　4. だれでもそんなすばらしいことは誇りとするだろうと思う。　5. まあ，いったい私がそのことについて何を知っているでしょう。それは私には全然関係がありません。　6. 彼女は非常に達者で丈夫であることを私は知っている。そうでなければ彼女を選ばなかっただろう。　7. 彼の頰が毛布の上にちょっと見えていたが，頰にはあるべき以上に赤みがあった。　8. 私が他人から恩恵を受けないことをあなたは希望なさいます。　9. 彼女は，万事がきちんと正しく行われることを強く望んだ。　10. 彼がそんな小さな部屋を通ってはいって来るのを彼女が見なかったということは確かにあり得ないことであった。

実力テスト 48

次の英文の下線の部分の should は下記の (a) (b) (c) の用例のいずれに該当するか，括弧内に記入せよ。［金沢大］

The crowd was composed mostly of women—about three to every man, I should say—and their children.

(a) It is a pity that he should miss such a golden opportunity.
(b) I should think she is under thirty.　(c) You should speak politely to your superiors.

【解答】 (b)
【文意】 群集は大部分婦人——言ってみると，だいたい男性ひとりに対して三人の割り——とその子供から成っていた。　(a) 彼がそんなすばらしい機会を逸するということは残念である。(b) 彼女は三十歳にはなっていないでしょうね。　(c) 目上の人には丁寧に話さねばならない。

20.5　can と could

その意味・用法は次のように分類される。

(a)　**能力**（「…できる」）。

(b)　**不審**（疑問文で）**と推量**（否定文で）。

例　*Can* such things be possible?（いったいそんなことは可能なのだろうか）／What *can* it all mean?（それはいったいどういうことか）／It *cannot* be true.（それは本当ではあるまい）

「can have＋過去分詞」の形は，過去のこと，または現在完了で表すべきことに対する不審や推量を示すに用いられる。

例　Where *can* he have gone?（彼はどこへ行ってしまったのだろうか）／She *cannot* have gone far yet.（彼女はまだ遠くへは行っていないはずだ）

(c)　**could** は，仮定を基とした叙述の中で用いられて現在の能力や推量を示す。時には，仮定の意は薄らいで単に形式的に丁寧を示すこともある。なお，仮定を基として過去の能力・推量を示すには，「could have＋過去分詞」の形を用いる。

(d)　**could** は仮定法過去としても用いられる。「could have＋過去分詞」は仮定法過去完了。

⁝⁝⁝ 研 究 問 題 ⁝⁝⁝

次の各文中の can と could の用法を上の説明によって分類せよ。

1.　What on earth can he want at this time of night? [Gissing, *The Town Traveller*]　　2.　It was a tall, shabby building, that cannot have been painted for years. [Maugham, *The Moon &*

Sixpence]　3. He can't have been so stupid after what I said to him. [Galsworthy, *Fraternity*]　4. I can't imagine what can have become of him. [Borrow, *Lavengro*]　5. The Swiss accent is hateful beyond words. It could do him only harm to converse with a Swiss. [Maugham, *Ashenden*]　6. "How could I meet this friend of yours?" — "He is sure to be at the laboratory." [Doyle, *A Study in Scarlet*]　7. But, sir, if you could have seen me when the lawyer began to explain about the property I had inherited! [Gissing, *The House of Cobwebs*]　8. By declaring himself bankrupt he could have escaped the payment of the debt.　9. He looked quite sixty, though he could not have been more than forty-six. [Galsworthy, *A Motley*]　10. Eppie could have become the heiress of a big farm, but she clung to her father and refused it.

【解答】 1. 不審　2. 推量　3. 推量　4. 能力；不審　5. （仮定を基とした）推量　6. （丁寧を示して）能力　7. 仮定法過去完了　8. （仮定を基とした）推量（過去）　9. 推量（過去のことに対する過去における）　10. 能力と推量（過去）

【文意】 1. 夜のこんな時刻に彼はいったい何用があるのだろうか。　2. それは，何年もペンキを塗ったことがないと思われる高いみすぼらしい建物であった。　3. 私が注意してあるのだから，彼はそんなばかなことはしないはずだ。　4. 彼がいったいどうなったか私には想像がつかない。　5. スイスなまりは何とも言いようがないほどいやなものである。スイス人と話をすれば彼には害になるばかりだ。　6. 「どうしたら私は君のこの友だちと会えますか」——「彼は必ず研究室にいますよ」　7. しかし，私が相続した家屋について弁護士が説明しだしたときの私をご覧になれたらなあと思います。 8. 自分が破産したと宣言することによって彼は借金の支払いを免れることができたであろう。 9. 彼は四十六歳以上になっていないはずであったが，じゅうぶん六十歳には見えた。 10. エピィは大きな農場の相続人になれたのであったが，父親から離れようとしないで，その話を断わった。

実力テスト 49

次の英文の意味は，下記 a，b，c に示されている。その中で最も適当なものを選べ。［慶応大］

He can't be right.

a. It is possible that he will be right. b. It is possible that he isn't right. c. It isn't possible that he is right.

【解答】 c

【文意】 彼の言うことは正しいはずがない。 a. 彼が正しいだろうということはあり得る。 b. 彼の言うことが正しくないということはあり得る。 c. 彼の言うことが正しいということはあり得ない。

20.6 may と might

(1) may の意味・用法

(a) **許可・認容**（「…してもよい」）。

(b) **推量**（「…かもしれない」）。時々，譲歩節（「…かもしれないが」）で用いられる。なお，過去のことや現在完了で表すべきことに対する現在における推量は，「may have＋過去分詞」の形で表す。

例 It *may* all have been a dream, and yet to him it seemed very real indeed.（それは皆夢であったのであろう，しかし彼には実際本当のように思われた）

(c) **能力**（「…できる」＝can）。おもに（so）that や in order that で始まる目的（purpose）を示す節の中で用いられる。

(d) **祈願文の文頭で**。仮定法代用の助動詞というべきもので，この may に対する訳語はない。

例 *May* you be happy!（君が幸福でありますように）

(2) **might の意味・用法**

(a) **時制の一致**で may が might になったもの。

(b) **現在における推量**（仮定を基とした）。時々，仮定の意が薄れて，単に儀礼的に用いられる。

(c) **過去における推量**（仮定を基とした）。この場合は「might have＋過去分詞」の形をとる。ただしこの形は，仮定の意味が薄れて単に「perhaps＋過去形」と同義になることがある。

⁝⁝⁝ 研究問題 ⁝⁝⁝

次の各文中の may, might の用法を分類せよ。

1. You may well say like that, indeed! [Dickens, *Dombey & Son*]　2. I may have stood there for an hour, staring into space. [Joyce, *Dubliners*]　3. A man may be rich and yet not be happy.　4. Whatever faults he may have, he is never dull.　5. Write to him at once so that he may know in time.　6. He had some fear lest he might miss the right way.　7. The conversation might have proceeded indefi-

nitely if at that moment there had not come a knock on the door. [Maugham, *The Narrow Corner*] 8. Might I ask your name? 9. In the room was a friendly looking man, who might have been a sailor or other wanderer on leave. [Galsworthy, *The Freelands*] 10. His career might well have served as a model for any young man entering upon the pursuit of literature. [Maugham, *Cakes & Ale*]

【解答】 1. 認容 2. (過去のことに対する現在における) 推量 3. 推量(譲歩) 4. 推量(譲歩) 5. 能力(目的の節の中で) 6. 推量 7. (仮定に基づく過去の) 推量 8. 丁寧 (=may) 9. 推量(仮定の意は薄い=who was perhaps a sailor) 10. 推量 (=perhaps served)

【文意】 1. 君がそんなふうに言うのは全くもっとも至極である。 2. 私は虚空を見つめて一時間もそこに立っていたかもしれない。 3. 人は金持ちであっても幸福でないことがある。 4. 彼にどんな欠点があるとしても,けっして愚鈍ではない。 5. 間に合って彼の耳にはいるように,ただちに手紙を出しなさい。 6. 彼には道に迷わないかという心配が多少あった。 7. その時戸口にノックの音が聞こえて来なかったら,その対談はいつまで続いたかわからない。 8. お名前を伺ってもよいでしょうか。 9. その部屋には,海員か何かで暇をもらってぶらぶらしていると思われる親切そうな人がいた。 10. 彼の経歴は,文学の仕事にはいろうとする青年にとってはじゅうぶん模範となったであろう。

実力テスト 50

(I) 次の日本文の意味を表す正しい英文をa, b, cの中から一つ選べ。[共立女子大]

彼女が医者の忠告を守っていたら死なないですんだでしょうに。

If she had taken her doctor's advice,

a. she should not have dead.

b. she may not die.

c. she might not have died.

（Ⅱ） 次の英文の意味はa, b, cに示されている。その中で適当なものを選べ。［慶応大］

She might have been drowned.

a. She was drowned.

b. She was not drowned.

c. She will probably be drowned.

【解答】 （Ⅰ） c　（Ⅱ） b

【文意】 （Ⅱ） 彼女はおぼれたかもしれなかった。　a. 彼女はおぼれた。　b. 彼女はおぼれなかった。　c. 彼女はたぶんおぼれるであろう。

20.7 must, ought to, need

（1） **mustの意味・用法**は次のとおり。

（a） **必要**（「…ねばならない」）。must notは「禁止」を示す。また，「不必要」はneed notで表す。なお，mustの過去形はないのでhad to（⇒20.9）を代用することがある。もっとも，過去形である主動詞に続く従節の中ではmustはそのままで過去形として用いられる。

例 I said that he *must* come with me.

(b)　**確信のある推量**（「…にちがいない」）この意味のときも，must をそのまま過去形として用いる。過去のことや，現在完了で表すべきことに対する推量は「must have＋過去分詞」の形で表す。仮定に基づく推量も同じ形が用いられる。

例 She *must* be insane.（彼女は正気を失っているに違いない）／He *must* once have been a very strong man.（彼はかつては非常に強い人だったに相違ない）／They *must* have gone home by another way.（彼らは別の道から帰宅したに相違ない）／If he had attempted the task, he *must* have failed.（もしその仕事を試みたら彼はきっと失敗していたであろう）

(2)　**ought to の意味・用法には義務**（should より強い），**必要**（must より弱い），**当然**（「…はずである」）などの意味がある。どの意味でも，実現しなかった過去のことに対しては「ought to have＋過去分詞」の形を用いる。

(3)　助動詞としての **need の意味・用法**。主として疑問文・否定文において助動詞として用いられるが，時には肯定文においても用いられる。意味は，

(a)　**必要**（「…しなければならない」）。must に比してはいくぶん弱い。過去形にはそのまま need を用いる。

例 Why *need* it be done?（どうしてそれをしなければならないのですか）／He *need* not come.（彼は来るにおよばない）／He knew he *need* expect no kindness from him in the future. [Burnett, *Little Lord Fauntleroy*]（将来は彼女からなんの親切も期待するにはおよばないことを彼は知った）

（b）**推量**（必要度の）。過去のことに関してその必要度の推量をするには「need have＋過去分詞」を用いる。

例 But for him, perhaps, this severance *need* never *have taken* place. [Thackeray, *Vanity Fair*]（彼がいなかったら，おそらくこんな分離は起こらなかったであろうに）

⁝⁝⁝研 究 問 題⁝⁝⁝

（Ⅰ） 次の各文中の must，ought to の意味・用法を説明せよ。

1. A tall woman, with wrinkled brown skin and black hair, stood looking down at me; I knew that she must be my grandmother. [Cather, *My Ántonia*]　2. "He's quite cold," said the doctor. "He must have been dead some time." [Maugham, *The Trembling of a Leaf*]　3. It occurred to him that he ought to go and see his mother.　4. He was always delicate. He ought to have been brought up carefully. [Huxley, *Point Counter Point*]　5. You ought to have done it long ago.

（Ⅱ） 次の各文中肯定文中に用いられた助動詞 need の意味・用法を吟味して，否定的意味が潜在していないか考察してみよ。

1. Only a few of the most important of them need be mentioned here.　2. All you need do would be to go and ask for it.　3. The society of beachcombers always repays the small pains you need be at to enjoy it. [Maugham, *The Moon & Sixpence*]

【解答・考え方】（Ⅰ） 1. must　確信ある推量（過去形）　2. must have been　現在完了で表すべきことに対する確信ある推量　3. ought to　必要（過去形）　4. ought to have been　実現しなかった過去の必要事　5. ought to have done

実現しなかった過去の義務
(Ⅱ) 1.「少数だけあげればよい」というのは裏面に「他は必要がない」という否定的意味を含む。 2.「しなければならないすべては…ことであろう」は「…するだけでよいだろう」であり，これは裏面に「他は必要がない」という否定的意味を含む。3.「それを楽しむためにとるべきわずかな骨折り」で，need は must と同義。否定的意味は含まれていない。

【文意】 (Ⅰ) 1. しわのある茶褐色の皮膚と黒い髪をした背の高い婦人が，私を見下ろしながら立っていた。私には，きっとその婦人が祖母だろうとわかった。 2.「彼はすっかり冷たくなっている。だいぶ前から死んでいるに相違ない」と医者は言った。 3. 彼は母親に会いに行かねばならないと気づいた。4. 彼のからだはいつも弱かった。もっと注意深く育てるべきであった。 5. 君はそれをずっと前になすべきだった。
(Ⅱ) 1. それらのうちで最も重要なものの二つ三つだけがここであげる必要があろう。 2. 君がなすべきことは，それを請求に行くことだけである。 3. 波止場の浮浪白人につきあえば，多少の不愉快は忍ばねばならないが，いつでもそれだけのかいはあるものです。

実力テスト 51

(Ⅰ) 次の英文の意味は a, b, c に示されている。その中で適当なものを選べ。[慶応大]

1. You must have finished by now.
   a. Surprising if you haven't finished.
   b. You finished just now.
   c. You will certainly finish.
2. You ought to have come early.
   a. You come early.

b. You did not come early.

c. You are likely to come early.

(Ⅱ) 下の文の空所にそれぞれ一語を補って，上の文と同じ内容の文にせよ。[横浜市立大]

I'm sure you were surprised to hear of his marriage.

You must (　　) (　　) surprised to hear of his marriage.

(Ⅲ) 次の一組の英文を和訳せよ。[中央大]

a. He ought to come earlier.

b. He ought to have come earlier.

(Ⅳ) 次の各組のaと同じ意味になるようにbの空所に一語ずつ入れよ。[1 明治大]

1. a. You don't have to hurry.

 b. You (　　) (　　) hurry.

2. a. Do I have to bring anything?

 b. (　　) I bring anything?

【解答】 (Ⅰ) 1. a 2. b (Ⅱ) have been (Ⅲ) a. 彼はもっと早く来るべきである。 b. 彼はもっと早く来るべきであったのに。 (Ⅳ) 1. need not 2. Need

【文意】 (Ⅰ) 1. 君はもう終えているに違いない。 a. 君が終えていなければ驚くべきだ。 b. 君はちょうど今終えたばかりだ。 c. 君は確かに終えるだろう。 2. 君は早く来るべきであった。 a. 君は早く来た。 b. 君は早く来なかった。 c. 君は早く来そうだ。

(Ⅱ) 君は彼の結婚のことを聞いてきっと驚いただろう。

(Ⅳ) 1. a. 君は急ぐにおよばない。 2. a. 私は何か持って来ねばなりませんか。

20.8 dare, used to, had better

(1) **dare** は疑問文・否定文において助動詞として用いられる。その過去形には dared と durst の両形がある。dare の意味は, will (意志) と can (能力) の両者を合わせたようなもので,「思いきって…できる」である。

例 How dare you come in here behaving like this? (こんなまねをしてよくもここへ入ってこられたね) / Do you think he dare not come? (彼は来られないと思いますか)

(2) **used to** は疑問文で助動詞として用いられる。その意味は「いつも…した」であるが, その「いつも」の意味が薄れて過去を示す助動詞に堕する場合がある。そういうときには改めて always, often, sometimes などの副詞が添えられる。

What used you to do during those evenings? [Maugham, *Cakes & Ale*] (そういう晩には君はいつも何をしていたか)

(3) **had better** (…したほうがよい) も意味的には助動詞として扱われる。語順の上では, had のみが助動詞扱いされるとみたほうがよいであろう。

例 You had better hold your tongue. (君は黙っていたほうがよいでしょう) / Where had I better go? (どこへ行ったらよいのでしょうか) / Had I not better take him upstairs and let him lie down a little? (二階へ連れて行って少し寝かしたほうがよくないでしょうか)

⁞⁞⁞ 研究問題 ⁞⁞⁞

(I) 各文の下線部を日本語に訳せ。

1. She dared not go upstairs to hide her emotion, lest she should meet him unexpectedly. [Dickens, *Dombey & Son*] 2. Her face bore an expression of such ferocity that no one dared come near to speak with her. [Maugham, *Creatures of Circumstance*] 3. There remained to him a capital which he durst not expend. 4. She had better have been left on the island.

(Ⅱ) 次の下線部を，内容は変わらないようにして，used to を用いないで書き改めよ。

1. Miss Gray used often to see them walking up and down the lawn of their garden arm in arm. [Maugham, *Creatures of Circumstance*] 2. This infatuated young man used sometimes to take tea with Miss Pinkerton. [Thackeray, *Vanity Fair*] 3. The sight of women and children in pain always used to melt him. [*Ibid.*]

【解答】 (Ⅰ) 1. 彼女は思いきって二階へ上がって行けなかった。 2. だれも近づいて行けなかった。 3. 彼は思いきって使えなかった。 4. 彼女は残されていたほうがよかったのだが。

(Ⅱ) 1. often saw 2. sometimes took 3. always melted

【文意】 (Ⅰ) 1. 思いがけなく彼と出会うかもしれないので，彼女は自分の感情を隠すために思いきって二階へ上がって行けなかった。 2. 彼女の顔は非常に残忍な表情を帯びていたので，近づいて話をしようとする者はだれもなかった。 3. 彼には思いきって使うことのできない資本が残っていた。 4. 彼女は島に残されていたほうがよかった。

(Ⅱ) 1. グレー嬢は彼らふたりが腕を組んで庭の芝生をあちこち歩いているのを時々見た。 2. こののぼせ上がっている青年は時にピンカートン嬢とお茶を飲むのであった。　3. 女や子供が苦しんでいるのを見ると，彼はかわいそうになるのであった。

20.9 代用助動詞

意味の上からみて，助動詞に近い語群がある。その主要なものは次のとおり。

(a) **have to～**　必要（must の代用）。

(b) **be to～**　義務（must の代用）。予定・未来（shall, will の代用）。能力（can の代用）。

(c) **be going to～**　予定（shall, will の代用）。意志（will の代用）。

(d) **be about to～**　近い未来。

(e) **be able to～**　能力（can の代用）。

:::::: 研 究 問 題 ::::::

次の文中の代用助動詞を指摘して，その意味と訳語を示せ。

1. Do we have to go to the station to find out when the train will get there?　2. The train arrived on time, so we did not have to wait at all.　3. Here's a bird! What's to be done with this? [Dickens, *The Old Curiosity Shop*]　4. She is to arrive at seven in the morning.　5. The dog was close behind me when I turned the corner, but it was no longer to be seen. [Carroll, *Alice in Wonderland*]　6. You'd better take an umbrella. It's going to rain before evening.　7. Are you going to take the examination?　8. She was about to make her escape when I entered.　9. He was not able to take

care of himself.　10. He used to be able to speak German well.

【解答】 1. have to〜（必要）「(行か）ねばならない」　2. not have to〜（不必要）「(待た）なくてもよかった」　3. is to〜（義務）「(す）べきである」　4. is to〜（予定）「(到着）することになっている」　5. was to〜（能力）「(見）え（なかっ）た」　6. is going to〜（未来」「(雨が降る）だろう」　7. are going to〜（意志）「(受ける）つもりである」　8. was about to〜（過去から見た近接未来）「(逃げ）ようとしていた」　9. was able to〜（能力）「(世話することが）できた」　10. be able to〜（能力）「(しゃべ）られる」

【文意】 1. われわれは駅へ行って列車がいつ着くか見てこねばなりませんか。　2. 列車は定時に到着した，それでわれわれは少しも待たなくてよかった。　3. ここに鳥が一羽います。これをどう処置しましょうか。　4. 彼女は午前七時に到着することになっている。　5. 私が町かどを回ったときには，犬は私のすぐあとについていたのだが，もう姿が見えなかった。　6. 傘を持って行ったほうがよろしい。　7. 君は試験を受けるつもりですか。　8. 彼女がちょうど逃げだそうとしているときに私が入っていった。　9. 彼は自分の始末ができなかった。　10. 彼は以前はドイツ語をよく話した。

21. 不定詞

動詞の原形の前に to をつけた形が不定詞の常形であるが，時には to のない形もある。

21.1 to づき不定詞の用法

to のある不定詞は，文中では主語・他動詞の目的語・be 動詞の補語の役目をするが，これは名詞が文中で果たす役と同一であるので，不定詞の**名詞的用法**という。

to のある不定詞は，また名詞のあとに置かれてそれを修飾することがある。すなわち，**形容詞的用法**である。

さらに，to づき不定詞は，形容詞や副詞を飾修したり，全文体を修飾したりする。これは**副詞的用法**である。

以上の三つが to づき不定詞のおもな用法であるが，そのほかにこの三つの中に入りきらない用法もある。

:::::: 研 究 問 題 ::::::

次の各文中の to づき不定詞を抽出して，それらを三つの用法に大別し，さらに細かくどんな役目をしているか説明せよ。

1. The duty of these prefects is to keep good order and see that the school rules are kept. 2. Breakfast is ready now and we don't have time to talk about the matter. 3. When the children went to the snake house, Bill was disappointed to

find the big snakes asleep. 4. They had no money with which to buy their food. 5. I'll promise never to bother you with any more questions. [Webster, *Daddy-Long-Legs*] 6. She hastily dried her eyes to see what was coming. [Carroll, *Alice in Wonderland*] 7. To make no distinction between honesty and dishonesty would be quite unfair. [Galsworthy, *The White Monkey*] 8. A person like you simply can't imagine what it is not to be rich. 9. He has always been very quick to learn. [Burnett, *Little Lord Fauntleroy*] 10. To do him justice, he is not without his merits.

【考え方】 (a) **名詞的用法** 主語として：7, 8 (8では形式主語 it によって代理されている)。他動詞の目的語として：5 (never は不定詞の打ち消し語，不定詞を打ち消すときは常にその前に not や never を置く)。be 動詞の補語として：1 (代用助動詞としての be to〜と区別する必要がある⇒20.9)

(b) **形容詞的用法** 2 (time を修飾する), 4 (to buy their food は money を修飾するが，その修飾関係を緊密にするためにつなぎとして中間に with which を入れたもの。which は関係代名詞。こういう構文になるのは，不定詞が目的語などを持って長くなり，さらに，修飾される名詞との結合上前置詞が必要であるような場合にかぎる。関係代名詞を用いないで，no money to buy their food with とすることもできる)

(c) **副詞的用法** 3 (感情の原因), 6 (目的), 9 (形容詞 quick を修飾する), 10 (「公平に判断すれば」，文修飾)

【文意】 1. これらの監督生たちの役目は，規律を維持し，校則が守られるように気をつけることである。 2. 朝食の用意がもうできているので，われわれはその件について話をしている暇がない。 3. 子供たちが蛇の家へ行ったとき，大きな蛇が眠っているのを見てビルはつまらながった。　4. 彼らには食物を買う金がなかった。　5. これ以上質問をしてあなたにご迷惑をかけることは絶対にしないと約束します。　6. 彼女は，何がやってくるのか見ようとして，あわてて目をぬぐった。7. 正直と不正直との区別をしないのは全く不公正であろう。8. 君のような人は，金がないということがどんなものかを全く想像できない。　9. 彼はいつでも物覚えが早かった。　10. 彼を公平に判断すれば，彼にも長所がないわけではない。

実力テスト 52

（Ⅰ） 関係代名詞を用いないで次の各文を改造せよ。

1. I wanted some solitude in which to think over things. [Gaskell, *Cousin Phillis*]　2. He was so absorbed in science that he had no time left in which to practise music. [Wilde, *The Picture of Dorian Gray*]　3. We had nothing else by which to remember him.

（Ⅱ） 次の文に誤りがあれば訂正せよ。

1. Tell me the best way which to express my thanks. [武蔵工大]　2. Even as she spoke she knew that it was not the tone which to carry conviction. [Maugham, *The Painted Veil*]

（Ⅲ） 次の英文を意味が変わらないようにして指定のように書き換えよ。

He was so kind that he opened the door for me. (He was kind enough......)

（Ⅳ） 次の各組の(a)と同じ意味になるように(b)の空所に一語ずつ入れよ。

1. (a) Will you kindly help me?
   (b) Will you be kind (　　)(　　) help me? [明治大]

2. (a) We were too far away to see what was happening.

(b) We were not (　　　) (　　　) to see what was happening. ［横浜市大］

3. (a) He was so foolish that he missed the point.

(b) He was too foolish (　　　) (　　　) miss the point. ［神戸大］

【解答】 (Ⅰ) 1. I wanted some solitude to think over things in. 2. ...he had no time left to practise music in. 3. We had nothing else to remember him by.

(Ⅱ) 1. which を in which に訂正 2. which を with which に訂正

(Ⅲ) He was kind enough to open the door for me.

(Ⅳ) 1. enough to 2. near enough 3. not to

【文意】 (Ⅰ) 1. 私は物事を考えるのに孤独を必要とした。 2. 彼は科学に没頭していたので，音楽を練習する時間が残っていなかった。 3. われわれには，彼の記念となる品がほかには何もなかった。

(Ⅱ) 1. 私が感謝の気持ちを表すことのできる最もよい方法を教えてください。 2. 話しながらも，彼女は相手を信服させる口調ではないことがわかった。

(Ⅲ) 彼はたいへん親切で，私のために戸をあけてくれた。

(Ⅳ) 1. (a) どうぞ助けてくださいませんか。 2. (a) われわれは遠すぎて，何事が起こっているのか見えなかった。 3. (a) 彼は愚かで，要点をつかみかねた。

21.2　遡及不定詞

設　問　次の文の中の下線の不定詞は何を修飾しているか考えてみよ。

If a lighthouse is to be built on dry land, it is not a difficult thing <u>to do</u> and does not cost a great deal.

解　説　全文の意味は「もし，灯台が乾いた土地に建てられるのであれば，困難な仕事ではないし，また費用もたいしてかからない」である。to　do は thing を修飾しているのであるから，形容詞的用法である。しかしまた difficult を修飾しているとも言える。そうすると，副詞的用法ということになる。次の例でこの複雑な関係を知られたい。

例　a mountain difficult to climb（登りにくい山）／a difficult language to learn（学びにくい国語）／Knowledge is difficult to gain.（知識は得がたい）

それで，上掲の問題文では，a　difficult　thing を一まとめにして，それを to do が修飾すると見て，形容詞的用法として分類するのが実際的である。

なお，問題文で，to　do は裏面では thing にまでさかのぼって，do a thing というような結合が考えられている。こういう関係を持っている不定詞を**遡及不定詞**という。do は他動詞だからそのまま遡及関係が成立するが，もし自動詞であれば次に前置詞を入れる必要がある。他動詞でも目的語を従えているときはやはり前置詞を入れないと，前の名詞と結合しないことになる。

例　He has no house to live *in.*（彼には住む家がない――

live in a house という結合が考えられている）／ They have no money to buy their food *with.*（彼らには食物を買う金がない——They have no money with which to buy their food. とすることもできる）

さらに，こういう溯及結合は，ずっとさかのぼって主語にまで及ぶことがある。

例 This river is dangerous to bathe *in.*（この川は泳ぐのに危険である）

上例では，bathe in this river と結合するのである。それで上例を次のように書き換えても意味上大差はないことになる。

It is dangerous to bathe in this river.（この川で泳ぐのは危険である）

⁞⁞⁞⁞⁞⁞ 研究問題 ⁞⁞⁞⁞⁞⁞

（Ⅰ） 次の文中の溯及不定詞を指摘し，裏面の結合関係を示せ。

1. The stone was too heavy to lift. 2. Her colourless face grew dreadful to look at. 3. I'm a very confiding soul by nature; if I didn't have you to tell things to, I'd burst. [Webster, *Daddy-Long-Legs*] 4. I think that every one ought to have a happy childhood to look back upon. [*Ibid.*] 5. He was so beautiful to look at that he was quite a picture. [Burnett, *Little Lord Fauntleroy*] 6. Hers was a difficult face to read. [Galsworthy, *Swan Song*]

（Ⅱ） 次の英文を，意味の上で大差のないようにして指定のように書き換えよ。

1. The alteration is quite easy to account for. (It is…) 2.

He is an easy man with whom to live. (It is...)　3. It is easy to deceive him. (He is...)　4. I find the story difficult to remember. (The story is...)

【解答】（I）1. to lift the stone　2. to look at her colourless face　3. to tell things to you　4. to look back upon a childhood　5. to look at him　6. to read her face
（II）1. It is quite easy to account for the alteration.　2. It is easy to live with him.　3. He is easy to deceive.　4. The story is (found to be) difficult to remember.
【文意】（I）1. その石はあまりに重くて持ち上げられなかった。　2. 彼女の青ざめた顔は見るも恐ろしくなった。　3. 私は生まれつき，心の中にあることは何でも打ち明けるたちです。もし，あなたという話し相手がなかったら，私ははちきれてしまいましょう。　4. だれもみな振り返ってみることのできる幸福な子供時代を持つべきであると私は思います。　5. 彼は，見てとてもきれいなので全く絵のようであった。　6. 彼女の顔は読み取りにくい顔だった。
（II）1. その改変は全く容易に説明できる。　2. 彼は同居の相手として楽な男です。　3. 彼を欺くのはたやすい。　4. その話は覚えにくいように思う。

21.3　不定詞の原義

設問　次の三文の中の不定詞は，三用法のうちのどれに属するか考えてみよ。

(a) I long to see my mother again.
(b) I am desirous to see my mother again.
(c) I have a desire to see my mother again.

解説 (a) は「私は母にもう一度会いたい」であるが，ここでは不定詞はlongに結びついている。しかし，どういう文法関係で結合しているかが問題である。longは自動詞である（**例** I long for a smoke.)。不定詞のしるしであるtoは昔は「…へ」の意の前置詞であったのであるから，longが自動詞であってもtoづき不定詞とは結合できる。こういう場合，不定詞を副詞的用法というべきであろうが，また，意味の上から考えてlongはwantに近いのであるから，不定詞を目的語と見ることもできるわけである。

類例 I don't *care* to be rich.（私は金持ちになりたくない――careはlikeに近い）

(b) は「私はもう一度母に会いたいと思う」であり，ここでは，不定詞はdesirousを修飾するから，副詞的用法である。ここで注意すべきことは，desirousは何かに向かって積極的に望む意味であるから，toづき不定詞とはきわめて自然に結びつくということである。anxious, eager, curious, impatient, willingなども，何かに向かって積極的に働きかける意味あいの形容詞であるから，toづきの不定詞を従える。

(c) の名詞desireはやはり欲望を意味するから，toづき不定詞を従える。名詞を修飾するから，不定詞は形容詞的用法である。なお，(c) の文はI desire to see... と書きなおされる。(⇒5.5)

⁝⁝⁝ 研究問題 ⁝⁝⁝

各文の下線部を日本語に訳せ。

1. She seemed more anxious to listen to the troubles of others than to discuss her own. [Maugham, *The Moon & Sixpence*] 2. She felt very curious to know what it was all about. [Carroll, *Alice in Wonderland*] 3. I have been afraid to ask you before your uncle. [Dickens, *Dombey & Son*] 4. I did so in my anxiety to help you. 5. He has no wish to be a lawyer.

【解答】 1. 彼女は他人の悩みに耳を傾けたいようであった。 2. 彼女はとても知りたがった。 3. 私は恐くてあなたに尋ねられなかった。 4. 君を助けたいばかりに。 5. 彼は弁護士になりたいと思っていない。

21.4 副詞的用法の不定詞

副詞的な不定詞の意味・用法は次のように分類することができる。

(a) **目的**「…するために」

(b) **意向**「…しようと」(⇒21.3)

(c) **指図**「…するように」

この意味の不定詞は「他動詞＋目的語」の次に置かれることが多く，この場合用いられる他動詞はurge, order, charge, command, direct, desire, want, expectなど命令・要求・意図・決定などの意のものである。そして目的語と不定詞との間には意味上の主語・述語の関係が成立する。それで，「目的語＋不定詞」を*that*-clauseで書き換えられる。そのclauseの中の動詞は仮定法または仮定法代用のshouldが用いられるのが普通である。(⇒19.1, 20.4)

例 They *urged* him to grant the request. (＝They *urged* that he (should) grant the request.「彼らはその要求を認めるようにと彼をせきたてた」) ／ He *ordered* the child to be sent alone into his room. (＝He *ordered* that the child (should) be sent alone into his room.「彼は，その子をひとりで部屋にやるようにと命令した」) ／ He *wanted* me to be a teacher. (彼は私を教師にならせたかった) ／ With such a man you could not *expect* the appeal to conscience to be effective. [Maugham, *The Moon & Sixpence*] (ああいう人を相手にしては，良心に訴えても効果を期待することはできないでしょう)

(d) **結果「(…の結果) …する」**

上述の (a) (b) (c) の不定詞の to には，「…に向かって」という前置詞としての原義 (⇒21.3) が感じられる。この (d) でも，この点は同じであるが，この場合は自然の成り行きの結果を示す。

例 The door opened *to admit* the tall gentleman. (戸があいてその背の高い紳士が中へ入ってきた) ／ He intended to purchase an estate, but did not live *to do it*. [Austen, *Pride & Prejudice*] (彼は屋敷を買うつもりだったが，買わずに死んだ)

(e) **原因「…して」**

glad, sorry など感情を示す語に続いた不定詞がこの意味となる。「…するに当たって」としてみれば，前置詞としての to の原義がいくぶん認められる。

例 I grieved to hear the news. (私はその知らせを聞いて

悲しんだ)

(f) **断定の根拠**「…するとは」

(g) **指定**「…するのに」

通例，形容詞や副詞を修飾し，その範囲を明確にする。

(h) **独立不定詞**

文全体に対する話者の考えや断わりの言葉として，文頭や文尾に，また時には中間にさしはさむ。

⁝⁝⁝ 研 究 問 題 ⁝⁝⁝

次の各文の中の不定詞のうち，副詞的用法のもののみを指摘して，それらを意味上より分類せよ。

1. When they came in front of the door, both stopped to gaze on it. [Stevenson, *Dr. Jekyll & Mr. Hyde*] 2. He was glad to come home after so many years' lonely life in a desert island. 3. When his father saw his son had a gift for art, he made up his mind to give him a chance to develop it. 4. I got home to find that the box with my new blue spring dress had come. [Webster, *Daddy-Long-Legs*] 5. You must be mad to live in a city when you might live on a farm. [*Ibid.*] 6. Without moving, I shouted to him to come in. [Maugham, *The Moon & Sixpence*] 7. He ran to tell her not to cry any more. [Dickens, *Dombey & Son*] 8. To tell you the truth, I kept it to myself for two reasons. [*Ibid.*] 9. I entreat you to forget that I have done so, inadvertently. [*Ibid.*] 10. He was the first to return to Europe with news about the New World.

【解答】 目的 1，7　意向 3　指図 6，7，9　結果 4　原因 2　根拠 5　指定 10　独立不定詞 8

【文意】 1. 彼らが戸口の前まで来ると，両方とも立ち止まって，それをじっと眺めた。 2. 彼は無人島でそんなに長年の寂しい生活を送ったのだから，帰れたことを喜んだ。 3. 父親が息子が芸術的才能を持っているのを見たとき，彼はそれを伸ばす機会を与えてやろうと決心した。 4. 私が帰宅すると，新しい青色の春着の入った箱が届いていました。 5. 農場に住まおうと思えばそうできるのに都会に住むなんて，君は正気でないに違いない。 6. 私は，動かないまま，彼に入ってこいとどなった。 7. 彼は彼女のところへ走り寄って，もう泣かないようにと言った。 8. 本当のことを言うと，私は二つの理由でそれを秘密にしておきました。 9. 私はうっかりそうしたのですが，そのことをお忘れくださるようお願いします。10. 彼は新世界に関するニュースを持ってヨーロッパに帰った最初の人だった。

実力テスト 53

（I） 括弧内の指示に従って次の各文を書き換えよ。

1. Father said to me, "Take care lest you should fail in the entrance examination."（間接話法に）［武蔵工大］ 2. I told him to clean up his desk at once.（I told him that...）［小樽商大］ 3. The master ordered us not to leave the door open.（*that*-clause に）［関西学院大］ 4. He doesn't desire it to be too conspicuous.（*that*-clause に）

（II） 下の文において，下線の部分をその下にあるイ，ロ，ハ，ニの句のうち，同じ意味を表すもので置きかえるとすれば，どれがもっとも適当か。［東京大］

He must be crazy <u>to talk</u> such nonsense.

イ if he talks　　ロ so as to talk

ハ with talking　　ニ by talking

（Ⅲ） 意味を変えないで，次の各文の *that*-clause を不定詞で書き換えよ。

1. He commanded that the prisoners should be brought in. 2. I desired that he set to work at once. 3. She directed that the entire income be used to help the poor. 4. He intends that his son should be a lawyer. 5. They charged that I should keep the plan secret.

【解答】 （Ⅰ） 1. Father told me to take care lest I should fail ... 2. I told him that he should clear up his desk at once. 3. The master ordered that we should not to leave the door open. 4. He doesn't desire that it should be too conspicuous.
（Ⅱ） イ
（Ⅲ） 1. He commanded the prisoners to be brought in. 2. I desired him to set to work at once. 3. She directed the entire income to be used to help the poor. 4. He intends his son to be a lawyer. 5. They charged me to keep the plan secret.

【文意】 （Ⅰ） 1. 「入学試験に落第しないようにせよ」と父は私に言った。 2. 私は彼に，机の上をすぐかたづけるようにと命じた。 3. 先生はわれわれにドアを明けっぱなしにしておかないように命じた。 4. 彼はそれがあまり人目にたつことを好まない。
（Ⅱ） あんなくだらないことを話すとは，彼はきっと気が変になっているのだろう。
（Ⅲ） 1. 彼は囚人たちを中へつれて来るように命じた。 2. 私は彼がすぐ仕事を始めてくれるよう望んだ。 3. 彼女は全収入を貧しい人々の救済に使用するよう命じた。 4. 彼は息子を弁護士にしようと思っている。 5. 彼らは私がその計画を秘密にしておくようにと命令した。

21.5 to のない不定詞

to のない不定詞は通例,「他動詞＋目的語」の次に用いられる。この to のない不定詞の用法は, 不定詞の三用法（名詞的・形容詞的・副詞的）のどれにも入らない。しいて言うならば, **動詞的用法**とでもいうべきであろう。なぜならば, 目的語の動作を述べることになるからである。つまり, 目的語と不定詞との間には主語・述語の関係が成り立つのである。それで, この場合の to のない不定詞を目的補語として扱うこともある。

to のない不定詞の用法を, 主動詞である他動詞の種類によって分類すると次のようになる。なお, 他動詞が受動態になると, 不定詞は to をとる。

(a) **使役動詞とともに**

「…させる」の意の make, let, bid, have などのあとで。

例 I *made him go* against his will. (He *was made to go* against his will.「私はむりやり彼を行かせた」) ／I *had him paint* the house. (私は彼に家のペンキ塗りをさせた)

(b) **感覚動詞とともに**

see, hear, watch, notice, find など。

例 I *saw him enter* our garden. (He *was seen to enter* our garden.「私は彼がうちの庭に入るのを見た」) ／ We *heard him call* out for help. (He *was heard to call* out for help.「われわれは彼が救いを求めるのを聞いた」) ／ We *watched* *the cab drive* away.（われわれは辻馬車が走り去るのを見守っていた）

knowが「経験する」という意のときも，toのない不定詞を従える。けだし，knowは「体験する」のであるから，一種の感覚動詞とみられる。

例 I have never *known him make* an intimate friend.（彼が親しい友人を作ったためしを私は知らない）／A tiger has *been known to leap* over a fence five feet high.（虎は五フィートの高さの垣をとび越えたためしがある）

感覚動詞hearはこの種の構文で目的語をとらないことがある。それは，目的語が一般世人をさすときである。特にmentionしなければならないほど特定の人ではないからであろう。

例 I have *heard say* that he is an honest man.（彼は正直者だといううわさを聞いた）

（c） **helpとともに**

helpには使役動詞に似た用法がある。

例 Grammar *helps you say* what you mean correctly.（文法は君の言おうとすることを正しく表現させてくれる）

もっとも，toづき不定詞を使ってhelp you to say... としてもよい。そのときは，不定詞は副詞的用法となる（⇒21.4（c））。

また，helpの次の目的語が一般的な意味のus，you，themなどで，特にだれということが問題でないときは省略されることがある。

例 Sallie stayed to *help wash* the dishes.（サリーは居残っ

て皿洗いの手伝いをした）／These snakes *help to keep* the gophers down. [Cather, *My Ántonia*]（この蛇はじねずみをはびこらせない役をする）

::::::研 究 問 題::::::

次の各文中の「他動詞＋目的語＋toのない不定詞」の構造を指摘し，その他動詞を意味の上から分類せよ。

1. I watched a full moon come up from behind the black hills. [Macdonald, *The Egg and I*]　2. Soon I felt something creep up my left leg.　3. I would rather lose all my fine trees than have you tell a lie.　4. You will find the lock go the better for a little oil.　5. Of all the passengers that he saw go by, five-sixths were soldiers.　6. She bade the children be quiet and listen to Maria's song. [Joyce, *Dubliners*]　7. Jimmie was dressed as Santa Claus, and Sallie and I helped him distribute the presents. [Webster, *Daddy-Long-Legs*]　8. I lay in bed and listened to the heavy trams go by. [Hemingway, *The Sun Also Rises*]　9. I'm going to look at them dance. [Maugham, *Creatures of Circumstance*]　10. Let her have some supper before she goes to bed. [C. Brontë, *Jane Eyre*]

【解答】（a）使役動詞：3. have you tell　6. bade the children be　7. helped him distribute　10. Let her have（b）感覚動詞：1. watched a full moon come　2. felt something creep　4. find the lock go　5. saw（the passengers）go　8. listened to the heavy trams go　9. look at them dance

【文意】 1. 私は満月が黒い山の後ろから上って来るのをじっと

見ていた。　2. 私はまもなく何かが左足をはい上がってくるのを感じた。　3. 私はおまえにうそをついてもらうぐらいなら，むしろ私のりっぱな木を全部なくしたほうがましだと思う。4. 君は，油を少しさすと錠が楽に動くのがわかるであろう。5. 彼が通過するのを見た旅人のうち，その六分の五は兵士であった。　6. 彼女は子供たちに静かにしてマリアの歌を聞くように命じた。　7. ジミーはサンタクロースの衣装をつけ，サリーと私は彼が贈り物を配る手伝いをした。　8. 私は床に横たわって，重い石炭車が通り過ぎるのに耳をすましていた。9. 私は彼らが踊るのを見にいきます。　10. 彼女が寝る前に夕飯を食べさせなさい。

21.6　不定詞の本動詞化

「動詞＋toづき不定詞」の結合において，しばしば不定詞が意味上は述語動詞の役目をして，「動詞＋to」は助動詞的な役をするにとどまることがある。

(a)　He *came to live* very much by himself during his stay at Oxford.（彼はオックスフォードに滞在中ひどく孤独の生活を送るようになった）

上例の不定詞のtoには前置詞としての原義が感じられ，「…するに至る」から「…するようになる」となる。この結合でcome toが意味上助動詞的に感じられるが，そのため，形式上も助動詞的に扱われることがある。

例　How *came* you to be in the hospital?（君はどうして入院することになったのですか）

come toに類するものにget to, grow to, begin to, learn toがある。

(b)　The weather *happened to be* cool that day.（当日はたまたま天候は涼しかった）

上例の happen to（たまたま…である，する）も意味上は助動詞に似た役をしていて，事実上の述語動詞は be である。このことは次のように書き換えることができることでもわかる。

It happened that the weather was cool that day.

なお，chance to にも同様なことが認められる。

(c)　He *seems to know* the secret.（彼は秘密を知っているらしい）

話者が伝えたい事実は，He knows the secret. であって，この事実全体に対して話者がだいたい確信があるということを seems to で示しているのである。それで，実際上の述語動詞は know である。したがって，次のように書き換えても意味上大差はない。

It seems that he knows the secret.

appear to も seem to と同様である。

(d)　He *failed to get* elected contrary to our expectation.（彼はわれわれの期待に反して落選した）

上例の fail to は意味上は一種の否定的助動詞であって，He did not get elected... としても意味上大差はない。

(e)　上述の構造の中の動詞の代わりに「be＋形容詞」を置いた形も，意味上は助動詞に相当し，不定詞が本動詞的な役をすることがある。そして，この場合も *that*-clause をもって書き換えられる。

例　What I said *is sure to make* him sad.（＝I am sure

that what I said will make him sad.「私の言ったことは必ずや彼を悲しませるだろう」)／You *are certain to* meet him when you go.（=It is certain that you will meet him when you go.「君が行けば必ず彼に会うでしょう」)／This did not *seem likely to happen.*（=It did not seem likely that this would happen.「こんなことが起こりそうには思えなかった」)

::::::研究問題::::::

次の各文中，意味上助動詞とみられるものを抽出し，関係部分の訳語を示せ。

1. Soon he began to be hungry. 2. There appears to be nothing more to learn. 3. There chanced to be no one in the house. 4. I had provided myself with everything that I was likely to want for a week. 5. Wherever the road divided there were sure to be two finger-posts pointing the same way. [Carroll, *Through the Looking Glass*] 6. When you got to know him it might be that he would turn out a very good fellow. [Maugham, *The Casuarina Tree*] 7. You could not fail to see that she was deeply conscious of the authority of court. [Id., *The Painted Veil*] 8. Thou and I together, may be cheerful and happy yet, and learn to forget this time, as if it had never been. [Dickens, *The Old Curiosity Shop*] 9. There happened to be a ball given by the Squire that evening. 10. Twelve years earlier he had grown to hate the perils of trench warfare in France. [Hilton, *Lost Horizon*]

【解答】 1. begin to～（空腹になってきた） 2. appear to～（何もないようにみえた） 3. chance to～（たまたまだれもいなかった） 4. be likely to～（たぶん入り用になるような） 5. be sure to～（必ずあった） 6. get to～（知り合いになった） 7. fail to～（見のがすことはできなかった） 8. learn to～（忘れるようになるだろう） 9. happen to～（たまたま催された） 10. grow to～（大きらいになっていた）

【文意】 1. まもなく彼は腹がすいてきた。 2. これ以上学ぶべきことがないようにみえた。 3. たまたま家の中にはだれもいなかった。 4. 私は，一週間中にたぶん入り用になるような品物は全部備えておいた。 5. 道路が分岐するところではどこでも，同じ方向をさし示す二つの指標が必ずあった。 6. 君が彼と知り合いになれば，たぶん彼はとてもよい男だということがわかるであろう。 7. 彼女が法廷の権威をじゅうぶん意識していることを君は見のがすことはできなかっただろう。 8. おまえと私といっしょにいれば，まだ愉快に幸福にやっていけるし，今度のことも全然なかったかのようにいつか忘れ去るだろう。 9. たまたまその夜は，郷士主催の舞踏会が催された。 10. 十二年前に，彼はフランスでのざんごう戦の危険が大きらいになっていた。

実力テスト 54

（Ⅰ） 次の各複文（節を含む文）の下線の語を主語にして単文（一対の主語・述語を含む文）に作りかえよ。

1. It seems that he is an honest man. 2. It happened that his grandfather died on the day he was born. 3. It chanced that I was out when he called. 4. It seems that he has finished his task. 5. It is certain that he will come.

（Ⅱ） 次の下線を施した句の意味に最も近いものを下の欄から一

つだけ選べ。[小樽商大]

You should <u>never fail to</u> seek Dr. Brown's medical advice.

(a) without success (b) by all means

(c) in all probability (d) after all

(e) as soon as possible

【解答】 (I) 1. He seems to be an honest man. 2. His grandfather happened to die on the day he was born. 3. I chanced to be out when he called. 4. He seems to have finished his task. 5. He is certain to come. (II) (b)

【文意】 (I) 1. 彼は正直者であるらしい。 2. たまたま彼の祖父は，彼が生まれた日に亡くなった。 3. 彼がおとずれたときは，私はたまたま外出中であった。 4. 彼は仕事を終えてしまったらしい。 5. 確かに彼はまいります。 (II) 君は必ずブラウン博士の診療を求めるべきです。

21.7 for〜to〜

設問 次の三文の中の「for+（代）名詞」は，続く不定詞に対しては意味上の主語である関係にある。こういうふうに意味上の主語・述語の関係にある結合は一般に**ネクサス**（Nexus）と呼ばれる。次の文のネクサスの中の不定詞の用法は名詞的・形容詞的・副詞的のどれであるかを考えてみよ。

(a) *For her to go* would be the best thing.

(b) There are many things *for us to do.*

(c) The stone was too heavy *for the child to lift.*

解 説 (a) **名詞的用法**（文の主語として）。= That she should go would be the best thing.（彼女が行くのが最もよいことであろう）

この種のネクサスを文の主語とするときは形式主語を用いるのが普通である。

It would be the best thing for her to go.

(b) **形容詞的用法**（things を修飾）。= There are many things which we must do.（われわれがすることはたくさんある）

ネクサスが名詞を修飾する場合には，不定詞は遡及不定詞（⇒ 21.2）となることが多い。そういうときには，名詞との関係を考えて，前置詞を添える必要が起こる。

例 It is the most perfect house *for children to be brought up in.* [Webster, *Daddy-Long-Legs*]（そこは子供らが育てられるには最も完全な家である）

(c) **副詞的用法**（too heavy を修飾）。= The stone was so heavy that the child could not lift it.（その石は子供が持ち上げられないほど重かった）

この (c) の文は，the stone を主語として，それを中心にしての叙述であるから，不定詞 to lift は the stone に返ってそれを自分の目的語と考える。したがって，lift は目的語をとらない。

なお，「for +（代）名詞」の for は，前置詞としての本来の意味，「…のために」「…にとって」などをそのまま維持している場合もある。

例 It is good for him to stay at home.「彼は家にとどまる

のがよい（…のは彼にとってよい）」／He brought some chairs for the strangers to sit on.「彼はお客たちがかけるのに何脚かの椅子を持ってきた（お客のために…）」／I am waiting for the moon to rise.「私は月が上がるのを待っている（…月を待っている）」／I long for him to be happy in his marriage.「私は彼が結婚生活で幸福であることを望む（…幸福であることを彼のために望む）」

::::::研究問題::::::

次の文中のネクサスの用法を分類し，またその部分の訳語を示せ。

1. The sun shines brightly from morning till evening, giving heat for the crops to grow. 2. The grapes were a little too high for the fox to reach. 3. When the time comes for me to leave you, I'll shake hands with you. 4. As the cotton plant grows rather slowly, there must be many days for it to grow well. 5. All I want is for you to mind your own business. [Priestley, *Angel Pavement*]

【解答】 1. for the crops to grow（副詞的）「作物が成長するように」 2. for the fox to reach（副詞的）「きつねが届くには」 3. for me to leave you（形容詞的）「私があなたと別れる（時）」 4. for it to grow well（副詞的）「それがよく成長するためには」 5. for you to mind...（名詞的）「君が人のことをかまわないこと」

【文意】 1. 太陽は朝から晩まできらきら輝いて，作物が成長するように熱を与える。 2. ぶどうは少し高すぎて，きつねは届かなかった。 3. 私が君と別れる時がくれば，私は君と握手しよう。　4. 綿の木はかなり成長がのろいので，それがよく成長するには多くの日数を要する。　5. 私の要求することは，君が自分の仕事に専心するということだけです。

実力テスト 55

（Ｉ）　下線部を clause で書き換えよ。

1. Another thrilling winter sport is bobsledding, though it is too dangerous for amateurs to try.　2. The King even studied Latin and translated some Latin books into English for his people to read.　3. It would be absurd for him to marry so much beneath him.　4. It wasn't considered the part of a gentleman, in my time, for a man to insult his father.　5. It is time for you to do your exercise.　6. He brought some papers for me to sign.　7. The announcement was put up on the notice-board for everyone to see.

（Ⅱ）　次の各文の（　　）の中に必要ならば前置詞を補え。不必要ならば○と記入せよ。

1. It's a very big house for just two people to live (　　), isn't it?　2. I had a comfortable chair for him to sit (　　).　3. Come into the kitchen and we'll see if we can't find something for you to eat (　　).　4. The night was too dark for us to move (　　).　5. They laid down some carpet for the queen to walk (　　).

【解答】（Ｉ）1. ...it is so dangerous that amateurs cannot try it.　2. ...so that his people could read them.　3. ...if he should marry so much beneath him.　4. ...that a man should insult his father.　5. ...that you did your exercise.　6. ...in order that I should sign them.　7. ...so that everyone might (could) see it.

(Ⅱ) 1. in　2. in　3. ○　4. in　5. over

【文意】 (Ⅰ) 1. もう一つのスリルのある冬季競技はボブスレーである。もっともそれは危険だからアマチュアは試みられない。　2. 国王はラテン語までも勉強して，人民が読めるように何冊かのラテン語の本を英語に翻訳した。　3. 彼がそんなに目下の女と結婚するのは当を得ないだろう。　4. 自分の父親を侮辱するということは，私の時代には紳士のなすべきことではないと考えられた。　5. 君が練習をする時間です。　6. 彼は，私が署名するためにいくらかの書類を持って来た。　7. 告知はだれでも見られるように掲示板に張られた。

(Ⅱ) 1. たったふたり住むには大きな家ですね。　2. 私は，彼が座るのに気持ちのよい椅子を持っていた。　3. 台所へいらっしゃい。そして君が食べる物が何かないか捜しましょう。4. 夜はあまり暗くてわれわれは行動できなかった。　5. 彼らは，女王がその上を歩くためにじゅうたんを敷いた。

21.8　完了不定詞

たとえば，to go に対して to have gone のような形を完了不定詞という。完了不定詞の用法は次の二つに分けるのが便利である。

(a)　主動詞の時制よりも一段前の時制であること，または動作の完了を示す。

He seems *to have been* ill yesterday. (=It seems that he was ill yesterday.「彼は昨日は病気であったようだ」)／He seems to have been ill for a week. (=It seems that he has been ill for a week.「彼は一週間病気していたらしい」）／He seemed *to have been* ill.（=It seemed that he had been ill.「彼はその前病気をしていたらしかった」）／I was glad *to have finished* it before the day of our departure.（出発の日の前にそれを仕上げてしまったので私はうれしかった）

(b) 非実現の行為を示す。

I meant *to have given* him the money.（私は彼にその金をやるつもりでしたが――実際はやらなかった）

I meant to give him the money. とすれば「金をやるつもりであった」で，おそらくそのとおりに実現したであろうことが考えられる。

∷∷∷ 研究問題 ∷∷∷

次の各文の完了不定詞を，完了または時間的に先の行為を示すもの (a) と，非実現の行為を示すもの (b) とに分け，全文を訳せ。

1. The moon looked to have disappeared behind clouds. [Hilton, *Lost Horizon*]　2. She never remembered to have seen her other than active and resolute. [Maugham, *The Painted Veil*]　3. My son-in-law was to have taken a farm close by us. [Gissing, *The House of Cobwebs*]　4. I hope you have not invested in it. I am sure you are too clever to have done it.　5. For the fliers to have stayed where their plane was wrecked would have meant certain death, so they set out in search of help.

【解答】 (a) 完了，または時間的に先の行為：1.（月は雲のうしろに隠れたらしかった） 2.（彼女は活動的で断固とした姿以外の彼女を見た覚えがなかった） (b) 非実現の行為：3.（私のむこは私どもの近くの農場を買い取るはずであったのだが） 4.（私は君がそれに投資なんかしなかったと思う。君は賢明だからそんなことはしなかったろうと確信する） 5.（飛行士たちが飛行機が難破したところにとどまっていたら確実に死ぬであろう。それで彼らは救助を求めに出た）

実力テスト 56

次の各文の下線部を clause で書き換えよ。

1. Such glimpses as we had of him in those last years, show him to have remained what he had always been. 2. It would have been impossible for either to have been disloyal to the other in any circumstance. 3. She was said to have been dismissed on account of bad conduct.（It を主語に） 4. I should have been very glad to have spent half an hour with you. 5. You're too young to have been in the war, I suppose? [Waugh, *Decline & Fall*]

【解答】 1. ...that he remained what he had always been. 2. ...that either should have been disloyal to the other. 3. It was said that she had been dismissed... 4. ...if I had spent half an hour with you. 5. You're so young that you were not in the war.

【文意】 1. 晩年の彼を時々ちらりと見たところでは，元の彼のままであったことがわかる。 2. どんな境遇にあっても，彼らふたりは互いに対して不実にしようとしてもできなかったであろう。　3. 彼女は素行が悪くて解雇されたのだと言われていた。　4. 私は三十分あなたといっしょに過ごせたらうれしかっただろうと思います。　5. 君は年が若いから，戦争には出なかったでしょうね。

21.9 代不定詞

設 問　次の二文中の to の次に何かを補うとすれば，どんな語が適当であるか考えよ。

(a)　He watched a ring of smoke he had made without intending *to*. [Galsworthy, *The White Monkey*]

(b)　I'll enter the church if you'd like me *to*.

解 説　重複をかまわないとすれば，(a) では to make it, (b) では to enter it となる。簡潔にしようとして to だけで間に合わせているのである。この to は不定詞の代わりをしているので**代不定詞** (Pro-infinitive) と呼ばれる。代不定詞は口語，特に会話体などに多く用いられる。なお，問題文の意味は次のとおり。

(a)　別にそうするつもりもなく自分が作ったたばこの煙の環を彼はじっと眺めていた。(b)　もしお望みならば私は牧師になりましょう。

:::::: 研究問題 ::::::

次の各文中の代不定詞を指摘し，原形動詞その他を補って full な形の不定詞にせよ。

1. "Then leave it to me." — "I'll be only too happy to, sir."

[Galsworthy, *The White Monkey*]　2. I won't go, if you don't want me to. [Huxley, *Point Counter Point*]　3. It is repugnant to him to make use of it, but he may have to. [Galsworthy, *To Let*]　4. Now you blame me for doing what you told me to.　5. "You will keep the secret?" — "I have given my word to."　6. I want to see the whole world. I am going to some day. [Webster, *Daddy-Long-Legs*]

【解答】 1. to leave it to you　2. to go　3. to make use of it　4. to do　5. to keep it　6. to see it
【文意】 1.「それではそれを私に任せなさい」──「そうできれば，とてもしあわせです」　2. あなたが行かせたくないと思われるのでしたら，私は行きません。　3. それを使うのは彼はいやなのだが，使わねばならなくなるかもしれない。　4. 今は，あなたがせよと言われたことをしたと言ってあなたは私をしかる。　5.「君は秘密を守るだろうね」──「私は守ると約束した」　6. 私は世界じゅうを見たいと思います。いつかはそうするつもりです。

22. 動名詞

22.1 動名詞の形態と用法

設問 次の文の helping と others とはどういう関係であるか，また文の構成上 helping はどういう役目をしているか。

Helping others is his only happiness.（他人を助けることは彼の唯一の楽しみである）

解説 helping は文の主語に用いられているし，その意味も名詞的に「助けること」である。しかし，純粋に名詞なら，others という目的語をとらないはずである。ところが，others は help others の場合と同じように目的語であるから，この点では動詞的である。こういうように名詞と動詞の両性格を備えた -ing 形を**動名詞**（Gerund）という。

動名詞は，構文上は主語としてのほか，be 動詞の補語・他動詞および前置詞の目的語として用いられる。主語としての動名詞のうち，'There is no -ing' は熟語的な意味になる。

例 There is no *trusting* to appearances.（=We cannot trust to appearances.「外観に頼ることはできない」）

また，be の補語として用いられたものは，一見進行形に似ているから混同しないよう注意すべきである。

例 His principal occupation in his old age was *talking* to his friends.（彼の老後のおもな仕事は友人と話すことであった）

そのほかの用法として，名詞の修飾語として用いられることがあるが，この場合も現在分詞と区別する必要がある。

a sleeping baby「眠っている赤ん坊」（現在分詞）
a sleeping bag（＝a bag for sleeping in）「寝袋」（動名詞）

playing children「遊んでいる子供たち」（現在分詞）
playing cards「トランプ札」（動名詞）

「（現に）…している」の意であれば現在分詞。「…することに使う」の意なら動名詞とみてよい。しかし，次の例はどうであろうか。

a sleeping partner　匿名社員
a fishing village　漁村
a singing bird　鳴鳥

上例の -ing 形は，その起源をたずねれば現在分詞であるかもしれないが，現に動作が進行しているのではない。一時的の状態を示しているのではなくて，動かない性質を示して種別の目的で用いられている。それで，複合語の第一語とみて，動名詞・現在分詞の区別をしないほうがよい。

:::::: 研究問題 ::::::

次の文中の動名詞を指摘し，文中でのその役目を述べよ。

1. Talking to him was like playing upon an exquisite violin. [Wilde, *The Picture of Dorian Gray*]　2. Don't say anything more to him; it's throwing words away.　3. He always said

the greatest mistake he ever made was not coming here over twenty years before. [Maugham, *Cakes & Ale*] 4. It's a pleasure being shown all these things. [Hilton, *Lost Horizon*] 5. She had her plants in the conservatory and she liked looking after them. [Joyce, *Dubliners*] 6. I thought about him the very first thing on waking. 7. I cannot help feeling proud to have such an important person for my friend.

【解答】 (a) 文の主語：1.（Talking），4.（being——形式主語に代理されている） (b) beの補語：2.（throwing），3.（not coming——notは動名詞を打ち消して「来なかったこと」） (c) 他動詞の目的語：5.（looking），7.（feeling——動詞helpはavoidの意） (d) 前置詞の目的語：1.（playing），6.（waking——onは「…とすぐに」の意）

【文意】 1. 彼に話をするのは，ちょうど繊細なバイオリンを演奏するようであった。 2. これ以上何も彼に言うな。言葉の無駄使いだから。 3. 彼が犯した誤りの最大なものは，二十数年前にここにやって来なかったことであると彼はいつでも言った。 4. こういう品々を見せてもらうことは楽しみである。 5. 彼女は自分の植物を温室に入れておいた，そして植物の世話をするのが好きだった。 6. 私は目をさますとまっ先に彼のことを考えた。 7. 私は，あのような重要な人を友人に持って誇りを感ぜざるを得ない。

実力テスト 57

(I) Culture is <u>knowing</u> the best that has been thought and said in the world.

上の文の下線の語と，構文の上から見て文法的に用法がまったく同じものを，次の文例の中から一つ選び番号で答えよ。[東京

外語大]

1. There is no telling what may happen. 2. She was playing the piano when I went in. 3. He is always finding fault with me. 4. His hobby is collecting stamps. 5. I was surprised at finding him there.

(II) 次の各文とほぼ同じ意味を表すようにして指示された書き出しで書き換えよ。

1. There is no denying that it is better to be alive than dead. (It is...) [中央大] 2. There's no good telling any more about it. (It is...) 3. It is impossible to tell when he will arrive here. (There is no...) [神戸大]

【解答】 (I) 4 (II) 1. It is impossible to deny that... 2. It is no good telling... 3. There is no telling when...

【文意】 (I) 教養とは，世界で考えられ述べられた最もよいことを知ることである。 1. 何が起こるかわからない。 2. 私が入っていったとき，彼女はピアノを弾いていた。 3. 彼はいつも私に小言を言っている。 4. 彼の道楽は切手収集である。 5. 私は彼をそこに見いだして驚いた。

(II) 1. 死ぬより生きているほうがましだということは否定できない。 2. それについてこれ以上述べても無駄である。 3. 彼がいつここに到着するかはわからない。

22.2 他動詞の目的語としての動名詞――不定詞と比較

設問 次の文の動名詞を to づき不定詞で置き換えてみて，意味上の相違がないか検討してみよ。

Alice didn't like being criticised, so she began asking

questions. [Carroll, *Through the Looking Glass*]

解 説 上の文は「アリスは批判されることはきらいであった，それで彼女は質問をしだした」の意である。これをtoづき不定詞を用いて書き換えると，次のようになる。

Alice didn't like *to be criticised*, so she began *to ask* questions.

(a) **beginの場合**

beginの目的語としては，動名詞でもtoづき不定詞でも目だった相違がないのが普通であるが，無意志動詞のときは不定詞を従える（⇒21.6（a）toの原義）。

例 When did you begin to learn (*or* learning) English? (いつから英語の勉強を始めたか) ／ The child began crying (*or* to cry). (子供は泣きだした) ／ It began raining (*or* to rain). (雨が降りだした) ／ He began to feel tired. (彼は疲れてきた) ／ I began to like him. (私は彼が好きになった) (最後の二例では動名詞は不可)

(b) **likeの場合**

likeやhateは，一般的なことについて好ききらいを言うときには動名詞を従える傾向がある。目前の動作をしたいかしたくないかというときには不定詞を従える傾向がある。ただし，feel likeの次では動名詞。

例 He liked hearing appeals to his charity. [Lawrence, *Women in Love*] (彼は彼の慈悲にすがる言葉を聞くのを好んだ) ／ I hate being slow about things. [Galsworthy, *To Let*] (私は物事にぐずぐずするのは大きらいだ) ／ I didn't like to disturb you.（私はあなたのお邪魔になりたくなかった）／I should like to go with you.（私はあなたのお供をしたいと思います）／She did not feel like dancing.（彼女は踊りたくなかった）

(c) **remember の場合**（用法に相違がある）

I remember mailing the letter.（私はその手紙を投函した覚えがある）／I remember to mail the letter.（私は忘れずにその手紙を投函した）

(d) **「必要とする」の意の他動詞**

need, want, require などは，目的語として動名詞を従える。この際，動名詞はひるがえって，文の主語を自分の目的語と考える。すなわち，遡及的になる（*cf.* 21.2 遡及不定詞）。それで動名詞が自動詞であれば，その次に前置詞を入れる必要がある。

例 He needs washing.（彼のからだを洗ってやらねばならぬ）／He needs looking after.（彼は世話をしてやる必要がある）／Your hair wants cutting.（君の髪は刈らねばならない）／This wants a bit more thinking about.（このことはもう少し考える必要がある）／It requires taking care of.（それは気をつけてやらねばならぬ）

::::::研 究 問 題::::::

日本文の意味に合うように英文を完成せよ。

1. 私は金持ちになりたくない。(I don't like...)　2. 私はまだすっかり荷造りを終えていない。(I have not quite...yet)
3. 私はもう少しでひかれるところであった。(I just missed

...)　4. 戸をしめてくださいませんか。(Would you mind ...?)　5. 英国に帰ると彼は法律を勉強し始めた。(On his return to England he began...)

【解答】 1. I don't like to be rich.　2. I have not quite finished packing yet.　3. I just missed being run over.　4. Would you mind shutting the door?　5. On his return to England he began studying (*or* to study) law.

実力テスト 58

(Ⅰ) 次の文の動名詞を clause で書き換えよ。

1. She remembered seeing him somewhere before. [小樽商大]　2. She denied having promised to help him.　3. When she suggested giving you an introduction to him you declined. [Maugham, *Cosmopolitans*]

(Ⅱ) 次の文の誤りを正せ。

1. At the news I felt like to cry of a sudden. [大阪市大]　2. My shoes want to mend.　3. I began liking her.

【解答】 (Ⅰ) 1. ...that she saw him somewhere before.　2. ...that she had promised to help him.　3. ...that she (should) give you an introduction to him.

(Ⅱ) 1. to cry を crying に　2. to mend を mending に　3. liking を to like に

【文意】 (Ⅰ) 1. 彼女は彼に以前どこかで会った覚えがあった。　2. 彼女は彼を救助することを約束したことはないと言った。　3. 彼女が彼への紹介状をあげようかと言ったとき，君は断わった。

（II） 1. その知らせを聞いて私は突然泣きたくなった。 2. 私の靴は修繕を必要とする。 3. 私は彼女が好きになってきた。

22.3 前置詞の目的語としての動名詞

動名詞はその前に前置詞をとることが多い。けだし，to づきの不定詞はその to が元来前置詞であったことから，さらにその前に前置詞をとることがない。それで動名詞が全部その役を引き受けているのである。そのうち注意すべき場合を次にあげる。

Bad weather prevented us (*from*) *going* out fishing.（悪天候のためわれわれは魚釣りに出かけられなかった）／I am thinking *of leaving* England one of these days.（近日英国を去ろうと思っています）／He is *above advertising* himself.（彼は自家広告をするのをいさぎよしとしない）／His impertinence is *past bearing.*（彼の生意気はどうも我慢がならない）／The book is *worth reading.*（その本は読む価値がある）

最後の例文中の worth は形容詞であるが，前置詞的に用いられる。なお，past，worth，for の次では動名詞は溯及的になって，文の主語や目的語を自分の目的語と見る。それで，動名詞が自動詞であれば次に前置詞を添える必要がある。**例** He is past praying for.（彼は改心の望みはない）／He made the picture well worth looking at.（彼はその絵を見る価値がじゅうぶんあるようにした）／A sleeping bag is a large, warmly lined bag for sleeping in out of doors.（寝袋

は戸外で中にはいって眠るための暖かい裏地がついている大きな袋である）

⁝⁝⁝研究問題⁝⁝⁝

1-5は下線部をclauseで，6-8は指定に従って，それぞれ書き換えよ。

1. I was scolded for staying away so long. 2. I feel that I acted unfairly to him in not telling him all. 3. He has been anxious at not receiving letters he expected. 4. The girl shed tears of delight on hearing this. 5. In correction his exercise I found many mistakes. 6. Illness kept him from coming to your house. (He could not...) 7. It was impossible for me to see him without thinking his poor brother. (Whenever I saw him I...) 8. I tried to persuade him against returning to his country. (against以下を不定詞で)

【解答】 1. ...because I stayed away so long. 2. ...when I did not tell him all. 3. ...because he did not receive letters he had expected. 4. ...when (*or* as soon as) she heard this. 5. While I was correcting his exercise... 6. He could not come to your house on account of illness. 7. ...I thought of his poor brother. 8. ...not to return to his country.

【文意】 1. 私はそんなに長時間留守にしていたのでしかられた。 2. 私は彼に全部を話さなかったのは公正でなかったように思う。 3. 彼は期待していた手紙が来ないので心配をしていた。 4. 少女はこれを聞いてうれし涙を流した。 5. 私は彼の練習を直していて多くの誤りを見つけた。 6. 病気のために彼は君の家へ来られなかった。 7. 私が彼を見ると，彼の死んだ兄のことを思い出さずにはいられない。　8. 私は彼が国へ帰らないように説得しようとした。

実力テスト 59

次の各英文の下にあげた語のうち適当なものを選んで，文中の各空所に一語ずつ入れよ。

1. I am sure you will be interested to know what happened then. I think it (　　) (　　) (　　) about.

　(イ) it　(ロ) tell　(ハ) telling

　(ニ) worth　(ホ) worthy　(ヘ) you

2. He did not think even (　　) a moment (　　) (　　) up what he had undertaken to do.

　(イ) at　(ロ) of　(ハ) for

　(ニ) taking　(ホ) give　(ヘ) giving

【解答】 1. (ニ) (ハ) (ヘ)　2. (ハ) (ロ) (ヘ)

【文意】 1. 私は，それから何事が起こったか君が知りたいだろうと思う。　2. 彼は，引き受けたことを放棄しようなどとは一瞬間たりとも考えたことはなかった。

22.4 動名詞の意味主語

設 問　次の動名詞とその前の語との意味関係を考えよ。

(a) I don't like your going out after dark.

(b) He doesn't like me going fishing.

(c) In spite of the sun shining through the leaves the air was keen and chilly.

解 説 上例では動名詞の前の語はいずれも意味上は動名詞の主語の関係にある。つまり下線部はネクサスを構成している。

(a) 意味主語は所有格であるが，動名詞も名詞の一種である以上，その前に立つものとしては所有格が最も自然である。(訳：私はあなたが暗くなってから外出するのを好みません)

(b) 意味主語は目的格であるが，これはmyにするほうが理に合っている。もっとも，口語ではmeの形も用いられる。(訳：彼は私が魚釣りに行くのを好まない)

(c) 意味主語は名詞である。the sunは無生物であるから，所有格にはできないので，このままで意味主語に用いる。(訳：太陽は木の葉の間から輝いていたにもかかわらず，空気は身を切るように冷たかった)

⁝⁝⁝ 研 究 問 題 ⁝⁝⁝

次の各文中，動名詞とその意味主語とから成るネクサスを指摘して，関係部分を訳せ。

1. My people wouldn't like me going out with a fellow I don't know. [Maugham, *Creatures of Circumstance*] 2. He ought not to mind his daughter loving the son of the woman he had really loved. [Galsworthy, *To Let*] 3. All such ideas were put aside without a word being spoken. [Gaskell, *Cousin Phillis*] 4. If she had conceived the possibility of such an effect being wrought by such a cause, what grief she would have felt! [Dickens, *Dombey & Son*] 5. They were astonished at such queer opinions being stated in the presence of their teacher.

【解答】 1. me going out（私が外出することを） 2. his daughter loving（彼の娘が愛することを） 3. a word being spoken（ひと言も述べられないで） 4. such an effect being wrought（そういう結果が作り出される） 5. such queer opinions being stated（そういう妙な意見が述べられるので）

【文意】 1. 私のうちの者は，私が知らない人と外出するのを好まないでしょう。 2. 彼は，本当に愛した婦人の息子を自分の娘が愛するのをいやがるべきではない。 3. そういう考えは全部，ひと言も述べられないでしりぞけられた。 4. 彼女が，そういう原因によってそういう結果が作り出されることがあるかもしれないと思いついたら，彼女はどんなに悲しんだことであろう。 5. そういう妙な意見が先生の面前で述べられるのを聞いて彼らはびっくりした。

実力テスト 60

（Ｉ） 次の各文を指示によって書きなおせ。

1. He repents that his son was idle in his youth.（Gerundを用いて）［大阪市大］ 2. May I lie on the sofa?（Would you mind...）［中央大］ 3. There seemed little probability of his ever earning a living by the law.（*that*-clauseを用いて） 4. She began to weep at the thought of his dying innocent.（下線部をwhen she... で） 5. On our knocking, the door was instantly thrown open by a servant.（下線部をclauseで） 6. In summer it is not so hot because the breezes blow from over the cool sea.（becauseをbecause ofにして） 7. I hope this is not of your doing.（下線部を過去分詞を用いて）

（Ⅱ） 示した日本文または英文の意味を表すように，英文の空所に適当な一語をいれよ。［1，2は北海道大］

1. 遠いところをおいでくださってありがとう。

Thank you for your (　　　) (　　　) the way.

2. どうりで君はいつも浮かぬ顔をしている。

That accounts (　　　) (　　　) always looking so gloomy.

3. He insists that I should pay the debt. [神戸大]

He insists (　　　) my (　　　) the debt.

【解答】 (I) 1. He repents of his son having been idle in his youth. 2. Would you mind my lying on the sofa? 3. ...probability that he would ever earn a living... 4. ...when she thought that he was going to die innocent. 5. When (*or* As soon as) we knocked,... 6. ...because of the breezes blowing... 7. ...done by you. (II) 1. coming ; all 2. for ; your 3. on ; paying

【文意】 (I) 1. 彼の息子が若いころ怠惰であったことを彼はくやしく思った。 2. ソファーに横になってもよいですか。 3. 彼が法律で生活の資をかせげる見込みはまあないようであった。 4. 彼女は彼が無実の罪で死ぬことを思って泣きだした。 5. われわれがノックすると，ドアはただちに女中によってさっとあけられた。 6. 夏は，風が涼しい海面から吹いてくるのでそんなに暑くない。 7. これは君がやったのではないでしょうなあ。 (II) 3. 彼は私が借金を支払うようにと主張する。

23. 分詞

現在分詞と過去分詞の二種があり，いずれも，動詞と形容詞の役を兼ねている。

23.1　後置形容詞的

設 問　次の二文中の分詞の意味・用法を比較せよ。

(a)　She sat down under a tree coming into bud.

(b)　The boy bought a book filled with pictures of animals and birds.

解 説　coming と filled はともに，その前の名詞を修飾している。ただし，現在分詞は「…している」という進行形的意味であり，過去分詞は「…されている」という受動的意味である。この意味は，名詞の次に which　was を補ってみればいっそうはっきりする。

(a)　She sat down under a tree *which was* coming into bud.（彼女は芽ぐみかけている木の下に腰を下ろした）／(b)　The boy bought a book *which was* filled with pictures of animals and birds.（その少年は，獣や鳥の絵がいっぱいある本を買った）

名詞のあとに修飾のために置かれた現在分詞は，時に進行形的意味ではなくて，「関係代名詞＋定形動詞*」に相当することがある。

　＊定形動詞（Finite Verb）とは，数・人称・時制・法などの点で，みずからの主語と，一致する形をとる動詞であって，不定詞・動名詞・分詞に対する。たとえば，to be, being に対して，am, are, is, was, were は定形動詞である。

例　Here are some interesting pictures showing the history of travel.（showing＝which show「ここに旅行の歴史を示すおもしろい絵がある」）

修飾のために名詞のあとに置かれた分詞の中には，裏面ではその名詞とネクサス（⇒21.7）を形成することがある。

例　That's the clock in the chapel tower *striking* twelve.［Webster, *Daddy-Long-Legs*］（あれは礼拝堂の塔の時計が十二時を打っているのです）／It's a picture of my boy *learning* to swim in the pool.［*Ibid.*］（あれはうちの坊やがプールで水泳を練習している絵です）／There was the sharp sound of a cup *set* down.［Galsworthy, *Fraternity*］（コップが下に置かれる音が聞こえた）

⁝⁝⁝ 研究問題 ⁝⁝⁝

（I）　次の文中，名詞のあとに置かれた分詞を指摘し，それを関係詞節で書き換えよ。

1. There were maps telling about the weather in the different places to which the planes were going to fly.　2. The time fixed for the beginning of their northern tour was now fast approaching.［Austen, *Pride & Prejudice*］　3. He did not think that there were the two American continents forming an impassable barrier to the Far East.　4. Those features

had too often haunted her thoughts; they were like a bad dream come true. [Galsworthy, *The Patrician*] 5. The high sills of the church windows screened her from the eyes of those gathered within. [*Ibid.*] 6. Parthenon was perhaps the most perfect building ever raised by man.

(Ⅱ) 次の文のイタリック体の部分を訳せ。

1. As I entered the kitchen, I sniffed *a pleasant smell of gingerbread baking.* [Cather, *My Ántonia*] 2. *There is a March wind blowing,* and the sky is filled with heavy, black moving clouds. [Webster, *Daddy-Long-Legs*] 3. The people became accustomed to *the sight of the tall grey horse carrying the tall grey old man.* [Burnett, *Little Lord Fauntleroy*]

【解答】 (Ⅰ) 1. telling (=which told) 2. fixed (=which had been fixed) 3. forming (=which formed) 4. come (=which had (was) come) 5. gathered (=who were gathered) 6. raised (=that has been raised)

(Ⅱ) 1. しょうが入り菓子パンが焼けるおいしいにおい。 2. 三月の風が吹いている。 3. 背の高い灰色の馬が背の高いごましお頭の老人を乗せている光景。

【文意】 (Ⅰ) 1. 飛行機が飛んで行こうとする各地の天候を教えてくれる地図があった。 2. 彼らの北国旅行を始めることに決めてあった日時が今やどんどん近づいていた。 3. 極東へ行くのに乗り越えられない障壁となっている二つのアメリカ大陸があることを彼は考えなかった。 4. その顔形はあまりにもしばしば彼女の心に浮かび出た。それは，現実になった悪夢のようであった。 5. 教会の窓の高い下枠でさえぎられて，内部にいる会衆には彼女は見えなかった。 6. パルテノンは，おそらく人間が築き上げた最も完全な建物であった。

(Ⅱ) 1. 台所に入ると，しょうが入り菓子パンが焼けるおいしいにおいが鼻にはいった。 2. 三月の風が吹いていて，空は重い黒い流れ雲でいっぱいである。 3. 人々は，背の高い灰色の馬が背の高いごましお頭の老人を乗せている光景をよく見慣れてきた。

実力テスト 61

下線の looking の意味上の主語は次のどれか。イ，ロ，ハなどでしるせ。［東京大］

The hedges were freshly cut so that you could see the land beyond, looking flat and bare.

イ the hedges　ロ we　ハ you　ニ the land

【解答】 ニ

【文意】 垣根が新しく刈られたので平たく裸の姿の向こうの土地が見えた。

23. 2 形容詞的・副詞的用法の過去分詞

設 問 次の文の，過去分詞を含んだイタリック体の部分の訳し方をいくとおりか工夫せよ。

A pleasure *too often repeated* produces numbness.
［Huxley, *Point Counter Point*］

解 説 訳し方：

(a) あまりにもしばしば繰り返される快楽は無感覚をもたらす。

(b) 快楽はあまりしばしば繰り返されると無感覚をもたらす。

(c) 快楽をあまり繰り返すと感じなくなる。

過去分詞 repeated は pleasure を修飾するのが本来の役目であろうが,「繰り返されない」に対抗して「繰り返される快楽」というような厳格な意味での修飾語ではない。「快楽というものは繰り返されると…」というふうに,ゆるやかに修飾して,いくぶん副詞的な意味も帯びている。それで,こういう意味のときはしばしば名詞と過去分詞との間は comma で切られる。

例 The minutest animal, examined attentively, affords a thousand wonders.（最も微細な動物でも注意深く調べれば多くの驚異を見せてくれる）／The dog, trained carefully, will become a faithful servant.（犬は注意深く訓練すれば忠実な召使いとなるだろう）

以上で,過去分詞の中に when, if, as などの従位接続詞の意味が潜んでいることが理解できたと思う。この潜在している意味をはっきり形に表すこともある。

例 The conduct of neither, *if strictly examined*, will be irreproachable.（どちらの人の行為も厳密に調べれば言い分があろう）／All this chatter about art is nothing *when compared* with those incidents of blood and passion. [Maugham, *Creatures of Circumstance*]（芸術に関するこんなくだらない話は,血と情熱のああいう事件と比べるととるに足らない）／Life, *as seen* through his eyes, is nebulous and chaotic.（彼の目から見た人生はもうろう,混沌としている）

::::::研究問題::::::

次の文の中の形容詞的・副詞的用法の過去分詞を指摘し，関係部分を日本語に訳してその係りどころを明らかにせよ。

1. He was a quiet, conventional person, and the world, viewed from his native village, seemed to him full of distasteful innovations. [Hilton, *Good-bye, Mr. Chips*] 2. He had much wondering meditation on the peculiar constitution of the female mind as unfolded to him in his domestic life. [G. Eliot, *The Mill on the Floss*] 3. A man of action, forced into a state of thought, is unhappy until he can get out of it. [Galsworthy, *Maid in Waiting*] 4. Every enterprise of his had failed, not through any shortcoming on his part, but through mishaps, which, if taken alone, were accidents. [Steinbeck, *East of Eden*]

【解答】 1. viewed from his native village（彼の故郷の村から見れば） 2. as unfolded to him in his domestic life（彼の家庭生活において彼に示されたような女性の心） 3. forced into a state of thought（むりに思索の状態に押し込まれると） 4. if taken alone（個々別々に考えると）

【文意】 1. 彼は穏やかな因襲的な人であって，彼の故郷の村から眺めると，世界は彼にはきざな新奇な物事でいっぱいであるように見えた。 2. 彼の家庭生活において彼に示されたような女性心理の独特の構成を，彼は不思議な思いでじっと考えた。 3. 行動家は，思索の状態に押し込まれると，それから抜け出られるまでは不幸である。 4. 彼のすべての企画は失敗に帰したが，それは彼の欠点からではなく，不運のためであった。そしてその不運は，個別的に見れば単なる偶然の出来事であった。

23.3　分詞構文 I（同時的動作・状態）

設 問　次の各文の下線の語が示す動作・状態の「時」を，主動詞の示す動作・状態の「時」と比較してみよ。

(a)　His little daughter came running toward him, crying, "Oh, Father! A mouse!"

(b)　They came home, singing and laughing.

(c)　He went home, tired and hungry.

解 説　(a) の文意は，「彼の小さな娘は，「おとうさん，ねずみですよ」と叫びながら，彼の方へ走って来た」である。came running では came と現在分詞との結びつきはかなり緊密である。came の中に半分くらいは was の意味がはいりこんでいるので，進行形的な意味あいも感じられる。come と go にこういう意味的結合が見られる。

例　The blood *went bounding* along his veins. [Joyce, *Dubliners*]（血液は彼の血管を大きく波打って流れた）

次に，(a) の crying は，主文の動作と同時に行われる付帯的動作を示す。(b) の singing と laughing も同様な用法である。(b) の文意は，「彼らは歌ったり笑ったりしながら帰って来た」である。(c) の tired と hungry は形容詞であって，主文の動作が行われるときの主語の状態を述べている。文意は，「彼は疲れて空腹で家に帰って行った」である。

以上のうち，crying, singing, laughing および tired, hungry は追加的に述べられる主語の動作や状態であって，主文とは半ば独立している叙述である。そのため，普通は comma で切り離されている。半独立叙述であるから，時には移動して主文の前に位置することもある。

例 *Worn out*, he reached the house in the evening.（疲れきって彼は夕方家に着いた）／*Smiling and happy*, he fetched from the cupboard his concertina. [Gissing, *The House of Cobwebs*]（にこにことうれしそうに彼は戸棚から手風琴を取り出した）

⁝⁝⁝ 研究問題 ⁝⁝⁝

次の各文中，主文の動作と同時的な動作や状態を付帯的に述べている部分を抽出せよ。

1. He was standing by the door looking at him. [Dickens, *Dombey & Son*]　2. He was sitting by the fire reading the last edition of the evening paper. [Maugham, *The Painted Veil*]　3. Panting and shaking, the old ship under full steam lumbered through the darkness. [Id., *The Casuarina Tree*]　4. Aunt Louisa sat by in silence, anxious and unhappy. [Id., *Of Human Bondage*]　5. Sad and weary, he slowly went home. 6. I may come back an old man, and find you an old lady. [Dickens, *Dombey & Son*]　7. I went away a girl, and have come back a woman. [*Ibid.*]　8. Lying on the bed, the man closed his eyes and was quiet.

【解答】 1. looking at him　2. reading the last edition... 3. Panting and shaking　4. anxious and unhappy　5. Sad and weary　6. an old man　7. a girl；a woman　8. Lying on the bed

【文意】 1. その人は彼を見つめながらドアのそばに立っていた。　2. 彼は夕刊の最終版を読みながら炉のそばにかけていた。　3.　あえいだり揺れたりして，その古い船は暗闇を突いて全速力で進んで行った。　4.　ルイザおばさんは心配げに，また悲しげに，黙ってそばに座っていた。　5.　悲しい気持ちでまた疲れきって，彼はのろのろとうちへ帰って行った。　6.　私は年取って帰って来て，あなたのおばあさん姿を見ることになるかもしれない。　7.　私が出かけたときは少女だったが，おとなになって帰って来ました。　8.　その人は寝台に横たわって，目を閉じてじっとしていた。

23.4　分詞構文Ⅱ（時間差のある動作）

設問　次の文の中の現在分詞の用法に注意して全体の構文を比較せよ。

(a)　I left his house early in the morning, and got home late in the afternoon.

(b)　I left his house early in the morning, *getting* home late in the afternoon.

(c)　*Leaving* his house early in the morning, I got home late in the afternoon.

解説　(a) は「私は早朝彼の家を出発した」と，「私は午後おそく家に着いた」という二つの過去の動作を時間的順序に並べたものである。

(b) では，二つの動作のうち，後者を軽く考えて付帯的動作として現在分詞で表したものである。

(c) では，二つの動作のうちの前者を軽い付帯的なものとして現在分詞で表したものである。

正しくは，現在分詞は同時的動作（「…ながら」）を表すのに用いられるのであるが，こんなふうに時間的に差のある動作も現在分詞で表すことがある。こういう用法の分詞は定形動詞に近い使い方である。

⁝⁝⁝ 研究問題 ⁝⁝⁝

日本文に合うようにして，分詞を用いて英文を完結せよ。

1. 本をソファーの上に置いて彼女は窓ぎわへ行った。
 ..., she went to the window.
2. 強盗を働いておいて彼はその罪を友人になすりつけた。
 ..., he cast the blame on his friend.
3. 銅貨と銀貨だけを使って彼は金貨をたくわえた。
 ..., he put the gold away.
4. 彼は時間の大部分をのらくら過ごして，消化不良（indigestion）をつのらせた（increase）。
 He spent most of the time idle,...
5. そう言って彼女は散歩に出かけた。
 ..., she went out for a walk.

【解答】 1. Putting down her book on the sofa,... 2. Having committed a robbery,... 3. Spending only the copper and silver,... 4. ..., increasing the indigestion. 5. So saying,...

23.5 分詞構文Ⅲ（手段・目的など）

設問 次の各文の現在分詞には，時間的に同時の動作を示すほかに，まだ別の意味が含まれている。それがどんなものであるかを考えてみよ。

(a) Then she spent an hour or two *learning* French.
(b) Then we can go *skating* on the ice.
(c) The boy was drowned *bathing* in the river.

解 説 まず，文意は次のとおり。

(a) それから彼女はフランス語の勉強に一二時間を費した。
(b) その時にはわれわれは氷の上でスケートをしに行ける。
(c) その少年は川で泳いでいておぼれた。

上例の現在分詞は，「勉強するのに」「スケートに」「泳いでいて」であって，前置詞を用いてこの意味をはっきり表現すると，in learning, for skating, in bathing となる。そして，こんなふうに前置詞を補うことの妥当性を裏書きする歴史的事実があるのである。

上例のような現在分詞は，古い英語では a-learning, a-skating, a-bathing であった。この a は前置詞 on の縮約形であって，on は「従事」(例 go on business) を意味した。一方，-ing は動名詞であった。耳で聞くと，この a は不定冠詞のように聞こえるわけだから，じゃまにもなるし，また a を取り去って現在分詞と見られても，意味は現在分詞に似たところがあるため，脱落していった。a が脱落したあとも動名詞扱いすることは，構文上からも説明は困難であるので，現在分詞として扱われる。

::::::研究問題::::::

次の各文中の動名詞的な現在分詞を指摘してその適当な訳語を示せ。

1. She had broken her leg, climbing in the Austrian Alps. [Cather, *My Ántonia*] 2. Lions usually sleep in the daytime and go out at night, looking for food. 3. We had an awful lot of trouble getting permission. [Webster, *Daddy-Long-Legs*] 4. I've been having the most beautiful vacation visiting Sallie. [*Ibid.*] 5. She passed all the days doing little things about the house. [Galsworthy, *Beyond*] 6. In the country, the farmers are busy plowing the fields and sowing the seeds. 7. He used to wake up my daughters coming back on his motor bicycle at all hours of the night. [Waugh, *Decline & Fall*] 8. Much of her time was spent hewing wood and drawing water. [Macdonald, *The Egg and I*] 9. Will you come shrimping with us? [Galsworthy, *The Apple Tree*] 10. I wanted to take him fishing but I was too timid to ask him. [Hemingway, *The Old Man & the Sea*]

【解答】 1. climbing（登山して） 2. looking for food（餌を捜しに） 3. getting permission（許可を得るのに） 4. visiting Sallie（サリーを訪問して） 5. doing little things（細々したことをして） 6. plowing（耕して）; sowing（まいて） 7. coming back（帰ってきて） 8. hewing（切って）; drawing（くんで） 9. shrimping（小えびとりに） 10. fishing（魚釣りに）

【文意】 1. 彼女はオーストリアアルプスに登って足を折ったことがあった。 2. ライオンは通例昼間は眠って夜間餌を求めて出歩く。　3. わたしたちは許可をもらうのにとても苦労しました。　4. 私はサリーのうちに滞在して，とてもすばらしい休暇を過ごしていました。　5. 彼女は細々とした家事をして，その数日を過ごした。　6. 田舎では，農夫は畑を耕したり，種をまいたりして忙しい。　7. 彼は，夜時間かまわずにモーターバイクで帰って来て，うちの娘たちの目をさまさせるのであった。　8. 彼女の時間の大部分は，薪を切ったり，水をくむのに使われた。　9. 私たちといっしょに小えび取りにいらっしゃいませんか。　10. 私は彼を魚釣りにつれて行きたいと思ったが，つい気おくれがして言いだせなかった。

23.6　分詞構文Ⅳ（契機・理由など）

設問　次の各文の分詞は同時的動作を示しているのではない。では，主文に対してどういう意味関係に立っているだろうか，それを考えてみよ。

(a)　Seeing the stranger, the dog began to bark.

(b)　Not receiving an answer, I wrote again.

解説　まず（a）の文を二個の動作としてそれぞれ独立させてみる。

The dog saw the stranger. (A)

The dog began to bark. (B)

（A）がまず行われ，次に（B）がなされたのであるが，二個の動作は全く偶然に続いたのではなくて，（A）が契機となって（B）が起こったのである。この関係を従位接続詞を用いて示すと次のようになる。

When the dog saw the stranger, it began to bark.（犬は

その見知らぬ人を見るとほえだした）

それで，（a）の分詞は主文に対して契機を示す。次に（b）も二個の動作に分解してみる。

I did not receive an answer.（A）

I wrote again.（B）

（A）という原因があって（B）の動作がなされたのである。それで，二個の動作を次のように連結できる。

As I did not receive an answer, I wrote again.（返事が来なかったので私は再び手紙を出した）

そういうわけで，（b）の分詞は主文に対して原因または理由を示す。

when や as で導かれる clause で表現すれば，契機や理由が的確に表されるが，分詞を用いれば的確にというわけにはいかない。なぜなれば，分詞は同時的なまたは時間差のある動作や状態，契機や理由などと，いろいろの意味を持っていて，そのどれを表しているかは文の前後関係によってわかるだけである。それだけに，分詞は漠然とするのである。しかし，この漠然さが文体上好まれることもある。

契機や理由を表す受動分詞は，しばしば being が省略されて，過去分詞だけのことがある。また，形容詞や名詞の前でも being が省略されて，裸の形容詞や名詞が文頭に立つことがある。

例 *Lost* in thought, he did not notice me.（もの思いに沈んでいたので彼は私に気づかなかった）／*Impatient* of heat, he left town for the country.（暑熱にたえかねたので彼は都を去って田舎へ行った）／*A careful host*, he went into the dining-room to see that the table was properly laid. [Maugham, *The Casuarina Tree*]（主人役としてはきちょうめんな人だったので彼は食卓がちゃんと用意されているか確かめるために食堂へ入って行った）／*Being* a true insect, the gnat passes through three transformations.（真正の昆虫であるから，蚊は三態の変化をする）／The whole world is nothing to me *compared* with her. [Wilde, *The Picture of Dorian Gray*]（彼女に比べると全世界も私にとってはとるに足りないものである）

契機を示す分詞に続いて，主文が「…であろう（あったろう）」と，条件の帰結を述べるときは，分詞は when よりも if の意に近くなる。

例 *Born* in better times, he would have done credit to the profession of letters.（=If he had been born in better times,...「もっとよい時代に生まれたならば，彼は文筆にたずさわる者たちの誉れとなったことであろう」）

実力テスト 62

下線部を指定どおりに書き換えよ。

1. Brought up in a better family, he would not have gone bad. (If...) [小樽商大]　2. Seen by the dim light of the dips, their number to me appeared countless.（Clause に）　3. Occupied with other things, I had ceased to think of him and his affairs. [Maugham, *The Moon & Sixpence*]（Clause に）　4. Left alone, she began to survey the room.（Clause に）　5. Seen at a distance, she might have passed for a woman of thirty.（Clause に）　6. Having finished my homework, I went

out for an evening walk.（When で始まる節に）［小樽商大］ 7. Having been given no food, the dog starved to death.（Clause に）［電気通信大］ 8. When he arrived at the station, he found the train had already started.（分詞構文に）［武蔵工大］ 9. A man of ample means, he had since then devoted himself entirely to pleasure. ［Maugham, *Creatures of Circumstance*］（Clause に） 10. Curious to see where he was going, she slipped out on to the veranda. ［*Ibid.*］（Clause に）

【解答】 1. If he had been brought up in a better family,... 2. As they were seen by the dim light of the dips,... 3. As I was occupied with other things,... 4. When she was left alone,... 5. When she was seen at a distance,... 6. When I had finished my homework,... 7. As it had been given no food,... 8. Arriving at the station,... 9. As he was a man of ample means,... 10. As she was curious to see where he was going,...

【文意】 1. もっとよい家庭に育ったならば彼は堕落しなかったであろう。 2. ろうそくのぼんやりした灯で見たので，彼らの数は私には無数に見えた。 3. ほかのことで忙しかったので，私は彼や彼の問題のことは忘れてしまっていた。 4. 残されてひとりになると，彼女は部屋を見回しだした。 5. 離れたところから見ると，彼女は三十歳の女に見えたであろう。 6. 宿題をしてしまうと私は夕べの散歩に出た。 7. 食物が与えられなかったので，その犬は餓死した。 8. 彼が駅に着いてみると，列車はもう出たあとだった。 9. 彼は裕福な人だったので，それ以後は全く快楽に憂き身をやつした。 10. 彼がどこへ行くかを見届けたいと思って，彼女はそっとベランダの上へ出た。

23.7　分詞構文V（絶対構文）

設　問　下線部は主文に対してどういう意味関係に立つか。

(a)　She lay on a sofa, her eyes closed.

(b)　The boy gave her his hand, his eyes lighting up.

(c)　My task completed, I went to bed.

(d)　My mother being ill, I stayed at home.

解　説　(1)　**状態を示す**

(a) は「目は（を）閉じて」, (b) は「目は輝いて（を輝かせて)」であって，両方とも，主文の動作の行われるときの状態を述べている。それで，全文の訳は,「彼女は目を閉じて，ソファーに横たわっていた」「その少年は目を輝かせて，彼女に手を差し出した」となる。

前の section までの分詞構文では，その分詞の意味主語を考えるとすれば，主文の主語が同時に分詞の主語であった。しかし，この章の (a) (b) では，分詞の主語は主文の主語そのものではない。主文の主語に関係はあるが，その一部をなすものや，それに所属するものである。それで，別に分詞の主語を与えて，まちがいの起こらないようにしてある。こういう，分詞みずからの意味主語を持っている分詞構文を**絶対構文**という。

状態を述べる絶対構文では分詞の代わりに形容詞が用いられることもある。

例　He stood up from the table, *his face white*. [Hemingway,

The Sun Also Rises]（彼は顔をまっ青にして食卓から立ち上がった）／He went away, *his heart full of hope.*（心は希望に満ちて彼は立ち去った）

主文の付帯的状態を述べるのに，with で導かれる句をもってすることがある。

例 She stood at the window *with her face turned away* from us.（彼女はわれわれから顔をそむけて窓の所に立っていた）／"Yes," said he, *with his mouth full,* nodding his head.（口をいっぱいにしたままうなずいて，彼は「そうです」と言った）

(2) **理由・契機などを示す**

絶対構文は，普通の分詞構文と同じように，主文に対する契機（例文 c)，または理由（例文 d）を示す。また，主文が条件の帰結を述べるときは絶対構文は条件節に相当する意味を示す。それで，(c)(d) の文意は，「仕事が終わると私は寝についた」「母が病気だったので私は家にとどまった」である。

(3) **絶対構文の意味主語が隠れている場合**

分詞の意味主語が語り手自身，または一般的でだれでもよいというようなときは，その意味主語を伏せてしまう。その場合，普通の分詞構文とは区別されねばならない。主文の主語とは無関係であるということから，**独立分詞**と呼ばれる。

例 *Judging from reports,* he seems to be a great man.（うわさから判断すると彼はえらい人らしい）

⁝⁝⁝ 研究問題 ⁝⁝⁝

（Ⅰ）次の各文中，付帯的状態を示す部分を指摘して，その訳語を示せ。

1. Here he sat, one leg cocked carelessly over the other, his chin resting on the palm of his hand, his head turned a little on the side, and his ugly features twisted into a complacent grimace. [Dickens, *The Old Curiosity Shop*]　2. She was waiting for us, her figure defined by the light from the half-opened door. [Joyce, *Dubliners*]　3. I can't write with you standing there. [Galsworthy, *The Country House*]

（Ⅱ）下線部（a）（b）の文法上の相違を訳文で示せ。

1. (a) Speaking of daughters, I have seen Miss Dombey. [Dickens, *Dombey & Son*]
   (b) Speaking about your daughter, he said she is the best girl he has ever seen.
2. (a) Judging by his testimonials, I think he will suit the post.
   (b) Judging by the appearance of the room, they must have been very poor.

【解答】（Ⅰ）1. one leg cocked carelessly over the other（片方の足を他方の足の上に無造作に立てて）; his chin resting on the palm of his hand（あごを手のひらに載せて）; his head turned a little on one side（頭を少し一方にかしげて）; his ugly features twisted into a complacent grimace（醜い顔をゆがめて満足げなしかめづらにして）　2. her figure defined by...（彼女の外形は……でその輪郭をくっきりさせて）　3. with you standing there（君がそこに立っていると）

（Ⅱ） 1. (a) 娘さんの話なら，私はドンビー嬢に会った。 (b) お嬢さんのことをうわさして彼は今までに見たいちばんよいお嬢さんだと言った。 2. (a) 彼の推薦状で判断して私は彼がその職に適すると思う。 (b) 部屋の様子から判断すると，非常に貧乏であるに相違ない。

【文意】（Ⅰ） 1. 一方の足を無造作に他の足の上に立て，あごを手のひらの上に載せ，頭を少し片方へ曲げ，醜い顔を満足そうにゆがめて，彼はここに腰かけていた。 2. 彼女は半開きの戸から洩れてくる光でからだの輪郭をくっきりさせて，私たちを待っていた。 3. 君がそこに立っていると私は字が書けない。

実力テスト63

（Ⅰ） 次の (a) の文の下線部分を (b) の文の与えられた語で始まる節に，または指示どおりに書き改めよ。

1. (a) Weather permitting, we are going for a boat ride tomorrow.
   (b) If..., we are going for a boat ride tomorrow. [小樽商大]

2. This done, we gradually began to settle down and to accommodate ourselves to our new surroundings. [Doyle, *A Study in Scarlet*]（Clause に） 3. Sunday come, the family went together to church. [Gissing, *The House of Cobwebs*]（Clause に） 4. The leap taken, he felt his feet once more on firm ground. [Id., *A Life's Morning*]（Clause に） 5. There are fables of precious stones that would turn pale, their wearer being in danger. [Dickens, *Dombey & Son*]（Clause に）

（Ⅱ） 次の各英文の下にあげた語のうち適当なものを選んで，文中の各空所に一語ずつ入れよ。答はイ，ロ，ハ…で示せ。

1. Last evening as I passed your house coming back from

work, I saw some strange-looking man standing at the window, his (　　)(　　)(　　) the pane, as if trying to look inside.［一橋大］

イ against　ロ ear　ハ face
ニ listening　ホ pressed　ヘ with

2. Other things (　　) equal, a married man is superior (　　) an unmarried man (　　) a teacher.

イ are　ロ than　ハ being
ニ to　ホ for　ヘ as

【解答】（I） 1. If weather permits　2. When this was done　3. When Sunday came (*or* was come)　4. When the leap was taken　5. if their wearer is in danger
（II） 1. ハ，ホ，イ　2. ハ，ニ，ヘ

【文意】（I） 1. (a) 天気がよければ，私たちは明日ボート乗りに行きます。　2. これがすむと，われわれはだんだん落ち着いてきて，新しい環境に適応し始めた。　3. 日曜日が来ると，一家はそろって教会へ行った。　4. その一飛びをすると，彼は足が再び固い土地に着いたのを感じた。　5. 宝石を着けている人が危険に陥ると宝石の光が薄れるという物語がある。
（II） 1. 昨晩仕事から帰る途中お宅の前を通ると，変な男が中をのぞこうとするかのように顔をガラスにくっつけて窓のところに立っているのを見ました。　2. 他の点が同等なら，教師としては既婚者のほうが未婚者よりもすぐれている。

24. 前置詞

24.1 前置詞総説

(1) 形態

単つづりの簡単な形のものが多いが，中には語源的にはもと二語の複合でできたものもかなりある（例：about, along, before, beside, until, without, etc.）。また，二語または三語がまとまって一つの前置詞を構成しているものもある。そういう複合形は，少なくともそのうちの一語が本来の前置詞である（例 as to, because of, but for, in front of, in spite of, instead of, on account of, out of, up to, etc.）。

(2) 用法

名詞か代名詞の前に置いて，句を作るために用いられる。特別の場合には形容詞や分詞の前に置かれることもある。次例を見よ。なお，前置詞が従える語をその目的語という。

例 The situation is far from *hopeless.*（事態はけっして絶望的ではない）／It is anything but *cheerful.*（それはけっして愉快ではない）

前置詞は時には句や節を目的語とすることがある。

例 These birds came from *across the Japan Sea.*（この鳥は日本海の向こうから来た）／The arrow reached to *within a foot of me.*（その矢は私から一フット以内のところまで達した）／The sugar cane grows to a height of *from eight to sixteen feet.*（さとうきびは八フィートないし十六フィートの高さまで成長する）／He stayed till *after it grew dark.*（彼は暗くなってしまうまでいた）

節のうち，疑問詞で導かれるものは前置詞の目的語となるが，その前置詞がしばしば省略される（⇒10.4）。また，that で導かれる節は原則として前置詞に従わない。必要のときは，通例 clause の前に the fact を入れる。

例 This may be attributed to *the fact* that he was born rich.（これは彼が金持ちに生まれたからであろう）

目的語は前後の関係その他で不要のときは省かれ，前置詞だけとなる。そうなると品詞としては副詞となる。

例 His tail hung down *behind.*（彼の尾は後ろにたれ下がった）／Is your mother *in*?（おかあさんはご在宅ですか）／He lay in bed with his spectacles *on.*（彼は眼鏡をかけたまま寝床にねていた）／The balloon is directly *over.*（気球はちょうど頭上にある）

(3)　**位置**

前置詞は，その名が示すように，その目的語の前に位置するのが原則であるが，時に本来の位置から遊離することがある。それは次のような場合に起こる。

a)　疑問詞（⇒10.1（b））

What train did you come *by*?（どの列車で来ましたか）

b)　受身文（前置詞の目的語が主語になってできた受動態の文で）

His bed has not been slept *in.*（このベッドは中で眠った形跡がない）

c)　遡及不定詞（⇒21.2）

He wished only to have enough to live *upon*.（彼はただ食べるだけの金をほしいと思った）／It's your own car to drive everywhere *in*.（それはあちこち乗りまわすための君の車だ）

d)　遡及動名詞（⇒22.3）

His words are worth paying attention *to*.（彼の言葉は傾聴に値する）

e)　関係代名詞（ことにthatとwhatのとき（⇒11.2），および省略のとき（⇒11.5））

There was hardly anything that he would not write verses *upon*.（彼が詩の題材としなかったものはほとんどなかった）／It was precisely what I had been longing *for*.（それは私がちょうど望んでいたものでした）／Knowing the difficulty I was *in* he wished to help me.（私が陥っている困難を知って，彼は私を助けたいと思った）

(4)　**意味**

前置詞は，そのほとんど全部が空間的・具体的な事物を目的語として，場所や位置，または運動方向を示す。こういう意味を基として，さらに時間・数量などを目的語にする。時間や数量は具体的なものではないけれども，広がりや限界を持つ点で空間的なものに似ているからである。さらに進んで，前置詞はもっと抽象的なものを目的語として従えて，比喩的な種々複雑な関係を示すに至る。そして，中にはそういう比喩的な意味のみを示すものも少数ある。

24.2　各前置詞の意味

(1)　**about**

語源的には「…の外側に沿って」の意味である。「…を中心にしてそれの周囲に」というのが今日の意味の中核をなしている。

a)　[位置]「…の周囲をとりまいて（全周）」「…の周囲のあちこちに（周囲上の数点）」「…の近くに（周囲上の一点）」

They put a fence about the garden.（彼らは庭のめぐりに垣を作った）／He posted sentries about the town.（彼は町のあちこちに見張りを置いた）／You will find the dog about the house.（犬は家のあたりにいるでしょう）

b)　[方向]「…の周囲をめぐって（全周）」「…の周囲のあちこちを（周囲上の数点）」。この意味では今は around のほうが普通。

They danced about the fire.（彼らは火の周囲を踊り回った）／He walked about the park.（彼は公園をあちこちと歩いた）

c)　[時間・数量]「…のあたり」から「…近く」「約…」

A lady came here about noon.（ある婦人が正午ごろここに来た）／There were about four hundred students in the hall.（大講堂には約四百人の学生がいた）

d)　[比喩的諸関係]　1.（身辺）「…の身のまわりに」「…の身につけて」（⇒ with, on）; 2.（従事）「…を中心に（働いて）」「…の用事で」（⇒ on）; 3.（関連）「…を中心に（考えて）」「…に関して」「…について」（⇒ of, on）

I have some money about me.（私はいくらか持ちあわせがある）／He has taken long enough about the work.（彼はその仕事にずいぶん長くかかった）／He knows all about the matter.（彼はその件について全部知っている）

（2）　**above**

「位置」を示して「…より高く」というのが，基礎的意味であって，広く比喩的にも用いられる。空間的位置を示す場合，over（直上）も on（接触上部）も含まれるので，それだけ意味は的確を欠く。なお，above は below，beneath の反意語。

a）［位置］「…の上に」「…より高く」

The hawk flies above the wood.（タカは森の上を飛ぶ）／He kept his head above water for a while.（彼はしばらく頭を水の上に出していた）

b）［時間・数量］「…より以前に」「…より以上」（⇒ over）

This fact cannot be traced above the fifth century.（この事実は五世紀以上にさかのぼってたどることはできない）／The show lasted above two hours.（ショーは二時間以上続いた）

c）［比喩的諸関係］ 1.（上位）「…よりまさって」（⇒ over）；2.（顕著）「…より目だって」；3.（能力の点で）「…以上で」「…できない」（⇒ beyond）；4.（行為に）「超然としている」「…することをいさぎよしとしない」；5.（人からの行為に）「超絶している」「…される余地がない」

Health is above wealth.（健康は富にまさる）／His voice was heard clear above the din.（彼の声は騒音の中にはっきりと聞こえた）／The subject is above human comprehension.（この問題は人間の力では理解できない）／You should be above all meanness and fraud.（君は卑劣行為や詐欺行為をすべきでない）／His conduct is above reproach.（彼の行為は非難される余地がない）

::::::: 研究問題 :::::::

下線の文の意味と矛盾しない内容の文が以下の1-4の中に一つ含まれている。その番号を書け。[横浜国立大]

I am not above asking questions.

1. It is useless to ask me questions.
2. I do not feel equal to being questioned.
3. I am not unwilling to ask questions.
4. I don't like to ask questions.

【解答】 3
【文意】 私は質問することをいやと思わない。 1. 私に質問するのは無駄である。 2. 私は質問に耐えられそうにない。 3. 私は質問することをいとわない。 4. 私は質問したくない。

(3) **across**

幅のある細長いもの（川・道路など）を横切るときにacrossを用いる。すなわち，そうすることによって十字（cross）ができるのである（比較：along）。go across a bridge（橋を渡る）は，橋の下にある川を横切って十字になるのでalongを用いない。なお，十字には必ずしもならなくてもacrossが用いられることがある。それは，森・野原・海など，一帯の広がりを横断して向こう側に出るようなときである。overは「…の上部を越えて」（例 go over the wood）である。また，go through the woodでは森の手前の開けた土地から向こう側の開けた土地に出るので，森をくぐり抜けるという感じのときにthroughを用いる。

a）［運動］「…を横切って」

We swam across the river.（われわれは川を泳ぎ渡った）

b）［位置］「…を横切ったところに」「…の向こう側に」

The fog prevents us from seeing the houses across the street.（霧のために街路の向こう側にある家々は見えない）

c）［比喩的関係］「…を横切って」

An idea came across my mind.（一つの考えが頭の中を横切った——浮かんだ）

（4） **after**

その根本的意味は「…のあとに」であるが，behindと違って，ある目的をもって行動する感じが伴う。

a）［運動］「…のあとに」「…のあとについて」「…のあとを追って」（⇒behind）

Run after him and catch him.（彼を追っかけて捕らえよ）

b）［時間］ 1.（順序）「…のあとで」（⇒since）；2.（経過）「…たってから」（⇒in）

I heard nothing from him after his departure.（彼の出発後私は彼から便りを聞かなかった）／After three days he returned.（三日たって彼は帰った）

c）［比喩的諸関係］ 1.（順序・順位）「…の次に」; 2.（結果と理由）「…のあとだから」; 3.（追求）「…を求めて」（⇒for. だいたい同義）; 4.（心配）「…を気づかって」; 5.（模倣）「…をまねて」「…の名を取って」（米国ではこの意味に for を用いる）; 6.（合致）「…（の望み）にかなって」

Who ruled after him?（彼の次にだれが君主になったか）／After what has happened I don't like to go.（あんなことがあったあとだから私は行きたくない）／Let us strive after success.（成功をめざして努力しよう）／He inquired after my health.（彼は私の安否を尋ねてくれた）／We copy after a model.（われわれは手本にならって書く）／The girl was named Margaret after her grandmother.（少女は祖母の名をもらってマーガレットと名づけられた）／She is a maid after my own heart.（彼女は私の気に入りの女中です）

::::::研究問題::::::

次の文中の下線語をその下にあるイ，ロ，ハ，ニの語または句のうち同じ意味を表すもので置きかえるとすれば，どれが最も適当か。［東京大］

I suppose money is what they are after.

イ in pursuit of　　ロ saving

ハ too late for　　ニ similar to

【解答】 イ

【文意】 金が彼らの目当てだと思う。

(5)　**against**

根本的意味は「…に反して」。

a)［位置］1.（直面）「…のすぐ向こうに」; 2.（背景）「…を背景として」; 3.（接触）「…によりかかって」

His house is over against the church.（彼の家は教会のすぐ向こうにある）／The snow-capped mountains stand against the blue sky.（雪をいただいている山々が青空を背景にして突っ立っている）／He leaned against the wall.（彼はへいによりかかっていた）

b)［運動］1.（反対方向）「…に逆らって」; 2.（衝突）「…にぶつかって」

He swam against the stream.（彼は流れに逆らって泳いだ）／The ship dashed against the rocks.（船は岩に衝突した）

c)［比喩的諸関係］1.（敵対）「…に反抗して」「…に抵抗して」; 2.（反対）「…に逆らって」; 3.（対比）「…に比べて」; 4.（不利益）「…の不利益になるように」（⇒ for）; 5.（予防・防護）「…に備えて」「…から（保護して）」（⇒ from）

They fought against the invaders.（彼らは侵入軍と戦った）／She married against her will.（彼女は自分の意志に反して結婚した）／There were 60 ayes against 30 noes.（30の反対に対して60の賛成があった）／I have nothing to say against him.（彼を悪く言う材料は何もない）／He laid up a lot of money against old age.（彼は老齢に備えて多くの金をたくわえた）／The rock sheltered us against the blast.（岩はわれわれに突風が当たらないようにしてくれた）

(6) **along**

根本的な意味は，「細長いもの（道路・川・海岸など）に沿って」である。

a) ［運動］「…に沿って（ずっと）」

We walked along the river.（われわれは川に沿って歩いた）

b) ［位置］「…に沿って（ところどころに）」

They planted cherry trees along the road.（彼らは道路のへりに桜を植えた）

(7) **among**

根本的意味は「…に混じって」である。

a) ［位置］「…の中に（混じって）」「…の間に」（⇒ between）

He lived among foreigners.（彼は外国人の中で生活した）／He hid himself among the trees.（彼は木の間に隠れた）

b) ［運動］「…の中を」

We passed among the crowd.（われわれは人込みの中を通った）

c) ［比喩的諸関係］ 1.（仲間）「…の中のひとり（一つ）」; 2.（分配・協力）「…の間に」「…と協力して」; 3.（浸透）「…の間に（ゆきわたって）」

He is among the brightest boys in the class.（彼はクラ

スの優等生のひとりである）／He divided the money among the poor.（彼はその金を貧者の間に分配した）／They completed the work among them.（彼らはその仕事を協力して完成した）／It is the usage among the ignorant.（それは無知の人々の間に行われている）／He is popular among the students.（彼は学生の間に人気がある）

（8）**around**

「丸いものに沿ってぐるりと」が根本的意味。英国ではおもに「位置」に用いるが，米国では「運動」やその他の意味にも用いる。about に似ているが，around のほうが取りまく意が強い。

a）［位置］ 1.（全周）「…の周囲に」「…のまわりに」；2.（周囲上の数点）「…のあちらこちらに」（米国用法）；3.（半周した到達点）「…を回ったところに」（米国用法）

The garden has a fence around it.（庭はそのぐるりにかきをめぐらしている）／She put her arms around my neck.（彼女は私の首に抱きついた）／He left books around the house.（彼は家じゅうに本を置いておいた）／I bought it at the store just around the corner.（私はそれをかどを回った所にある店で買った）

b）［運動］ 1.（主として米国用法）（全周）「…の周囲をぐるりと」；2.（周囲上の数点）「…のあちらこちらに」

He looked around him.（彼は周囲をぐるりと見回した）／She wandered around the city.（彼女は町の中をあちこち歩き回った）

c）［比喩的関係］（時間・数量など）「…に近い，…ぐらい，約…」（＝about）（米国用法）

He arrived around five o'clock.（彼は五時ごろ到着した）／They spent around ten dollars.（彼は約十ドル使った）

(9) **as**

元来は接続詞であるが，節が圧縮されて，中身が（代）名詞だけになって，前置詞となったもの。そういう発生事情だから，時には形容詞や分詞の前に置かれることもある。

a）（同一）「…のように」（⇒like）

They rose as one man against the stranger.（彼らはその見知らぬ男に向かって一斉に立ち上がった——ひとりのように）

b）（いろいろあるうちのある一つの見方）「…として」；（いくつかあるうちのある一つの時期）「…のときに」

He is famous as a poet.（彼は詩人として有名である）／As a boy and as a man, Abraham worked very hard.（子供のときもおとなになってもアブラハムはいっしょうけんめいに働いた）

c）（目的補語の前に置いて）「…として」（考え方の一つを示す）（⇒16.6（b））

Let us consider the matter as settled.（その件は決まったものと考えましょう）／He looked upon my conduct as unfriendly.（彼は私の行為を不親切だと考えた）／He didn't strike me as a dishonourable person. [Hilton, *Lost Horizon*]

（彼は卑劣な人だと思えなかった）／Then he disappeared and was always spoken of as dead. [Macdonald, *The Egg and I*]（それから彼は姿を消して，話されるときはいつでも死んだものとされていた）

（10） **at**

空間的・時間的に「一点」を示す。

a）［位置］ 1.（一地点）「…に」（かなり広い場所を示す名詞の前に用いられることがあるが，その広い場所の中の一地点を考えているときはatである。また，広い場所でも，それより広い場所の中の一地点と考えられるときもat）；2.（近接点）「…のそばに」（byに似ているが，atはある目的をもっているときに用いる――例 at school, at table）

The office is at the center of the city.（事務所は市の中心にある）／She lives at a distance.（彼女は遠方に住んでいる――遠い一地点に）／It now lies at the bottom of the sea.（それは今は海の底に横たわっている――海底のある一点に）／On our trip we stopped at Hamamatsu and stayed two days in Nagoya.（旅行中われわれは浜松に下車し名古屋で二日滞在した）／The car is at the door.（車が玄関に来ている）

b）［運動］ 1.（目標点）「…に向かって」；2.（出入点）「…から」

He threw a stone at the frog.（彼はカエルに石を投げつけた）／A drowning man will catch at a straw.（おぼれる者はわらをもつかもうとする）／Smoke came out at the windows.（煙が窓から出てきた）

c）［時点］ 1.（時刻）「…に」; 2.（一時期）「…に」

They arrive at five o'clock.（彼らは五時に到着する）／They will come here at Christmas.（彼らはクリスマスにここへ来るだろう）

d）［比喩的諸関係］ 1.（上下に変動するものの一点——価格・速度・温度・割合など）「…で」; 2.（一時的な状態）「…して」（⇒ in, on）; 3.（従事）「…して」（⇒ on, over）; 4.（感情の原因）「…して」（⇒ for, with）; 5.（方法）「…に」「…で」「…のままに」

The bank pays interest at two percent.（銀行は二パーセントの割りで利子を払う）／He bought the book at a dollar.（彼はその本を一ドルで買った）／The train runs at 200 miles per hour.（列車は時速二百マイルで走る）／The thermometer stood at 30 degrees.（温度計は三十度になった）／The nation is now at war.（その国は今戦争をしている）／What is he at now?（彼は今何をしているか）／They were glad at the news.（彼らはその知らせを聞いて喜んだ）／He cleared the hedge at a bound.（彼はひと飛びでその垣根を飛び越した）／They are at his mercy.（彼らは彼のなすままである）

（11） **because of**

（理由）「…のために」

The game was postponed because of rain.（競技は雨のために延期となった）

⁝⁝⁝⁝⁝⁝ 研 究 問 題 ⁝⁝⁝⁝⁝⁝

下線部を節（Clause）に変えよ。［中央大］

If you ever walked along the shore at beach, it is likely that you have picked up shells that caught your fancy <u>because of their unusual shape or coloring.</u>

【解答】 ...because their shape or coloring was unusual.

【文意】 君が海岸の波打ちぎわを歩いたことがあるならば，たぶん，形状や色彩が珍しいために興味を引いた貝殻をひろい上げたことがあるだろう。

（12） **before**

a） ［位置］「…の前に」（何かある目的をもつ場合が多い。単純な場所・位置のときは in front of のほうが普通）

The mountains rose before us.（山がわれわれの前に突っ立っていた）／We will lay the matter before the committee.（その件を委員会に出しましょう）

b） ［運動］「…の前を」「…に追われて」「…の勢いに押されて」

He walked before me.（彼は私の前を歩いた）／The ship sailed before the wind.（船は追い風を受けて走った）

c） ［時間］「…より先（前）に」

He came back before noon.（彼は正午前に戻って来た）／The book was published before his death.（その本は彼が死ぬ前に出版された）

d） ［比喩的諸関係］ 1.（優位・進歩）「…に先んじて」；

2.（順序・選択）「…よりも」

The boy is before others in class.（その少年はクラスで首席であった）／He was before his age in his thinking.（彼は考え方では時代に先んじていた）／I would die before yielding.（私は屈服するよりも死んだほうがましだ）

（13） **behind**

a）［位置］「…の後ろに」

He sat behind me.（彼は私の後ろに座った）

b）［運動］「…の後ろに（を）」「…の後ろのほうを」

Behind him rode a fine gentleman.（彼の後ろにはりっぱな紳士が馬で続いた）／He dared not look behind him.（彼は思いきって後ろを見ることができなかった）

c）［時間］「…に遅れて」

The train was five minutes behind time.（列車は定時に五分遅れていた）

d）［比喩的諸関係］ 1.（遺産）「…のあとにのこして」；2.（後援）「…の背後に」；3.（能力が）「…に遅れて」

He left a fortune behind him.（彼は死後財産をのこした）／A wealthy man is behind the plan.（その計画の背後に金持ちがいる）／The nation is a century behind their neighbours in knowledge.（その国は知識が隣国に一世紀遅れている）

（14） **below**

「…よりも低いところに」が本来の意味であって，その中には「真下に」(under) も含む。above の反意語である。

a) ［位置］「…の下に」「…よりも下流に」

His rooms are below ours.（彼の部屋はわれわれの部屋の下にある）／There is no bridge below this.（この橋の下流にはもう橋がない）

b) ［運動］「…よりも下（のほう）へ」

The sun sank below the horizon.（太陽は地平線下に没した）

c) ［比喩的諸関係］ 1.（数量）「…以下」; 2.（低位）「…に劣る」; 3.（無価値）「…に値しない」(⇒ beneath)

The boys are all below twenty years.（少年たちはみんな二十歳以下である）／He is below her in intelligence.（彼は知力では彼女に劣っている）／He thinks manual labour below him.（彼は筋肉労働は自分のなすべきことでないと考えている）

(15) **beneath**

below とだいたい同義であるが，beneath は文語である。

a) ［位置］「…の下に」

Beware of the rocks hidden beneath the waves.（波の下に隠れている岩に用心せよ）

b) ［比喩的諸関係］ 1.（圧迫）「…の下で」「…に堪えかねて」; 2.（低位・下位）「…よりも下に」; 3.（無価値）「…に値しない」

The nation lived beneath the tyranny of the king.（国民は国王の圧政のもとで暮らした）／The trees bent down beneath their weight.（木は重さに堪えかねて曲がった）／He was a bully to the men beneath him.（彼は自分の下の者をいじめた）／He married beneath his station.（彼は自分の地位より低い者と結婚した）／His words are beneath contempt.（彼の言は軽蔑にも値しない）

(16) **beside**

「…のわき（side）に」が原義。

a)［位置］「…のそばに」

Let me sit beside you.（あなたのそばに座らせてください）

b)［比喩的諸関係］ 1.（比較）「…に比べると」; 2.（無関係）「…をはずれて」;（除外）「…のほかに」（=besides）

My share seems small beside yours.（私の分けまえは君のと比べると少ないように思われる）／This discussion is beside the question.（この討論は問題をはずれている）／I want nothing beside health.（私は健康以外に何もいらない）

(17) **besides**

語源的にはbesideと同義。-sは副詞的属格を示す語尾で，昔は所有格は副詞としても用いられたのである。そういうわけで，昔はbesideと区別なしに用いられたが，今はbesidesは「除外」の意味に限られている。（除外）「…のほかに」

Besides being a business man, he is a poet.（実業家であるかたわら彼は詩人でもある）

(18)　**between**

語源的に tween は two と同根。だから，between は「二者の間に」が原義。これに対して among は，三者以上の間を意味する。

a)　［位置］「…との間に」

I sat between my parents.（私は両親の間に座った）

b)　［運動］「…との間を」

The train ran between Shimbashi and Yokohama.（列車は新橋と横浜の間を走った）

c)　［時間］「…の間に」

Come between three and four o'clock.（三時と四時の間に来なさい）

d)　［比喩的諸関係］ 1.（二者間の関係）「…の間に」; 2.（中間）「…と…の中間で」; 3.（合力）「両者力を合わせて」; 4.（二者択一）「…と…のどちらか一つを」

There has been no war between the two nations.（両国民間に今まで戦争はなかった）／The flavour is between sour and sweet.（味は甘ずっぱい）／They landed the fish between them.（彼らは両者協力してその魚を引き上げた）／He had to choose between love and duty.（彼は人情と義理のどちらかを選ばねばならなかった）

(19)　**beyond**

「…の向こう（yond（古語）＝yonder）に」が原義。

a)　［位置］「…の向こうに」「…の向こう側に」

The school is beyond the church.（学校は教会の向こう

にある）／ They live beyond the hill.（彼らは丘の向こう側に住んでいる）

b）［運動］「…の向こうへ」

She never travelled many miles beyond the borders of her native town.（彼女は故郷の町の境界より十マイルと遠くへは行ったことがなかった）

c）［比喩的諸関係］ 1.（超過）「…以上に」（⇒ over）; 2.（能力超過）「…できない」（⇒ past）

Don't stay out beyond your usual hour.（いつもより長居するな）／ The problem was quite beyond me.（その問題は私には全くわからなかった）／ The scene is beautiful beyond expression.（景色は言葉に言い表せないほど美しい）

（20） **but**

「除外」の意にのみ用いる。だいたい except と同義であるが，except が積極的に「…を取り除いて」であるのに対して，but は消極的に「…を含めないで」の意。（除外）「…のほかは」

All went but me.（私のほかはみんな行った）

（21） **but for**

（除外）「…がなければ」

But for your help, I could not have accomplished it.（君の援助がなかったならば私はそれを完成できなかったであろう）

::::::研究問題::::::

(A)の文の下線部を改めて，同じ意味を表す(B)の文を完成せよ。ただし，(　)の中には，各一語を入れること。[早稲田大]

(A) But for your help, I should be ruined.

(B) (　　) (　　) (　　) (　　) for your help, I should be ruined.

【解答】 If it were not for your help,...

【文意】 君の援助がなければ私は破産するでしょう。

(22) **by**

a) ［位置］「…のそばに」(⇒ at)

He stood by the door.（彼はドアのそばに立った）

b) ［運動］「…のそばを」

He passed by me without noticing me.（彼は私に気づかずに私のそばを通り過ぎた）

c) ［時間］（時間的限界）「…までに」(⇒ till)

Please come back by five o'clock.（どうぞ五時までに帰ってきてください）

d) ［比喩的諸関係］ 1.（動作主・作用主――おもに受動態に添えて）「…によって」「…で」; 2.（手段）「…によって」「…で」; 3.（準拠）「…によって」「…によれば」「…では」; 4.（差額）「…だけ」; 5.（行動対象）「…に対して」(⇒ to); 6.（身分）「…によれば」「…の点で」

The novels were written by Scott.（その小説はスコット

によって書かれた）／The houses were destroyed by the fire.（家は火事で焼失した）／Send it to me by post.（それを郵便で送りなさい）／It is just ten o'clock by my watch.（私の時計ではちょうど十時です）／They work by the hour.（彼らは時間ぎめで働く）／He is taller than she by two inches.（彼は彼女よりも二インチだけ高い）／He did his duty by his father.（彼は父親に孝養をつくした）／He is a carpenter by trade.（彼は職業は大工である）

::::::研究問題::::::

次の文のbyの意味は上の分類のどれに入るか。

Do to others as you would be done by.

【解答】 行動対象「…に対して」（they do by you「君に対してなす」のyouを主語にしてできた受動態）。
【文意】 自分がしてほしいように他人になせ。

(23) **down**

upの反意語。

（運動）「…に沿って下へ」「…をくだって」「…を下方へ」

They went down the hill.（彼らは丘をくだって行った）

(24) **during**

もとは，古語dure（＝endure「持続する」）の現在分詞であった。それで，初めと終わりがはっきりしている期間がその目的語となるのが普通で，その期間が続く間にという意味である。一方，初めと終わりがはっきりしていない年月や時間には通例forを用いる。（例 for five years, for three hours）。lifeなどは初めと終わりがあるものとしても考えられるが，また非常に長い年月というふうにも考えられて，「終身刑」はimprisonment for（during）lifeとどちらもある。「一生通じて」というのにはthroughを用いて，imprisonment through one's lifeという。また，throughoutはthroughよりもいっそう「通じて」の意が徹底している。

なお，現在分詞から前置詞に進展したものには次のようなものがある。

concerning（…について），**considering**（…の割に），**excepting**（…を除いて），**notwithstanding**（…にもかかわらず），**regarding**（…に関して），**respecting**（…に関して），**saving**（…を除いて）

［時間］ 1.（全期間）「…の間ずっと」；2.（期間のある一時点）「…の間に」

The dog barked repeatedly during the night.（犬は夜の間じゅう引き続きほえた）／During the night the rain changed to snow.（夜の間に雨は雪に変わった）

（25） **except**

（除外）「…を除いて」「…のほか」（⇒ but）（なお，except forも同義）

The stores are open every day except Sundays.（店は日曜のほかは毎日あいている）

(26) **for**

a) ［空間］ 1.（距離）「…の間」; 2.（進行目標）「に向かって」

The ground is level for many miles.（土地は数マイルの間平らである）／He leaves his house for the office at nine every morning.（彼は毎朝九時に事務所に向かって家を出る）

b) ［時間］「…の間」（⇒ during）

They worked for eight hours.（彼らは八時間働いた）

c) ［比喩的諸関係］

1. （代理・代表・代用）「…の代わりに」「…のために」「…として」

He speaks for the poor people.（彼は貧民の代弁をする）／They used boxes for chairs.（彼らは箱を椅子に代用した）

2. （報償）「…と交換に」「…に対して」「…で」

We bought the house for 500 dollars.（私どもは五百ドルでその家を買った）

3. （割合）「…の割に」「…にしては」

The child is tall for his age.（子供は年の割には背が高い）

4. （利益・賛助）「…のために」（⇒ against）

I must provide for my family.（私は家族を扶養しなければならない）／He cast his vote for peace.（彼は平和に賛成の投票をした）

5. （分与）「…に与えられた」「…の分の」

This package is for you.（この小包は君の分です）

6. （追求）「…を求めて」「…のために」（⇒ after）

The child cried for its mother.（子供は母親を求めて泣いた）／ They are on strike for higher wages.（彼らは給料を上げてもらうためにストライキをしている）

7. （適当）「…に適した」「…向きの」

He is just the man for the job.（彼はその仕事にまさに適任である）

8. （理由・原因）「…のために」（⇒ at, with）

He is respected for his ability.（彼は力量のために尊敬されている）／ She cried for joy.（彼女はうれしくて泣いた）

9. （資格・認識）「…として」「…と」（⇒ as；形容詞や分詞を目的語とすることがある）

I chose him for my husband.（私は彼を夫として選んだ）／ They took him for an honest man.（彼らは彼を正直者と思った）／ We suspected an accident and gave him up for lost.（われわれは事故があったものと考え，彼は死んだものとあきらめた）

10. （関連）「…に関して」「…に対して」

I have an appointment for three o'clock.（私は三時に約束がある）

::::::研究問題::::::

次の各文中の for の意味を下記の a–j 中に求めよ。［青山学院大］

1. This is a gift for you.　2. It has been raining for the last three hours.　3. I went for a walk.　4. Use this ta-

ble for a desk. 5. I'll do it for a friend. 6. He sent to the bookstore a check for twenty dollars. 7. She is going to get a book of stories for children.

a. suited to b. on account of c. to the amount of
d. at the price of e. in favour of f. in place of
g. because of h. with the purpose of i. during
j. directed to

【解答】 1. j 2. i 3. h 4. f 5. e 6. c 7. a

【文意】 1. これはあなたへの贈り物です。 2. この三時間雨が降っている。 3. 私は散歩に行った。 4. この食卓を机代わりに使いなさい。 5. 私はそれを一友人のためにします。 6. 彼は二十ドルの小切手を本屋へ送った。 7. 彼女は子供用の物語本を買おうと思っている。

(27) **from**

a) ［空間］（起点）「…から」

The station is three miles from the farm.（駅は農場から三マイルある）

b) ［時間］（開始時点）「…（の時）から」（⇒ since）

From a child Alfred was fond of learning.（子供の時からアルフレッドは学問が好きであった）

c) ［比喩的諸関係］ 1.（変化の起点）「…から」; 2.（根源・出所）「…から」; 3.（原因・動機）「…から」「…で」（⇒ for）; 4.（区別）「…から」「…と（区別して）」; 5.（防護・解放・妨害）「…から」（⇒ against）

His face changed from gay to grave.（彼の顔は陽気からまじめに変わった）／Skill comes from practice.（腕前は練習から生じる）／She trembled from fear.（彼女は恐ろしくて震えた）／The child does not know good from bad.（子供は悪と善の区別を知らない）／Salt preserves food from decay.（塩は食物を腐敗から守る）／They delivered me from danger.（彼らは危険から私を救った）／Illness kept me from coming to your house.（病気で私はお宅へこられなかった）

（28） **in**

主として静止位置や状態を示す。それに対して into は運動や変化を示す。

a） ［位置］「…の中に」（⇒at）

They put him in prison.（彼らは彼を投獄した）

上例の動詞 put は運動を示すのであるが，置いて（入れて）そのまま内部にとどまるという感じが強いので，into でなくて in が用いられる。

例 The car sank in the mud.（車は泥の中に落ちこんだ）／He threw the letter in the wastebasket.（彼は手紙をくずかごの中に捨てた）

in を純粋に運動の意味で用いるのは米国口語用法である。

例 He looked in the window.（彼は窓の中をのぞきこんだ）

b） ［時間］ 1.（期間）「…の間に」（比較的に長い時間・時期に用いる。⇒during）；2.（不定的期間）「…の間」（米国用法；⇒ for）；3.（経過）「…たって」「…で」

He reads in the morning.（彼は午前中読書する）／It was the coldest day in twenty years.（その日は二十年のうちでいちばん寒い日だった）／It will be finished in a week.（それは一週間で終わるだろう）

c）［比喩的諸関係］

1.（範囲）「…の中で（に）」（⇒ within）

He is one man in a thousand.（彼は千人中のひとりだ）／I will do all in my power.（私はできるだけのことをします）

2.（関連）「…の点で」「…が」

They are sound in body.（彼らは身体が丈夫である）／The students increased in number.（学生の数が増加した）

3.（参加・従事）「…に」「…をして」（⇒ on）

He will participate in the movement.（彼はその運動に参加するであろう）／He is in politics.（彼は政治をやっている）

4.（信頼）「…を」

I trusted in my innocence.（私は無罪を信じた）

5.（服装）「…を着て」「…を身につけて」

The man was in rags.（その男はぼろを着ていた）

6.（状態・形状）「…で」「…に」

He went out of the room in anger.（彼は怒って部屋を出て行った）／The soldiers stood in a row.（兵士は一列に並んだ）

7.（材料・用具・起源）「…で」（⇒ from, of）

In the garden is a statue in marble.（庭には大理石作りの像がある）／The letter was written in English.（手紙は英語で書いてあった）／Virtue consists in right living.（美徳は正しい生活にある）

8. （方法・方式）「…で」「…に」

She spoke in a whisper.（彼女はささやき声で話した）／The house is built in western style.（その家は西洋式に建ててある）

9. （理由・原因）「…で」（⇒ for）

They rejoiced in their victory.（彼らは勝利を喜んだ）

::::::研究問題::::::

次の下線部の意味に最も近いものを下の欄から一つだけ選べ。［小樽商大］

He will be back from Hong Kong <u>in a week</u>.

a） within a week or so　　b） at the end of a week

c） during the week　　d） in less than a week

e） on weekend

【解答】 b）

【文意】 彼は一週間でホンコンから戻るでしょう。

（29） **inside**

a） ［位置］「…の内側に」「…の内部に」

He stood just inside the door.（彼はドアのすぐ内側に立った）

b） ［運動］「…の内部へ」

She stepped inside the carriage.（彼女は馬車の中へ入って行った）

（30） **into**

in と to との複合語。in のみでは静止位置になるので，それに運動を示す to を加えたもの。

a） ［運動］「…の中へ」（⇒ in）

He came into the room.（彼は部屋の中へ入ってきた）／She threw the letter into the wastebasket.（彼女は手紙をくずかごの中へほうり込んだ）

b） ［時間］「…の中へ」「…まで」

They work far into the night.（彼らは夜おそくまで働く）

c） ［比喩的関係］（変化）「…に」

The water was converted into ice.（水は氷に変えられた）／She burst into tears.（彼女はわっと泣きだした）

（31） **like**

（類似）「…のようで（に）」

He swims like a fish.（彼は魚のように泳ぐ）

as は「同一」を示す。次の文を比較せよ。

{ They lived like sisters.（彼らは姉妹のように暮らした）
  They lived as sisters.（彼らは姉妹として暮らした）

（32） **near**

本来は形容詞である。

a) ［位置］「…の近くに」

They live near the park.（彼らは公園の近くに住んでいる）

b) ［時間］「…の近くに」「…ごろ」

He came home near midnight.（彼は真夜中ごろ帰宅した）

nearがまだ形容詞であることは，その前に程度の副詞veryなどをとること，目的語をとりながらnearer, nearestと比較の変化をすることなどからわかる。

例 It is a matter very near my heart.（それはとても私が関心のある事柄です）／The edge of the sun sank nearer and nearer the prairie floor. [Cather, *My Ántonia*]（太陽のふちは大草原の地平線にだんだん近く沈んでいった）／The door nearest me opened, and a servant came out. [C. Brontë, *Jane Eyre*]（私にいちばん近いドアがあいてひとりの女中が出て来た）

(33) **of**

語源的には「分離」を意味し，offと同根である。

a) ［空間］（距離）「…から」（⇒from）

The town is ten miles north of Tokyo.（その町は東京の北十マイルのところにある）／The arrow fell short of the mark.（矢は的に達しないで落ちた）

b) ［時間］ 1.（時点）「…に」; 2.（到達時点）「…までに」（⇒to——米国用法）

He was likely to drink too much of a Saturday night.

(彼は土曜の夜には飲みすぎがちであった)/It is ten minutes of five.(五時十分前です)

c) [比喩的諸関係]

1. (分離・除去)「…から」

The failure deprived him of hope.(失敗は彼から希望を奪った)/The river is empty of water.(川には水がない)

2. (起源)「…から」(⇒from)

He comes of a noble family.(彼は高貴の出である)

3. (原因)「…から」「…で」

He died of consumption.(彼は肺結核で死んだ)

4. (材料)「…から」「で」

The locket is made of gold.(ロケットは金で作られている)/They made a fool of me.(彼らは私をばかにした)/The committee consists of twelve persons.(委員会は十二人から成る)(⇒in. of の次には具体的な個人・個物がくる)

5. (所属)「…の」

The children of the family are all dutiful.(そのうちの子供らは皆孝行者である)

6. (部分)「…の」

Three of them went with her.(彼らのうちの三人が彼女と同行した)/Give me a drink of water.(水を一杯ください)

7. (範囲)「…のうちで」(⇒in)

He is the brightest boy of the class.(彼はクラスで最優等生である)

8. （主格関係）「…の」「…による」「…に」（⇒ by）

I have read the tragedies of Shakespeare.（私はシェークスピアの悲劇を読んだ）／He was beloved of her.（彼は彼女に愛された）／It is kind of you to help me.（助けてくださってあなたは親切です——助けてくださってありがとう）

9. （目的格関係）「…を」（⇒ 5. 2）

The parson put the fear of God in the villagers.（牧師は村人に神を恐れる心持ちを抱かせた）

10. （同格関係）「…という」

He goes by the name of Henry.（彼はヘンリーという名で通る）／He is an intimate friend of mine.（彼は私の親友のひとりです）／They live in a palace of a house. [（家という宮殿→）彼らは宮殿のような家に住んでいる]

11. （関連）「…について」（⇒ about, on）

Wonderful things are told of him.（驚くべきことが彼について語られている）／He is ignorant of the event.（彼はその出来事を知らない）

12. （記述）「…な」「…の」

He is a man of industry.（彼は勤勉な人である）／We live in a period of transition.（われわれは過渡期に住んでいる）／If your watch is not correct, it will not be of much use.（時計が正しくないなら，それはたいして役にたたない）／They discovered radium after four years of hard work.（彼らは四年の努力の結果ラジウムを発見した）

::::::研究問題::::::

（Ⅰ） 次の(B)文が(A)文と同じ意味になるために適当な語を括弧内に入れよ。［1 慶応大，2 室蘭工大］

1. (A) You are very kind to show me the way.
   (B) It is very kind (　　　) you to show me the way.
2. (A) Perhaps English is the easiest (　　　) all languages.
   (B) Perhaps no other languages are (　　　) easy as English.

（Ⅱ） 次の括弧内に適当な一語を入れよ。［武蔵工大］

I am fully convinced (　　　) its truth.

【解答】 （Ⅰ） 1. (B) of　2. (A) of ; (B) as *or* so　（Ⅱ） of

【文意】 （Ⅰ） 1. (A) 道を教えてくださってご親切さまです。 2. おそらく英語はすべての国語のうちで最も簡単だろう。（Ⅱ） 私はそれが真実であることをじゅうぶん信じています。

（34） **off**

語源的にはofと同じものであるが，offのほうが「分離」の意味が強い。

a） ［位置］「…から離れたところに」（⇒ from）

Keep off the grass.（芝生の中に入るな）／Our boat lies four miles off the harbour.（われらの舟は港から四マイルのところにいる）

b） ［比喩的諸関係］ 1.（分離――固着状態にあるものの解放）「…から」（⇒ of）；2.（異常状態）「…からはずれて」

She took the ring off her finger.（彼女は指輪を指からはずした）／At last I can get it off my chest.（やっと私は心の重荷をおろすことができる）／The door is off its hinges.（戸はちょうつがいがはずれている）

(35) **on**

その根本的意味は「接触・付着」であって，offの反意語である。

a) ［空間］

1. （位置）「…の上に（接して）」

The statue lay on the ground.（像は地上に横たわっていた）／There is a fly on the ceiling.（天井にハエがいる——天井の裏であっても，それに付着しているのであるからonを用いる）

2. （付着点・支点）「…に」「…で」

He did not wear shoes on his feet.（彼は足に靴をはいていなかった）／She has the letters on her.（彼女は手紙を身につけている）／The dog is on the chain.（犬は鎖につながれている）／He stood on his feet.（彼は足で立っていた）

3. （近接）「…の近くに」「…に境を接して」（⇒near）

The town is on the river.（町は川に臨んでいる）

4. （方向）「…に向かって」「…を襲おうとして」

The army was marching on the capital.（軍隊は首都に向かって行進していた）

b) ［時間］ 1.（時点——「日」から離れないことから，

「日」が続く間にの意。⇒during）「…に」；2.（時間的接触）「…すると（すぐに）」「…するや」

They arrived on my birthday.（彼らは私の誕生日に到着した）／On my entrance he went out of the room.（私が入ると彼は部屋を出ていった）

c）［比喩的諸関係］

1.（論拠・条件――比喩的支点）「…に」「…で」

The theory is based on experience.（その理論は経験に基づいている）／I will grant your request on certain conditions.（私はいくつかの条件で君の願いを聞き入れよう）

2.（関連――論題から離れないでそれに集中するの意）「…に関して」「…について」（⇒about）

He is writing on finance.（彼は財政について書いている）

3.（用事・従事――それに専心することから――比較：on duty と off duty）「…に」「…で」（⇒in）

He went to Nagoya on business.（彼は用事で名古屋へ行った）／He is on the committee.（彼は委員会に列している）

4.（常食――それを生存のささえとすることから）「…を食べて」「…で」

The Japanese live on rice.（日本人は米を常食とする）

5.（状態）「…して」（⇒in）

The dictionary is on sale now.（その辞書は販売されている）／The workers are on strike.（労働者たちはストライキをしている）

6.（手段）「…で」

We listened in to music on the radio.（われわれはラジオの音楽を聞いた）

(36)　**onto**

on と to の複合語。on は静止位置を示し，それに運動の意味を付加するために to を合した。on to のように離してつづることもある。その成り立ちは into と比較せよ。

（運動）「…の上へ」

He slipped away from the chair onto the floor.（彼はいすから床の上へすべり落ちた）／I jumped down on to the rock below.（私は下の岩の上へ飛びおりた）

次の文では on は「継続」の意の副詞である。

They walked on to their destination.（彼らは目的地へ歩きつづけた）

(37)　**out**

（運動）「…（の中）から」「…の外へ」（＝out of)。これは米国用法である。

Something heavy fell out the window.（何か重い物が窓から落ちた）／She put the cat out the door.（彼女は猫をドアの外へ出した）

(38)　**out of**

into, in の反意語。

a)［運動］「…（の中）から」(into の反対)

A boy ran out of the house.（ひとりの少年が家の中から

走り出た）

b）［位置］「…の外に（で）」（in の反対）

Play ball out of doors.（戸外でボール遊びをなさい）

c）［比喩的諸関係］

1.（範囲外）「…の外で」（in, within の反対）

It is quite out of the question.（それは問題外である）

2.（分離）「…から離れて」（in の反対）

He is now out of office.（彼は今は職をやめている）

3.（異常状態）「…を欠いて」「…でない」（in の反対）

It is out of proportion.（それは釣り合いを欠いている）

4.（欠乏）「…をなくして」

We are out of coffee.（うちではコーヒーを切らしている）

5.（材料）「…から」「…で」（⇒ of）

Her dress is made out of silk.（彼女の服は絹でできている）

6.（動機）「…から」（⇒ from）

He helped them out of pity.（彼はかわいそうだから彼らを助けた）

7.（起源）「…から」（⇒ from）

We cannot get blood out of a stone.（石から血を出すことはできない）

（39） **outside**

inside の反意語。

a）［位置］「…の外側に」

She was standing outside the door.（彼女はドアの外に

立っていた)

b) ［運動］「…の外側へ」

The dog went outside the gate.（犬は門の外へ出ていった）

(40) **over**

a) ［位置］ 1.（直上）「…の真上に」（⇒ above; under の反対）; 2.（向こう側）「…を越えたところに」（⇒ across）;（全面）「…をおおって」

There is an electric lamp over our heads.（われわれの頭上には電灯がある）／They don't eat this shell in lands over the sea.（海の向こうの国ではこの貝を食べない）／The mud is over my shoes.（泥が靴一面についている）

b) ［運動］ 1.（全面）「…を一面に」「…じゅうに」; 2.（横断・飛躍）「…を渡って」「…を越えて」（⇒ across）

She spread a white cover over the dish.（彼女は皿の上に白いおおいをかけた）／He travelled over the country.（彼は国じゅうを旅行した）／The plane flew over the lake.（飛行機は湖の上を飛んだ）／He leapt over the wall.（彼は塀をとび越えた）

c) ［時間］「…にわたって」「…の終わるまで」

He kept a diary over many years.（彼は数年にわたって日記をつけた）／Let us stay over the weekend.（週末の終わるまで滞在しましょう）

d) ［比喩的諸関係］ 1.（超過）「…以上で」（⇒ beyond）; 2.（上位）「…より上で」「…の上に立って」「…にま

さって」; 3.（関連・原因）「…について」「…で」; 4.（従事）「…しながら」

His expenditure is over his income.（彼の支出は収入以上である）／She reigned over the country for ten years.（彼女は十年間その国に君臨した）／The educated have many advantages over the ignorant.（教育のある人たちは無知の人々よりも多くの利点を持つ）／Let us talk over the matter.（その件について話し合いましょう）／It is no use crying over spilt milk.（こぼれた牛乳を嘆き悲しんでも無駄だ——ことわざ）／They discussed the matter over a bottle of wine.（彼らはぶどう酒を飲みながらその件を相談した）

（41） **past**

pass の過去分詞から前置詞になったもの。

a）［運動］「…を通り越して」

They ran past the gate.（彼は門前を通り越して走って行った）

b）［時間］「…を過ぎて」

It is past three o'clock.（三時過ぎです）

c）［比喩的関係］（不能）「…の力を越えて」「…できない」（⇒beyond）

The patient is past hope.（病人は望みがない）

（42） **since**

［時間］「…のあと今に至るまで」「…以来」

He has been ill since Sunday.（彼は日曜日以来病気です）

（43） **through**

a）［運動］ 1.（通過）「…を通り抜けて」「…を貫いて」（⇒ across）; 2.（全面）「…一面に広がって」「…至るところに」「…じゅう」（⇒ over）

The river flows through the city.（川は市を貫流する）／ His fame spread through the country.（彼の名は国じゅうに広がった）

b）［時間］「…の初めから終わりまで」「…じゅう」（⇒ during）

The thunder lasted through the night.（雷は夜じゅう続いた）

c）［比喩的諸関係］ 1.（手段）「…によって」（⇒ by）; 2.（仕上げ・経験）「…を終えて」「…を受けて」; 3.（原因）「…のために」（⇒ because of）

I spoke with him through an interpreter.（私は通訳によって彼と話した）／ We went through college together.（われわれはいっしょに大学を終えた）／ He went through an operation.（彼は手術を受けた）／ The business failed through mismanagement.（商売は下手な経営のために失敗した）

（44） **throughout**

through を out で強化したもの（⇒ across）。

a）［位置］「…に行き渡って」

The rumour was soon throughout the city.（うわさはまもなく町じゅうに広がった）

b）［時間］「…の初めから終わりまでずっと」

The wound troubled him throughout life.（その傷は一生涯彼を苦しめた）

（45） **till**

（時間）「まで」（⇒by, to）

I shall stay here till Saturday.（私は土曜までここに滞在します）

（46） **to**

a）［運動］ 1.（方向）「…へ」（⇒toward）；2.（付着）「…に」

He has gone to America.（彼は米国へ行った）／He stuck the notice to the door.（彼はドアに掲示を張りつけた）

b）［時間］「…まで」（⇒till）

He remained faithful to the end of his life.（彼は死ぬまで忠実であった）／It is ten minutes to five.（五時に十分前です）

c）［比喩的諸関係］

1.（付加・帰属・固執）「…に」

We attach importance to practice.（われわれは練習に重きを置く）／The house belongs to his wife.（その家は彼の妻の所有です）／He remained true to his conviction.（彼

は自分の信念に忠実であった)

2. (到着した状態)「…に」「…まで」

They sank to poverty. (彼らは貧困に陥った)

3. (一致・適合・賛同)「…に」

The house is not to my taste. (その家は私の趣味に合わない) ／ The children danced to music. (子供らは音楽に合わせて踊った) ／ I agreed to their proposal. (私は彼らの提議に賛成した)

4. (対比・反対)「…に」「…に対して」

Life is often compared to voyage. (人生はしばしば航海になぞらえられる) ／ The score was ten to nine. (得点は十対九であった) ／ We prefer quality to quantity. (われわれは量よりも質を選ぶ) ／ They objected to my plan. (彼らは私の計画に反対した)

5. (関連)「…に対して」

We must be kind to the poor. (われわれは貧しい人たちに親切にしなければならない)

6. (程度・結果)「…まで」「…ほど」

They were killed to a man. (彼らはひとりに至るまで全部殺された) ／ She is kind to a fault. (彼女は欠点と言ってよいほどまでに親切である) ／ To my surprise, my father died suddenly. (驚いたことには父が急死しました)

(47) **toward(s)**

語源的には, to に -ward (方向を示す接尾辞) をつけたもので,「方向」の意味が強い。to は方向にあわせて到着の意味も持つ。なお，towards の -s は副詞的属格のしるしで，towards は意味・用法において全く toward と同じである。

a) ［方向］「…の方へ」

Then he turned toward home.（それから彼は家路についた）

b) ［位置］「…の方に向いて」

The window opens toward the south.（窓は南の方に開いている）

c) ［時間］（接近）「…に近いころ」

She arrived toward Christmas.（彼女はクリスマスごろ到着した）

d) ［比喩的諸関係］ 1.（関連）「…に対して」（⇒ to）；2.（目的・準備）「…のために」；3.（数的接近）「…に近く」「約…」（⇒ about, around）

I feel kindly toward students.（私は学生たちに好意を感じる）／He will make a contribution toward the fund.（彼は資金に寄付をするだろう）／They are saving toward a new house.（彼らは家を新築するために貯金をしている）／There were toward a thousand of them.（彼らは千人近くいた）

(48) **under**

a) ［位置］ 1.（直下）「…の真下に」（⇒ below）；2.（直立したものの根もと）「…の下に」「…のふもとに」

There is a tunnel under the river.（川の下にトンネルが

ある）／He lay under the tree.（彼は木の根もとに横になった）

b）［運動］「…の下を」「…の下へ」

Don't walk under a ladder.（はしごの下をくぐるな）／The pen fell under the table.（ペンがテーブルの下へ落ちた）

c）［比喩的諸関係］

1.（低位）「…以下で」（over の反対）

He is under the school age.（彼は学齢以下です）

2.（負担）「…の下で」「…を負うて」

The nation sank under the burden of taxation.（国民は重税にあえいだ）

3.（影響・作用）「…を受けて」「…中」

The house is under repair.（家は修繕中である）

4.（保護）「…のもとに」

She was brought up under the care of her guardian.（彼女は後見人の世話のもとに育った）

5.（分類）「…の下（もと）に」

The subject can be treated under three heads.（その題目は三項目のもとに扱うことができる）

6.（事情）「…のもとに」（⇒ in）

There is nothing to be done under the circumstances.（そういう事情のもとでは何もすることがない）

（49）**until**

古い前置詞である unto（＝to）の -to の部分を til（＝till）

で置き換えたもの。意味用法はtillと変わりがない。

(50) **up**

downの反意語。

a) [運動]「…の上の方へ」「…を上って」

We walked up the hill.（われわれは丘を上って行った）

b) [位置]「…を登ったところに」

He has a farm up the hill.［彼は丘の上（中腹）に農場を持っている］

(51) **upon**

uponは多少文語的であるが，その意味用法はonと変わりがない。遊離して文尾に位置する場合にはuponが多く用いられる（⇒24.1 (3)）。

(52) **with**

この前置詞の古い意味は，「相対して（against）」であった。それで，今日の意味用法の中にも，「共同・協調」と「対抗・敵対」と，互いに矛盾するものがある。もっとも，前者のほうが優勢である。

a) [存在場所]「…の所に」

She left her children with her aunt.（彼女は子供らをおばのところに預けた）／The choice rests with you.（選択権は君にある）／He is with an insurance company.（彼は保険会社に勤めている）

b) [時間]（同時）「…と同時に」

His fame ceased with his death.（彼の名声は彼の死と同時になくなった）／With saying this, he went away.（こう言うと彼は立ち去った）

c）［比喩的諸関係］

1.（同伴・共同）「…といっしょに」

The lady, with her son, arrived.（婦人は息子といっしょに到着した）／I was with him in that campaign.（私はその運動で彼といっしょだった）

2.（交渉）「…を相手として」「…と」（⇒ against）

I consulted with my uncle.（私はおじに相談した）／What is your business with him?（彼にどんな用があるのですか）／I am friends with him.（私は彼と友だちです）／I have nothing to do with her.（私は彼女とは関係がありません）／He was angry with you.（彼は君をおこっていた）／We fought bravely with the enemy.（われわれは敵と勇敢に戦った）／He broke with that woman.（彼はその女と別れた）

3.（一致・調和）「…と」

I agree with you on this point.（私は君とこの点で一致する）／This colour does not go with that.（この色はそれと調和しない）

4.（結合・混合）「…と」

Oil does not mix with water.（油は水と混じらない）

5.（比較・比例）「…と」「…につれて」

This is not to be compared with the other.（これはもう一つと比べものにならない）／We grow wiser with age.

（われわれは年がいくにつれて賢くなる）

6.（立場）「…にとっては」「…においては」

It's all over with me.（私は万事だめだ）／What is the matter with her?（彼女はどうしたのか）

7.（所有・付属・携帯）「…のついた」「…の身につけて」（⇒ about）

With all his wealth, he is not happy.［財産を持っていても（財産にもかかわらず）彼は幸福でない］／I saw a vase with handles on the table.（私はテーブルの上に柄のついた花瓶を見た）／I have no money with me.（私は金の持ち合わせがない）

8.（用具・手段）「…で」

He cut down the tree with an ax.（彼はおのでその木を切り倒した）／They were entertained with music.（彼らは音楽で楽しませてもらった）／The streets were thronged with cars.（街路は車で込み合っていた）

by は動作主を示し，with は用具を示すのであるが，「物」も場合によっては動作主と考えられることがあるから，時には by，with のどちらでもよいことがある。

例 The church is surrounded by (with) a stone wall.（教会は石塀で囲まれている）

9.（供給）「…で」

The sun supplies us with light and heat.（太陽は光と熱をわれわれに供給する）

10.（様態）「…をもって」

He teaches English with skill.（彼は上手に英語を教える

＝skillfully）／She spoke with tears in her eyes.（彼女は目に涙を浮かべて話した）

11. （原因）（⇒ for）

She was beside herself with joy.（彼女は喜びで気が狂わんばかりであった）／We were tired with walking.（私どもは歩いたため疲れた）

12. （付帯的状態）「…して」（⇒ 23.7）

She sits with her hands folded.（彼女は腕を組んで座っている）

⁝⁝⁝ 研究問題 ⁝⁝⁝

（Ⅰ） As with the English towns, every village bears a strong family likeness to every other village.

上の文の with に最も近い用法の with を含む文を，次の五つのうちから選べ。［新潟大］

1. With all his faults, I like him. 2. I have very little in common with him. 3. With the exception of Harry, all the boys were anxious to go. 4. He did better this time than is usual with him. 5. With these words, he went away.

（Ⅱ）次の⑷文と⑻文が同じ意味になるように，空所に適当な語を入れよ。［早稲田大］

⑷ The woman spoke English to me just to show (　　).

⑻ The woman spoke English to me to impress me (　　) her knowledge of the language.

【解答】（Ⅰ） 4 （Ⅱ）⑷ off ⑻ with

【文意】（Ⅰ） 英国の町の場合と同じように，すべての村は他のすべての村ととてもよく似ている。 1. 彼の欠点にもかかわらず私は彼が好きです。　2. 私には彼との共通点がほとんどない。　3. ハリーを除いて，すべての少年は行きたがった。　4. 彼は今度はいつもよりよくやった。　5. こう言って彼は立ち去った。
（II）(A) その女はただ見せびらかしに英語で私に話しかけた。(B) その女は英語を知っているということで私を感心させようとして私に英語で話しかけた。

（53） **within**

a）［位置］「…の内側（内部）で」

We are safe within the walls.（われわれは塀の中では安全である）

b）［比喩的関係］（範囲）「…以内で」

Our house is within a mile of the station.（私どもの家は駅から一マイル以内のところにあります）／We must live within our income.（われわれは収入以内で生活しなければならない）

（54） **without**

a）［位置］「…の外（側）に」（within の反対）

Someone is standing without the gate.（だれかが門の外に立っている）

b）［比喩的諸関係］ 1.（範囲外）「…の外で」（within の反対）；2.（非所有）「…を持たないで」「…なしに」（with の反対）；3.（無動作）「…しないで」

The jewel is now without her reach.（宝石は今は彼女の

手の届かないところにある）／I found I had come out without a penny.（私は一文なしで出て来たことがわかった）／He went in without hesitation.（彼はちゅうちょなく入っていった）／Without money we could not live.（金がなければわれわれは生きていけない）／He went away without saying good-bye.（彼はさようならも言わないで立ち去った）

⁝⁝⁝ 研究問題 ⁝⁝⁝

次の文の下線部を複文になおし，かつ和訳せよ。[立命館大]
The community consists of living persons, and <u>without it we should merely be so many Robinson Crusoes</u>.

【解答】 if it were not for the community, we… [(共同社会は生きている人間から成っていて)，それがなければ，われわれは全くロビンソン・クルーソーと同じものとなるであろう]（注：so many は「それだけの数の」の意であるが，訳出するにおよばない）

実力テスト 64

（Ｉ） 空所に適当な前置詞を入れよ。[共立女子大]
1. Are you travelling (　　) business or for pleasure? 2. The children are looking forward (　　) the holidays. 3. The old man is looked upon (　　) her adviser. 4. Don't have anything to do (　　) such people. 5. He could not bear being made fun (　　).

（Ⅱ） 等号（＝）の左右の文の意味が等しくなるように，各空所に入れるべき最も適当な一語を下記イ－ソの中から選べ。同一語

を何度使ってもよい。［立教大］

(a) It doesn't admit of doubt.＝It leaves no room (　　) doubt.　(b) Please switch (　　) the light.＝Please put out the light.　(c) She was away (　　) home.＝She was not (　　) home.　(d) He died of hunger.＝He starved (　　) death.　(e) He kept (　　) reading while eating.＝He continued reading even (　　) table.　(f) The villa is (　　) flames.＝The villa is (　　) fire.　(g) He is mad with anger.＝He is (　　) himself with anger.

イ about　ロ at　ハ beside　ニ by
ホ down　ヘ for　ト from　チ in　リ of
ヌ off　ル on　ヲ out　ワ over　カ to
ヨ under　タ up　レ with　ソ within

（Ⅲ）次の文の空所に入れるのに最も適当な一語を，括弧内の語から選べ。［立教大］

(a) He ordered some books on social sciences (　　) London.（by, from, to, towards）　(b) They all burst (　　) laughter.（by, into, of, on）　(c) I cannot see this picture (　　) recollecting those happy school days.（without, unless, but, except）

（Ⅳ）次の英文の（　）の中にある正しい表現のものを残し，他を斜線で消せ。［慶応大］

1. I live（in, on, at）54 Pine Street.　2. I am looking forward（with seeing, to seeing, to see）you soon.

（Ⅴ）次の各文の空所に当てはまる前置詞を入れよ。［上智大］

1. The horse is blind (　　) the left eye.　2. I must stay (　　) bed tonight.　3. He needs more practice (　　) writing English.　4. It is necessary (　　) him to work more diligently.　5. He put the blame (　　)

her.　6. They played a joke (　　) me.

(Ⅵ) 次の文の空所に，下にあげた語のうち最も適当なものを入れよ。[津田塾大]

Sports and games are very good ([1] 　) character training. In their lessons at school, boys and girls may learn such virtues as unselfishness, courage, and discipline; but what is learned in books cannot have the same deep effect ([2] 　) a child's character as what is learned ([3] 　) experience. It is what the pupils do ([4] 　) their spare time that really prepares them to take their place ([5] 　) society as citizens. If each of them learns to work for his team and not for himself on the football field, he will later find it natural to work ([6] 　) the good ([7] 　) his country instead of only ([8] 　) his own benefit.

(by, for, in, of, on)

(Ⅶ) 次の和文に合うように，英文の(　　)内にそれぞれ適当な前置詞を入れよ。(1-5 大阪府立大)

1. 彼はおじに援助を求めました。

   He depended on his uncle (　　) support.

2. その船は明日神戸に着港のはずです。

   The steamer is due (　　) Kobe tomorrow.

3. その劇は興味をもって期待されるでしょう。

   That drama will be looked forward (　　) with interest.

4. その人は日本の学生の英作文を見てやっています。

   He is helping Japanese students (　　) their English composition.

5. 彼の息はいつもたばこ臭い。

   His breath always smells (　　) strong tobacco.

6. キリスト教徒にとっては結婚は宗教的儀式である。

   Marriage is, (　　) the Christians, a religious ceremony.

7. 彼はとても怒っていた。

He was angry (　　　) measure.

8. それは発明家にちなんでベークライトと呼ばれた。

It was called bakelite (　　　) its inventor.

9. 彼女の着物はみすぼらしいほどであった。

Her clothes verged (　　　) the shabby.

10. 魚は針にかかっていた。

The fish was (　　　) the hook.

(Ⅷ) 日本文に合うように，英文の空所を適当な前置詞で埋めよ。

1. 乗客各位はすりにご用心ください。

Passengers are warned (　　　) pickpockets.

2. 悪天候のために彼は出発できなかった。

Bad weather prevented him (　　　) starting.

3. われわれは民主主義のよいことを信じる。

We believe (　　　) democracy.

4. 彼は耳が遠い。

He is hard (　　　) hearing.

5. それで心の重荷がとれました。

That is a great weight (　　　) my mind.

6. 彼には自制力がない。

He has no command (　　　) himself.

7. それは彼のせいで起こったのではない。

It happened (　　　) no fault of his.

8. 彼らは夜陰に乗じて逃亡した。

They escaped (　　　) cover of night.

9. 私は彼女の手伝いがなくてもやれる。

I can dispense (　　　) her service.

10. 彼は生命をかけることは好まなかった。

He was far (　　　) fond of risking his life.

【解答】（Ⅰ） 1. on　2. to　3. as　4. with　5. of
（Ⅱ） (a) for　(b) off　(c) from ; at　(d) to　(e) on ; at　(f) in ; on　(g) beside
（Ⅲ） (a) from　(b) into　(c) without
（Ⅳ） 1. at　2. to seeing
（Ⅴ） 1. in　2. in　3. in　4. for　5. on　6. on
（Ⅵ） 1. for　2. on　3. by　4. in　5. in　6. for　7. of　8. for
（Ⅶ） 1. for　2. at　3. to　4. with (*or* in)　5. of　6. with　7. beyond　8. after　9. on　10. on
（Ⅷ） 1. against　2. from　3. in　4. of　5. off　6. over　7. through　8. under　9. with　10. from

【文意】（Ⅰ） 1. あなたが旅行しているのは用事でですか，それとも楽しみのためですか。　2. 子供らは休暇を楽しみにして待っている。　3. その老人は彼女の助言者と目されている。　4. あんな人たちとは交渉を持つな。　5. 彼はひやかされるのを我慢できなかった。
（Ⅱ） (a) それは疑いの余地がない。　(b) どうぞ電灯を消してください。　(c) 彼女は留守だった。　(d) 彼は餓死した。　(e) 彼は食べながら読み続けた。　(f) 村は燃えている。　(g) 彼は怒りで気も狂わんばかりである。
（Ⅲ） (a) 彼はロンドンから社会科学の本を何冊か注文した。　(b) 彼らはみんなどっと笑った。　(c) 私はこの写真を見れば必ず幸福だった学校時代を思い出す。
（Ⅳ） 1. 私はパイン街54番地に住んでいる。　2. 私は近くお会いできるのを楽しみに待っています。

(V)　1. その馬は左の目が見えない。　2. 私は今夜は床についていなければならない。　3. 彼はもっと英語を書く練習をしなければならない。　4. 彼はもっとせっせと働くことが必要である。　5. 彼は彼女に責任を負わせた。　6. 彼らは彼にいたずらをした。

(VI)　運動や競技はたいへんによい人格訓練である。学校の学課では，少年少女は無欲・勇気・紀律などの美徳を学ぶであろうが，書物で学ぶことは経験で学ぶことと同じような深い影響を子供の人格に与えることはできない。社会において市民としての位置につくのに子供らを本当に準備するのは，生徒らが暇な時にすることである。もし，生徒各自がフットボール場において自分自身のためでなく自分のチームのために働くことを学ぶならば，後になって，自分の利益のためだけではなく自分の国の利益のために働くことが自然であることがわかるであろう。

25. 接続詞

接続詞は，語・句・節・文を結びつける語である。これには二種類ある。語・句・節・文を対等に結ぶものを**等位接続詞**という。また主語と述語を導いて節を構成し，これを主文に結びつけるものを**従位接続詞**という。そして，こうしてできた文を**複文**という。

25.1 等位接続詞

そのおもなものは，and, or, nor, but, though, yet, as well as など。また，for, so, till, while などは文のみを接続する。文と文とを等位接続詞で結んだ文を**重文**という。

例 They come to our house, *and* we go to theirs.（彼らはわれわれの家へ来るし，われわれは彼らの家へ行く）／He could not leave, *for* he was expecting a visitor.（彼は出ることができなかった，というのはお客が来ることになっていたから）／She worked hard, *so* she deserves a vacation.（彼女はいっしょうけんめいに働いたから休暇をもらってもよい）／After this he went on and on, *till* at last he came to a hill.（この後彼はどんどん進んで，ついにある丘に来た）／He remained poor, *while* his brother became very rich.（彼は貧乏のままだったが，兄は大金持ちになった）

等位接続詞の一種として，前に位置する副詞（句）と呼応して，二個の語・句・節を緊密に結ぶものがある。これを**相関接続詞**という。

both ... and, at once ... and, either ... or, neither ... nor, not only ... but (also)

⁝⁝⁝ 研究問題 ⁝⁝⁝

（Ⅰ） 次の文の中の等位接続詞を指摘して，それが対等に結んでいる語・句・節・文はどれとどれかを示せ。なお，全文の訳文を添えよ。

1. There are books and books. 2. I know that he went and that he was not welcomed. 3. Try to calm yourself, and your mind will be easy again. 4. Try and do better next time. 5. He has no brother nor sister. 6. Make haste, or you will lose the last train. 7. He said so, with his big but kind voice. 8. When morning broke, a scene of marvellous though savage beauty lay before them. 9. Every attempt was made to ruin my character, as well as to take my life. 10. I don't know, nor can I guess.

（Ⅱ） 次の文中の相関接続詞を指摘し，それによって対等に結ばれているものを示せ。かつ全文を訳せ。

1. He refused either to speak or to move. 2. He knew neither what to say nor what to do. 3. She seemed to prepare herself to speak of some subject at once important and cheerful. 4. She can both sing and dance. 5. Pericles wanted to make Athens not only the greatest but also the most beautiful city in Greece.

【解答】 （Ⅰ） 1. books *and* books（本にも本がある） 2.

that he went *and* that he was not welcomed（彼が行ったことも彼が歓迎されなかったことも私は知っている） 3. Try to calm yourself, *and* your mind will be easy again.（静まるようになさい，そうすれば気も楽になりましょう） 4. Try *and* do（次にはもっとうまくやるようにしなさい） 5. brother *nor* sister（彼には兄弟も姉妹もない） 6. Make haste, *or* you will lose the last train.（急ぎなさい，でないと終列車に乗り遅れます） 7. big *but* kind（大きいが親切な声で彼はそう言った） 8. marvellous *though* savage（夜が明けると，荒涼とはしているが奇抜な美しさを見せた景色が彼らの前に展開した） 9. to ruin my character, *as well as* to take my life（私の生命を奪い，かつ私の人格を傷つけるために，あらゆる企てがなされた） 10. I don't know, *nor* can I guess.（私は知らないし，推量もできない――否定の接続詞のあとでは主語と動詞の順序が反対になる）

（II） 1. *either* to speak *or* to move（彼はしゃべることも動くことも拒んだ） 2. *neither* what to say *nor* what to do（彼はどう言ってよいかも，どうしてよいかもわからなかった） 3. *at once* important *and* cheerful（彼女は重要でもあり同時に愉快でもある事柄について語ろうと用意しているらしかった） 4. *both* sing *and* dance（彼女は歌も歌えるし踊りも踊れる） 5. *not only* the greatest *but also* the most beautiful（ペリクレスはアテネをギリシャじゅうで最も大きいばかりか，最も美しい都市にしたいと思った）

実力テスト 65

次の各文を If を使って書き直せ。

1. One more effort, and you will succeed.［関西学院大］ 2. You must do as you are bid, or else you will have more

beating.

【解答】 1. If you make one more effort, you will succeed. 2. If you do not do as you are bid, you will have more beating.
【文意】 1. もうひとふんばりすれば君は成功するだろう。 2. 君は命ぜられたとおりにせよ，そうでないともっとぶたれるよ。

25.2 「時間」を示す従位接続詞

そのおもなもの：after, as（「…ときに」「…ながら」），as soon as, before, since, till（until とだいたい同義），when, whenever（…するときにはいつでも），while

上掲のうち when は，それが導く節が like, please, will, can など任意選択的な意味の動詞や助動詞を含むときは，whenever と同義であって，at any time that… となる。そして，こういう意味の when や whenever は関係副詞とみてもよいところがある。

また，after, before, since, till などは，同義で前置詞としても用いられる。

さらに，when, while, till などは，その次で「（主文の）主語＋be」が略されることがある。

⁝⁝⁝ 研究問題 ⁝⁝⁝

（Ⅰ） 次の文中の「時間」を示す従位接続詞を指摘し，節の部分を訳せ。

1. He lay down on the bed as soon as the door closed behind his father. 2. What did they do before there were any

newspapers? 3. It was raining when she arrived. 4. Columbus went on a second voyage, when he discovered many more islands. 5. All the way she prayed as she walked. 6. It is five years since the law was passed. 7. I visit my parents whenever I can. 8. While there is life there is hope. 9. Die when you will, I will be with you. 10. They may do it when they please.

(Ⅱ) 次の各文の従位接続詞を前置詞として用いて，全文を単文に書きかえよ。

1. We are going after we have had dinner. 2. He had finished his work before he departed. 3. More than a century has passed since he died. 4. No one had not been admitted till he returned.

(Ⅲ) 下線語の次に「主語＋be」を補えるものは補え。

1. She was a coarse and vulgar woman, but what had she been when young? 2. As a baby he was very like you. [Bennett, *The Old Wives' Tale*] 3. While playing the violin he invariably closed his eyes. 4. Stay where you are till called for.

【解答】 (Ⅰ) 1. as soon as（父が出てドアが締まるとすぐ） 2. before（新聞がなかったときは） 3. when（彼女が着いたときは） 4. when は従位接続詞でなく，関係副詞の継続用法。 5. as（彼女は歩きながら） 6. since（その法律が通過してから） 7. whenever（できるときにはいつでも） 8. while（生命のあるかぎり） 9. when（いつ死のうとも） 10. when（彼らの好きなときに）

(Ⅱ) 1. ...after our dinner. 2. ...before his departure. 3. ...since his death. 4. ...till his return.

(Ⅲ) 1. when she was young. 2. as は前置詞としては,「…として」の意を基として,「…のとき」となるが (⇒24.2 (9)),「時」を示す接続詞として as he was a baby とは使わない。 3. While he was playing the violin. 4. till you are called for.

【文意】 (Ⅰ) 1. 父が出ていってドアが締まるやいなや,彼は寝台にごろりと横になった。 2. 新聞がなかったころは彼らはどうしたのだろうか。 3. 彼女が到着したときは雨が降っていた。 4. コロンブスは二度目の航海に出かけていったが,その時さらに多くの島を発見した。 5. 彼女は途中ずっと歩きながら祈っていた。 6. その法律が通過してから五年になる。 7. 私はできるときにはいつでも両親をたずねた。 8. 生命のあるかぎり希望がある。 9. 君がいつ死のうとも,私は君といっしょにいる。 10. 彼らは好きなときにそれをしてよい。

(Ⅱ) 1. われわれは食事をしてから行きます。 2. 彼は出発する前に仕事を終えていた。 3. 彼が死んでから一世紀以上たっている。 4. 彼が戻って来るまでは,だれもはいることを許されなかった。

(Ⅲ) 1. 彼女は粗野で下品な女であったが若いころは何をしていただろうか。 2. 赤ん坊のころは彼はとてもあなたに似ていた。 3. バイオリンをひいている間は彼はきまって目を閉じるのであった。 4. 呼ばれるまで今いる所にいなさい。

実力テスト 66

次の文を whenever で始まる文に書きかえよ。[立命館大]

You cannot cross a bridge without seeing in it the hand of an artist.

【解答】 Whenever you cross a bridge, you always see in it the hand of an artist.
【文意】 橋を渡るときはいつでも君はその中に芸術家の手を見る。

25.3 「場所・方向・場合」を示す従位接続詞

where と wherever が用いられる。where は at（to） the place that... の意味であるが，それが導く節の中に任意選択的意味の動詞や助動詞があるときは，at（to）any place that ... の意味となり，結局 wherever と同じ意味になる。

where や wherever には関係副詞的なところが多分にある。

:::::: 研究問題 ::::::

次の文中の場所・方向・場合を示す従位接続詞を指摘し，節の部分を日本語に訳せ。

1. Wherever there is love, there cannot fail to be hatred, malice, jealousy. [Maugham, *A Writer's Notebook*] 2. He wanted to be where no one would know who he was. [Wilde, *The Picture of Dorian Gray*] 3. I will help you to take him where you please. [Borrow, *Lavengro*] 4. A parable will sometimes penetrate where syllogisms fail to effect an entrance. 5. I will follow you wherever you go. 6. He may live where he likes. 7. He gave his assistance wherever possible.

【解答】 1. wherever（愛情のあるところにはどこでも） 2. where（だれもわからないようなところに） 3. where（君の好きなところへ） 4. where（三段論法が入り込めないところに） 5. wherever（君が行くどこへでも） 6. where（彼の好きなところに） 7. wherever（できるところではどこででも）

【文意】 1. 愛情のあるところにはどこでも必ず憎しみ・悪意・そねみ・怒りがある。 2. 彼は，彼がだれであるかだれにもわからないようなところにいたいと思った。 3. 君が彼を好きなところへつれて行けるように助力しよう。 4. たとえ話は時々，三段論法で入り込めないようなところを明らかにする。 5. 私はあなたの行くどこへでもおともします。 6. 彼は好きなところに住んでよい。 7. 彼はできるところではどこででも援助した。

25. 4 「理由」を示す従位接続詞

そのおもなもの：because, as, since, that.

because は，主文が否定文であるときは，節のかかりどころに注意する必要がある。

例 I hadn't married him because I was in love with him. [Maugham, *The Casuarina Tree*]（私は彼と恋愛していたから彼と結婚したのではありません）

また，as は時に補語や副詞の次に位置することがある。

例 It was too far for me to go, weak and ill as I was. [Doyle, *The Adventures of Sherlock Holmes*]（病気して弱っていたので，私には遠すぎて行けなかった）

⠿⠿⠿ 研究問題 ⠿⠿⠿

次の文中の理由を示す従位接続詞を指摘し，節の部分を日本語に訳せ。

1. No man will give up the woman he cares for because another man wants her. 2. You are compelled to economize your time, since you have not time enough to do everything. 3. Still he did not return, and wanting to get to bed herself, tired as she was, she left the door unbarred. [Hardy, *Life's Little Ironies*] 4. If I find fault it is that I want you to improve. 5. They respected him the more that he was a rich man.

【解答】 1. because（他の男がその女をほしがっているからといって） 2. since（なんでもするだけの時間がないのだから） 3. as（疲れていたので） 4. that（君によくなってもらいたいから） 5. that（彼が金持ちだから）

【文意】 1. 他の男がほしがっているからといって，自分が愛する女をあきらめる男はないだろう。 2. なんでもするだけの時間はないのだから，君はどうしても自分の持ち時間を節約せねばならない。 3. まだ彼は帰らなかった，そして彼女は疲れていたので，休みたいと思って，戸にかんぬきをかけないでおいた。 4. 私が小言を言うとすれば，それはあなたによくなってもらいたいからです。 5. 彼が金持ちだからいっそう彼らは彼を尊敬した。

25.5 「目的・結果・程度・様式」を示す従位接続詞

そのおもなもの：that, so that, lest「…しないように」,

so, in order that, for fear (that), (so...) that, (such...) that, (so...) but that (…ないほどそんなに…)。

上掲の接続詞は，目的・結果・程度・様式の全部，またはいくつかに共通して用いられるものがある。

「目的」の節は，「…するために」を示し，節の中では助動詞 may，might が用いられることが多いので，他とは区別できる。

「結果」と「程度」(「…するほど」) は形の上では区別しにくいが，文の前後関係から決定される。その多くの場合，接続詞 that や but that は so や such と呼応する。そして，so や such のみがあって，接続詞 that は省略されることがある。

「様式」は「…という結果になるように」を意味する。

::::::研究問題::::::

次の文中の目的・結果・程度・様式の節をそれぞれ指摘して，節の部分を日本語に訳せ。

1. We usually praise only that we may be praised. 2. I went out for a walk, so that I might think the matter over in the fresh morning air. 3. Take care lest you should fall asleep while reading. 4. When it was so cold that she couldn't stay in her own room, she sat by the side of the kitchen stove. [Maugham, *Creatures of Circumstance*] 5. Wear a red rose in your buttonhole, please, so I'll surely smile at the right man. [Webster, *Daddy-Long-Legs*] 6. He had worked himself up to such a pitch of fury that he sank panting into a chair. [Maugham, *Creatures of Circumstance*] 7. She was so tired she could hardly climb down to the platform. [Lawrence,

The Lost Girl] 8. She stood so that light might fall on a sheet of paper in her hand. 9. You see, there was so great a disproportion between our ages I thought that was only fair. [Maugham, *Cosmopolitans*] 10. Perhaps the scent is not so cold but that two old hounds like Watson and myself may get a sniff of it. [Doyle, *The Return of Sherlock Holmes*]

【解答】 1. that we may be...（目的）「ほめられるために」 2. so that I might...（目的）「新鮮な朝の空気の中でその問題を熟考しようと」 3. lest you should...（目的）「読書しているうちに眠ってしまわないように」 4. that she couldn't...（程度）「自分の部屋にいることができないほどに寒かった」 5. so I'll surely smile...（目的）「まちがいなくあなたに微笑できるように） 6. that he sank...（結果）「…ので彼はあえぎながら椅子にどっかとくずれ落ちた」 7. (that) she could hardly climb down...（結果）「…ので彼女はホームへおりることもできないくらいだった」 8. so that light might fall...（様式）「光が落ちるように」 9. (that) I thought that was...（結果）「…のでそれはむしろ当然だと思った」 10. but that two old hounds...（程度）「ふたりの古い猟犬がそれをかぎつけられないほどに…」

【文意】 1. われわれは通例ほめてもらうためにのみ人をほめる。 2. 新鮮な朝の空気の中でその問題を熟考しようと，私は散歩に出かけた。 3. 本を読んでいる間に寝込まないように注意なさい。 4. 寒くて自分の部屋におれないときは，彼女は台所のストーブのわきに座っていた。 5. 私がまちがいなくあなたにほほえみかけられるように，どうぞボタン穴に赤いバラをさしておいてください。 6. 彼はひどく激怒していたので，あえぎながら椅子にどっかりくずれ落ちた。 7. 彼女はひどく疲れていたので，手づかまりでやっとホームに降り立った。　8. 彼女は持っている一枚の紙の上に光が落ちるようにして立っていた。　9. おわかりでしょうが，われわれの年齢にはとても大きな不釣り合いがあったので，それはむしろ当然であると私は思った。　10. ワトソンや私のような古い猟犬（刑事）がかぎつけられないほどに臭跡は冷えていないだろう。

実力テスト 67

（Ⅰ） 下の下線部を Clause に書きかえよ。

1. The poet is a man endeavouring passionately to find "the best words in their best order" to make his own experience live again for others. ［大阪外語大］　2. He has been so busy with his learned labours as not to have time for anything else. 3. He so conducted himself as to please everybody.

（Ⅱ） 次の下線部を，その意味を変えないで，books を主語とし，so...that の形で書きかえよ。［千葉大］

You might pave the city of London with the books that have been written about Shakespeare, and some will be left over.

（Ⅲ） 次の文を，下に与えてある書き出しによって書き直せ。［上智大］

She could not finish the story. It was too long. (The story was)

（Ⅳ） 下線部を too...to... で書き直せ。

The wolf ran after him, but the rabbit ran so fast that he could not catch him.

【解答】（Ⅰ） 1. so that others may live his experience again. 2. that he cannot have time for anything else. 3. (He so

conducted himself) that he pleased everybody.
(II) So many books have been written about Shakespeare that the city of London might be paved with them.
(III) The story was so long that he could not finish it.
(IV) the rabbit ran too fast for him to catch him.

【文意】 (I) 1. 詩人とは，自分自身の経験を他人のために再び生かすために最上の順序に配列した最上の言葉を見いだそうと努力している人である。 2. 彼はそのほかのことをする暇がないほど研究に忙しかった。 3. 彼はすべての人の気に入るようにふるまった。
(II) シェークスピアについて書かれた本で，ロンドン市を舗装したとしてもまだいくらか残るであろう。
(III) 彼女はその話を終えることができなかった。それはあまりにも長かった。
(IV) おおかみはうさぎを追っかけたが，うさぎは非常に速く走ったので追いつけなかった。

25.6 「条件・譲歩」を示す従位接続詞

(a) **条件節を導くもの：**

if, unless (=if...not), but (…しなければ), but that (=but), as (so) long as (…するかぎり)

if は省略されることがあるが，そういう場合は主語と(助)動詞の順序が反対になる。

例 Should you fail (=If you should fail), I am ready to help you. (もし君が失敗すれば，私はいつでも助けます) ／ Had they been more careful (=If they had been more careful), it would not have happened. (もし彼らがもっと

気をつけたならば，それは起こらなかったであろう）

（b） **譲歩節を導くもの**：

though, although（=though），as, (even) if（たとえ…ても）

as は節頭に立たないで，補語や副詞の次に位置する。これと同じ語順で「理由」を示すことがある（⇒25.4）。「理由」か「譲歩」かは，主文の叙述内容と節の内容とが矛盾するかしないかで決まる。すなわち，相矛盾するときは譲歩節，矛盾しないときは理由節となる。

Tired *as* he was, he sat up till late.（疲れていたけれども彼はおそくまで起きていた——譲歩節）

Tired *as* he was, he went to bed soon after dinner.（疲れていたので彼は食後すぐ寝についた——理由節）

though も as と同じ位置をとることがある。

Startled *though* he was, he did not lose his balance.（彼はびっくりしたけれども身体の平均を失わなかった）

（c） **省略**

if, unless, though, although の次では，「主語+be」が省略されることがある。

⁝⁝⁝ 研 究 問 題 ⁝⁝⁝

（I） 次の文中の条件・譲歩の節を指摘して，節の部分を日本語に訳せ。

1. Unless you are a perfect fool you will behave properly to your uncle. 2. Even if you offer it to him, he won't accept it. 3. Much as I liked her, I hated a superior tone that she

sometimes took with me. [Cather, *My Ántonia*]　4. Nothing would satisfy him but he must go forth and see. [Bennett, *The Old Wives' Tale*]　5. I have not a word to say against contented people so long as they keep quiet. [Jerome, *Idle Thoughts of an Idle Fellow*]　6. I should never have repeated his remarks, but that they are prodigiously complimentary to the young lady whom they concern. [Thackeray, *Vanity Fair*]　7. What I should have done had all gone well I do not know. [Stevenson, *Treasure Island*]

（II）下線語の次に「主語＋be」を補えるものは補え。

1. Each of the gnat's eggs, although so small, is heavy enough to sink, if left alone.　2. Her light grey eyes wandered continually from one to the other, noting every want and forestalling it if possible. [Doyle, *The Adventures of Sherlock Holmes*]　3. I am not in the habit of giving my opinion on any subject, unless questioned. [Borrow, *Lavengro*]　4. If assailed, this animal will sometimes make a furious charge.

【解答】（I）1. Unless you are...（君が全くのばかでなければ）　2. Even if you offer it...（たとえ君がそれを彼に提供しても）　3. Much as I liked her（私は彼女がひどく好きだったが）　4. but he must go...（出て行って見なければ）　5. so long as they...（彼らが静かにしているかぎり）　6. but that they are...（その若い婦人をひどく称揚することにならなければ）　7. had all gone well（万事うまくいったならば）

（II）1. although it is so small; if it is left alone.　2. if it was possible.　3. unless I am questioned.　4. If it is assailed

【文意】（I）1. 全くのばかでなければ君はおじさんには礼儀

正しくふるまうであろう。　2. たとえ君がそれを提供しても，彼はそれを受けないであろう。　3. 彼女がひどく好きではあったが，彼女が私に対して時々用いた高慢な口調は私は大きらいであった。　4. 出かけて行って見るまでは，彼は承知しなかった。　5. 満足している人たちに対しては，彼らが静かにしているかぎり，私は異論はない。　6. 彼の言った言葉は，それが関連している若い婦人にとって非常に誉れとなることであるが，もしそうでなければ私は彼の言葉を繰り返さなかったであろう。　7. 万事うまくいったとすれば私がどうしたであろうか私にもわからない。

(Ⅱ) 1. 蚊の卵の一つ一つは非常に小さいが，うっちゃっておけば沈んでいくだけの重さがある。　2. 彼女の薄灰色の目は一方から他方へと絶えず動いて，あらゆる要求に注意し，できるならば先回りして要求を満たした。　3. 私は問われなければ，どんな話題についても自分の意見を述べることはしない。　4. この動物は攻撃されると，時々猛烈に突撃してくる。

実力テスト68

(Ⅰ) 次の英文を，括弧内に示した語を書き始めとして書き直せ。[青山学院大]

Busy as he is, my father never seems to be in a hurry. (However...)

(Ⅱ) 次の上欄の文を下欄のように書き改めるために必要な単語を記せ。

1. She kept silent for fear of betraying the truth.
She kept silent (　　) she (　　) betray the truth. [東京大]

2. He was afraid to stir lest he should be discovered.
He was afraid to stir (　　) (　　) (　　) he should

be discovered.

(Ⅲ) 次の文のasの用法と一致するものを，次の1-4の中から一つ選べ。［東北大］

More important than one's own ego, than good or bad, is the *kimochi* (sensation) — on which Japanese life, modern *as* it may appear, is based.

1. Do as you are told.
2. King as he is, he is unhappy.
3. Quick as thought, he ran away.
4. Tired as he was, he went to bed at once.

【解答】 (Ⅰ) However busy he may be,... (Ⅱ) 1. lest ; should 2. for ; fear ; that (Ⅲ) 2.

【文意】 (Ⅰ) 忙しいのだけれども，父はけっして急いでいるようには見えない。

(Ⅱ) 1. 彼女は真実を暴露することを恐れて黙っていた。 2. 彼は発見されることを恐れて動かれなかった。

(Ⅲ) 自分よりも，善悪よりも，いっそう重要なのは気持ちである。日本人の生活は現代的に見えても，この気持ちに基づいている。 1. 言われるとおりにしなさい。 2. 彼は国王であるけれども不幸である。 3. いちはやく彼は走り去った。 4. 疲れていたので彼はすぐ寝についた。

25.7 「比較」の従位接続詞

そのおもなもの：as, than.

asは「…のように」の意で，方法や状態が同じであることを示す。

例 Do as you are told.（命ぜられたようになさい）／Things are for the best as they are.（今のままがいちばんよい）

仮定の事柄を比較の対象にしたときはas if（though）が用いられる（⇒19.2，19.3）。

例 I always felt as if I were riding a race against time.（私はいつでも，時間と競走でもしているような気がした）

asはまた，副詞asと呼応して，程度が等しいことを示すときに用いられ，程度に差のあることを示すにはthanが用いられる。そしてthanは，前に位置する比較級の形容詞・副詞と呼応する。

程度を比較する場合，比較の対象が仮定の事柄であることがある。そして両者が同等であればas... as if（though）の形で示される。比較して差があるときはthan ifが用いられる。

例 I remember this as well as if it happened yesterday.（私はこのことをまるで昨日のことのようによく覚えています）／This gives him a much better price than if he were to sell to a wholesaler.（こうすると卸し売り商に売る場合よりもずっとよい金になる）

比較を示す節の中では省略がいちじるしい。けだし，比較される部分だけを残して，主文と同じ部分を省略したほうが，比較効果を高めることになるからであろう。省略節のうち，asの次に前置詞句だけ残った場合は，asはas ifの意味となる。

例 She poured out cheerfulness and energy as from a

source inexhaustible.（彼女は尽きることのない源からでも出すように陽気と活力を注ぎ出した）

また，古い英語の時代からのなごりとして，as や than の節の中で主語が略されることがあって，as や than は関係代名詞に似た性格を見せることがある（⇒ 11.9）。

例 She was much better educated than any other girl in the village, *as* became her parentage.（彼女は，両親の身分にふさわしいように，村のどの娘よりもずっとよい教育を受けた）／*As* is often the case with sailors, he was a little too fond of liquors.（海員にありがちなように，彼は少々酒を好みすぎた）／I've never had more money *than* would last me a few days at a time.（私は二三日持ちこたえるより以上の金を一時に持ったことはない）

⁝⁝⁝ 研究問題 ⁝⁝⁝

次の文の比較の節を指摘し，それを訳せ。

1. Everyone agreed that he was as clever as he was crooked. [Maugham, *A Writer's Notebook*] 2. He was a thickset, sturdy man, no taller than I. [*Ibid.*] 3. She took no more notice of him than if he hadn't been there. [Id., *Creatures of Circumstance*] 4. Then things would be as they were when I married him. [Galsworthy, *Beyond*] 5. During all this, he stayed out of the room, as bidden. [Lawrence, *The Lost Girl*] 6. I know that there is more in life than meets the eye. 7. She squeezed my hand as if to tell me how glad she was I had come. [Cather, *My Ántonia*] 8. He paused again, as if inviting a comment. [Hilton, *Lost Horizon*] 9. He

half-closed his eyes as though trying to recall something.
10. She was put into a bed and chamber warmed properly as for the reception of an invalid. [Thackeray, *Vanity Fair*]

【解答】 1. as he was crooked（心がねじけていたと同じ程度に） 2. ...than I（背は私と同じくらい） 3. than if he...（まるで彼がそこにいないかのように） 4. as they were when...（事態は彼と結婚したときと同じで） 5. as bidden（命ぜられたように） 6. than meets the eye（目に見える以上の） 7. as if to tell me（告げようとするかのように） 8. as if inviting...（あだかも批評の言葉を誘うかのように） 9. as though trying...（何かを思い出そうとしているかのように） 10. as for the reception...（病人を収容するかのように）
【文意】 1. 彼は邪悪であるが，それと同時に頭がよいということはだれも認めた。 2. 彼はずんぐりしてたくましく，私と同じくらいの背たけであった。 3. 彼女は，彼がそこにいないみたいに彼を顧みなかった。 4. そうすれば，私が彼と結婚したときと同じ状態になるだろう。 5. この間ずっと，彼は命ぜられたとおりに，部屋の外に出ていた。 6. 世の中には目に見える以上のものがあることを私は知っている。 7. 彼女は，私が来てとてもうれしいということを告げようとするかのように，私の手をぎゅっと握り締めた。 8. 彼は批評を求めているかのように，再び話を切った。 9. 彼は何かを思い出そうとしているかのように，半ば目を閉じた。 10. 病人を迎え入れるためのようにちゃんと暖められた寝台と寝室へ，彼女は入れられた。

25. 8 「内容」を示す従位接続詞

そのおもなもの：that, lest, but (that), whether, if.

that は時々省略される。なお，that に導かれる節は判断の根拠となる内容を示すことがある。「…とは」

lest は恐怖や心配の内容を述べるときに用いられる。

but (that) は，主文が否定文，または否定の意味の疑問文のときに用いられ，その節は否定的内容（＝that…not）を示す。しかし，主文の動詞や名詞が doubt の否定形であるときは，その節は肯定的内容（＝that）となる。

whether, if は選択的内容（「…かどうか」）を示す。

⁝⁝⁝ 研 究 問 題 ⁝⁝⁝

(I) 次の文中の *that*-clause の文中での役目を述べよ（主語・目的語・補語・形容詞節・副詞節）。

1. Must we hold that because one religion is true, all others are bound to be false? [Hilton, *Lost Horizon*] 2. That he and his wife were very fond of each other appeared in all their talk and behaviour. [Gissing, *The House of Cobwebs*] 3. The greatest wish of my life is that my son may be happy. 4. There is every probability that he will come. 5. He must have done much good to you that you should hold him in such esteem. 6. We were afraid that we might be late.

(II) 次の文の中の内容の節を指摘し，節の訳文を示せ。

1. They had made a date for the following Friday night and he was in a fever of anxiety lest she shouldn't come. [Maugham, *Creatures of Circumstance*] 2. I wonder if he is at home at this time of day. 3. I don't know whether I shall be able

to go to college or not. 4. She dreaded lest strength to endure might wholly forsake her before night came. [Gissing, *A Life's Morning*] 5. Who can tell but that a few years hence things that we now think useless will be found to be of the greatest value? 6. I haven't a doubt but that you throw my letters into the waste-basket without reading them. [Webster, *Daddy-Long-Legs*] 7. Who knows but it may be so?

(Ⅲ) 次の文のifに導かれる節は，条件・譲歩・内容のどれを示すか。

1. Let me see if I can't think of something else pleasant. [Webster, *Daddy-Long-Legs*] 2. He will go through with it if it costs him his life. 3. I'll be hanged if I know what he's driving at. 4. He asked me if I had any business he could arrange for me. [Gaskell, *Cranford*] 5. He repeated, in his pretty broken English, the inquiry if I had any business there. [*Ibid.*]

【解答】 (Ⅰ) 1. 目的語 2. 主語 3. 補語 4. 形容詞節 5. 副詞節 6. 準目的節（were afraidは意味上はthoughtに近く，思考動詞の中にはいる。そうすれば*that*-clauseは目的語に準じることになる。*that*-clauseを副詞節として感情の原因を示すとも見られないことはないが，この例文ではafraidは「恐れる」という感情を示すとは思われない）

(Ⅱ) 1. lest she shouldn't come（彼女が来ないかもしれないという） 2. if he is at home...（うちにいるかどうか） 3. whether I shall be...or not（できるかどうか） 4. lest strength to endure...（力が尽きはしないかと） 5. but that a few years hence things...（非常に価値があるとわからないとは

…）　6. but that you throw…（あなたが手紙を捨てることは）　7. but it may be so（そうでないと）
（Ⅲ）1. 内容　2. 譲歩　3. 条件　4. 内容　5. 内容
【文意】（Ⅰ）1. ある一つの宗教が真であるからとて，他の宗教は全部偽りのものとしなければならないのだろうか。　2. 彼と妻が互いに好きあっていたということは，すべてのふたりの話やふるまいに表れていた。　3. 私の一生の最大の願いは，息子が幸福であるようにということです。　4. 彼が来るというあらゆる可能性がある。　5. 君が彼をそんなに尊重しているところをみれば，彼はきっと君に多く尽くしたのであろう。6. 私たちは遅刻するかもしれないと心配した。
（Ⅱ）1. 彼らふたりは次の金曜日の晩に会う約束をしていたので，彼は彼女がこないかもしれないという心配ですっかり落ち着きを失っていた。　2. 彼はこんな昼の時刻にうちにいるかしら。　3. 私が大学に行けるかどうかわかりません。　4. 夜になるまでに忍耐力が尽きてしまわないかと彼女は心配した。5. 今は役にたたないと思われているものが，二三年後には非常に価値があるということにならないともわからない。　6. あなたが手紙を読みもしないでくずかごに捨てることに疑いがない。　7. それがそうでないとだれが知っていようか（…そうであるかもしれない）
（Ⅲ）1. 何かほかにおもしろいことを思いつかないかやってみましょう。　2. たとえ，それで命を失おうとも，彼はやり遂げるだろう。　3. 彼は何をもくろんでいるのかわかったら首でもあげる。　4. 彼は，整えて上げられる用事がありませんかと私に尋ねた。　5. 彼はかなりなまりのひどい英語で，私はそこに何か用事があるかどうかと何べんもきいた。

実力テスト 69

（Ⅰ） 次の文の that は次の a, b, c のどれか。［青山学院大］

Nowadays everyone is taught at school *that* the earth goes round the sun.

a. 指示代名詞　　b. 関係代名詞　　c. 接続詞

（Ⅱ） 次の(B)文が(A)文と同じ意味になるために括弧内に入れるべき適当な語または句を示せ。［慶応大］

(A) He said to me, "Do you think it will rain?"

(B) He asked me (　　　) thought it would rain.

（Ⅲ） 次の文の ... の箇所のうち that で補うことのできるものが一つある。その番号を書け。［横浜国立大］

1. You should do ... you are told to do.
2. We sat on the ground ... the grass was wet.
3. You are rewarded according ... you have merits or demerits.
4. Don't come ... I tell you to come.
5. I don't know ... he is now in London or not.
6. What have I done ... he should be angry with me?
7. You should not despise a man ... he is poor.
8. It will not be long ... we meet again.

【解答】 （Ⅰ） c.　（Ⅱ） whether (*or* if) I　（Ⅲ） 6.

【文意】 （Ⅰ） 今日では，地球が太陽の回りを運行するということはだれでも学校で教わる。　（Ⅱ）「雨が降ると思うか」と彼が私に言った。　（Ⅲ） 1. (as を補って) 君はするように命ぜられるとおりにしなければならない。　2. (because を補って) 芝生は湿っていたので，われわれは地面に腰を下ろした。　3.

（as を補って）長所を持っているか欠点を持っているかによって，君はそれぞれ報いられる。　4.（till を補って）私が来いと言うまで来るな。　5.（whether を補って）彼が今ロンドンにいるかどうか私は知らない。　6.（that を補って）彼が私をおこっているとは，いったい何をしたというのか。　7.（because を補って）貧しいからとて人を軽蔑してはいけない。　8.（before を補って）われわれがまた会うまでに長くはないだろう。

25.9　代用の従位接続詞

as soon as, as if などは二語または三語から成る従位接続詞であるが，少なくともそのうちの一語は接続詞である。ところが，全くの他品詞が従位接続詞として用いられることがある。もとは，これらに接続詞としての働きをつけるために that を添えて用いられることが多かったが，今は that のないものが多い。

(a)　**名詞から**：

the moment (that), the minute (that), the instant (that); every time (that), each time (that), next time (that); the way (that) (⇒7.5).

(b)　**動詞から**：

suppose, supposing, provided (that).

(c)　**副詞から**：

once, now (that), only (that), immediately, directly.

(d)　**句から**：

in case, for fear (that).

⁝⁝⁝⁝⁝⁝ 研究問題 ⁝⁝⁝⁝⁝⁝

次の文中の代用従位接続詞を指摘し，それに相当する従位接続詞を示せ。

1. He is working for fear he should fail.　2. We should not trouble you only that our friend has been forced to return to the East. [Doyle, *The Memoirs of Sherlock Holmes*]　3. I will send you a copy in case you care to read it. [Webster, *Daddy-Long-Legs*]　4. I will subscribe ten pounds provided twenty others will do the same.　5. They had gone off together to Monte Carlo the moment they cashed the cheque. [Maugham, *Cosmopolitans*]　6. I should be obliged to keep away from school every time it rained.　7. But immediately she caught sight of Matthew, her face changed. [Bennett, *The Old Wives' Tale*]　8. Suppose your father saw you now, what would he say?　9. I have always felt lonely, all my life, and I feel it more than ever now I am no longer young.　10. The young man must remember that he is not employed to run the business his way, but help run it the way his employer wants to run it. [関西学院大]

【解答】 1. for fear (=lest)　2. only that (=if...not)　3. in case (=if)　4. provided (=if)　5. the moment (=as soon as)　6. every time (=whenever)　7. immediately (=as soon as)　8. Suppose (=If)　9. now (=since)　10. the way (=as)

【文意】 1. 彼は落第しないように勉強している。　2. 私たちの友人が東洋へ帰らねばならなくなったのですが，そういうことさえなければ，あなたをわずらわさないですむのです。　3.

君が読みたいかもしれないと思って一冊お届けします。　4. 他に二十人の人が同じく十ポンド寄付するのであれば，私もしましょう。　5. 彼らは小切手を現金化するとすぐ，いっしょにモンテカルロへ立ち去った。　6. 私は雨が降るたびに学校を休まねばならないだろう。　7. しかしマシューを見るやいなや彼女の顔色は変わった。　8. おとうさんが今あなたをご覧になったら，どうおっしゃるでしょうか。　9. 私は生まれて以来ずっと寂しく感じてきたが，今や年を取ってみるといっそう切実にそう感じる。　10. 青年は，自分流に事業を経営するために雇われるのではなくて，雇い主の欲するように経営する助力をするために雇われるのであるということを記憶すべきである。

実力テスト 70

下線部の意味としては，次に示す訳文のうちどれが最も適当か。［立教大］

<u>Once we arrived there</u>, our journey would be slow and tedious.

イ　かつてそこに到達したが，
ロ　一度は行ったことがあるので，
ハ　ただちにそこに着いた，
ニ　いったん到着するとそれからは，

【解答】　ニ
【文意】　いったんそこに到着すると，それからはわれわれの旅はゆっくりと，また退屈になるであろう。

解　説

斎藤兆史

本書は，吉川美夫著『考える英文法』の復刊・文庫版である。初版は昭和41（1966）年に文建書房から刊行され，平成16年の段階で第14刷を数えるまでに版を重ねたが，版元の倒産にともないしばらく絶版となっていた。

著者の吉川美夫は，英語業界においてもとくに名の通った人ではないが，優れた学習参考書をいくつも出版している。その実力と業績からすれば，本来，小野圭次郎，南日恒太郎，山崎貞，原仙作，伊藤和夫といった受験英語界の大御所と一緒に記憶されるべき人物である。江利川春雄氏の『受験英語と日本人——入試問題と参考書からみる英語学習史』（研究社，2011年）は，吉川が河村重治郎および息子の道夫とともに執筆した名著『新クラウン英文解釈』（三省堂，1969年）の解説に相応の紙面を割き，彼を次のように紹介している。

吉川美夫（1899〜1990）は福井県生まれ。高等小学校を出ただけの学歴ながら，小学校教員の検定試験に合格し，小学校で教えた。その合間に河村重治郎の指導で抜群の英語力を獲得し，1921（大正10）年に中等教員検定試験英語科に合格。福井中学の教諭となり，1925（大正14）年には高等教員検定試験英語科に合格した。旧制富山高等学校，戦後は富山大学や東洋大学などの教授を歴任。著書の『英文法詳解』(1949)，『新英文解釈法』(1957) などは名著の誉れが高い。師匠の河村と『カレッジ・クラウン英和辞典』などを編纂している。

また，息子の吉川道夫 (1932〜97) はトマス・ハーディの研究者として有名な英文学者だが，父親との共著も含め，文法書や学習参考書，さらには辞書も手掛けている。

吉川親子も含め，ここに名を挙げた人たちの著作は一部復刊を果たし，いまだに根強い人気を誇っているとはいえ，昭和後期以降，残念ながら正当な評価を与えられてこなかった。とくに日本の英語教育が実用コミュニケーション重視に大きく舵を切って以来，いままで文法や読解にこだわってきたから日本人は「使える英語」を身につけることができなかったとの誤解が蔓延し，英文法や英文解釈は時代遅れの学習項目となってしまった感がある。

では，過去30年ほどの間，使える英語だ，コミュニケーションだと口頭教授に力を入れた結果，はたして日本人の英語力は飛躍的に伸びたろうか。その間ずっと大学で英語を教えてきた私の立場から言えば，学生の読解力は確実に落ちてきている。その一方で，会話がうまくなっているかというとそれも怪しい。そもそも読解や会話の基盤となる英文法の理解が不十分なのである。それでも，今の英語教育では英文法を明示的に教えるのはよくないとされているから，てこ入れのしようもない。「考える英文法」などはもってのほかだと言われそうだ。昨今では，コミュニケーションだけでは文法能力が育たないとの反省のもとに，コミュニケーションのなかでさりげなく文法事項に気づかせようとするフォーカス・オン・フォームなる教授法が注目を集めているが，見ていてまどろっこしいことこの上ない。やはり英文法は，きちんと教えて理屈で覚えさせるに限る。しかも，優れた文法書があれば，学習者が自宅で勉強することもできる。母語の獲得と外国語学習とは，まったく手順が違うのである。

日本人は文法を気にしすぎるから英語が使えないとよく言われるが，そうではない。文法が気にならなくなるまでそれを十分に習得していないから使えないのである。言語能力の成長を樹木にたとえるなら，母語能力は，その言語を正しく話す人たちが溢れている土壌から芽を出し，豊富な栄養分を吸って成長する。それはやがて太い幹となって枝を伸ばし，葉を繁らせ，花を咲かせ，実を結ぶ。外国語能力にもやはり幹となる部分が必要なのであり，いつまで経っても葉が繁らない，花が咲かない，実がつかないと嘆いてみたところで，痩せた土壌にあとから植え付けた苗木だから，意識的な努力によって育てなければ，そのまま枯れてしまう。会話をはじめとする自由自在な母語運用にとらわれ，目にみえる葉や花や実こそが本当の英語力だと思い込んで，学芸会よろしくそれらのついた枝を振り回して英語活動だと威張ってみたところで，枝を支える幹がなければどうにもならない。

『考える英文法』は，「コミュニケーション」が重視されはじめる前に書かれた本であるとはいえ，浅薄な実用主義を寄せ付けぬ堂々たる風格と，英語教育観の変遷や教授法の盛衰に動じることのない重厚な内容を備えている。まさに王道を行く英文法学習書だと言ってもいい。対象とする読者のレベルもそれ相応に高く設定されており，「はしがき」によれば「高等学校二三年生以上の学生，その他英語に興味を持つ一般の人々」となっている。しかしながら，そのレベルの読者が「相当程度英語の読解力を持ち，また，かなりの英文法の知識の持ち合わせがある」としても，「あちこちで覚えたばらばらの知識や，むりに機械的に記憶した知識は，実際の力としては弱くて，ものの役にたたない」というのだから，なかなか手強い。中高で6年間も英語を勉強したのに使えるようにならないなどと愚痴ろうものなら，顔を洗って出直してこいと一喝されそうだ。

本書が一般的な英文法書と大きく違うのは，文法事項に関する知識を「理解し整理された知識」とするために，豊富な練習問題が配されている点である。その仕立てについては《本書の使い方》に記されているが，理想的な学習過程を経るとすれば，それぞれの文法項目について読者はまず問題を解きながら考え，次に解説を読んで理解し，そして頭のなかで整理することになる。まさに本書の題名が示すとおり，「考える英文法」なのだ。とはいえ，本書は問題集ではない。それぞれの設問は文法事項を理解するためのきっかけとなっており，その解説は普通の英文法書よりもむしろ充実している。

たとえば，「3.2　不定冠詞と定冠詞との比較」の節の研究問題は，「原則的には定冠詞を用いるはずのところに不定冠詞が用いられている場合を次の文中から抽出して，定冠詞を用いた場合との意味上の相違を考えよ」というもので，問題文の一つとして‘One would suppose you wanted a second visit from her.’という文が挙げられている。普通は定冠詞がつくと教わる序数詞＋名詞の句（second visit）になぜ不定冠詞がついているのか。読者はそれを考え，答えが分かっても分からなくても，「解答・考え方」に記された説明を読んでなるほどと納得するであろう。「a second はだいたい another と同じ意味。ここでは「もう一度の訪問」。the にすると，すでになされた数度の訪問のうちの第二番めのものの意となる。」なんという明快な説明だろうか。

また，例文のなかに文学作品を出所とするものが多いのも本書の特徴の一つであり，先の英文はチャールズ・ディケンズの名作『デイヴィッド・コパフィールド』から採ったとある。そう聞くと文脈が気になるもので，調べたところ，この一文は同書第八章における主人公の母親と女中のペゴティとの会話のなかに現われる。ここでの her は主人公の大伯母ベッツィ・トロットウッドを指しており，ペゴティが彼女を話題に出したことに対し，母親は「まるで（以前家に来たあの風変わりな婆さんに）また来てほしいと思っているかのようじゃありませんか」とたしなめる。この段階で大伯母は一度しか家に来たことがないのでこれでいいのだが，もし不定冠詞の部分が定冠詞になっていたとしたら，「彼女の二度目の訪問は，こちらから望んだかのようじゃありませんか」となる。「研究問題」の名にふさわしく，たった一文，冠詞一つでありながら，研究すればするほどいろいろなことが見えてくる。

本書では英文法が網羅的に説明されているが，とくに個々の前置詞に関する説明が充実している。前置詞は，日本人が冠詞と並んで苦手とする文法項目なので，それを意識しての配慮だろうか。名詞（句）を目的語に取るconcerningやconsideringが前置詞だと聞いてピンと来ない読者も，duringが「もとは，古語dure（＝endure「持続する」）の現在分詞」であり，ほかにも「現在分詞から前置詞に進展したもの」として，excepting, notwithstanding, regarding, respecting, savingなどがあると聞けば，これまたなるほどと納得する。そして前置詞についても，「研究問題」と「実力テスト」に取り組むことで理解を深めていく。

もちろん，さまざま文法事項を個別に理解しただけでは，英語力として不十分である。その理解を元に多くの英語に接し，また自分でも使ってみて，英文法を自分のなかで自動化させる必要がある。そして，本書に記された文法事項をすべて理解してそれを自動化させれば，ペラペラとしゃべるだけの会話力をはるかに超える高度な英語力を身につけたと言えるであろう。本書は，日本人の英語学習のある時点において意識的な文法学習が重要であるということ，そして英文法学習がとても奥深いことを改めて私たちに教えてくれる。古典的名著というにとどまらず，むしろ今の時代にこそ広く読まれるべき英文法学習書である。

（さいとう・よしふみ　東京大学教授）

件名索引

ア 行

カ 行

サ 行

タ 行

ナ 行

ハ 行

マ 行

ヤ 行

ラ 行

ワ 行

語句索引

略語表

(過分)	過去分詞	(接)	接続詞
(関形)	関係形容詞	(前)	前置詞
(関代)	関係代名詞	(抽名)	抽象名詞
(関副)	関係副詞	(等接)	等位接続詞
(疑形)	疑問形容詞	(動)	動詞
(疑節)	疑問詞節	(複)	複数名詞
(疑代)	疑問代名詞	(分)	分詞
(現分)	現在分詞	(C)	補語
(集名)	集合名詞	(G)	動名詞
(従接)	従位接続詞	(I)	不定詞
(助)	助動詞	(O)	目的語

A

D

E

H

I

J

K

L

M

N

S

T

U

Y

本書は、一九六六年一月、文建書房より刊行された。文庫化に際しては、「常用漢字表」(平成二二年一一月告示)に照らして、漢字表記や送り仮名を改めた箇所がある。

日本とアジア　竹内好

西欧化だけが日本の近代化の道だったのか。魯迅を敬愛する思想家が、日本の近代化、中国観・アジア観を鋭く問い直した評論集。（加藤祐三）

ホームズと推理小説の時代　中尾真理

ホームズとともに誕生した推理小説。その歴史を黎明期から黄金期まで跡付け、隆盛の背景とその展開を豊富な基礎知識を交えながら展望する。

文学と悪　ジョルジュ・バタイユ　山本功 訳

文学にとって至高のものとは、悪の極限を掘りあてることではないのか。サド、プルースト、カフカなど八人の作家を巡る論考。（吉本隆明）

来るべき書物　モーリス・ブランショ　粟津則雄 訳

プルースト、アルトー、マラルメ、クローデル、ボルヘス、ブロッホらを対象に、20世紀フランスを代表する批評家が、その作品の精神に迫る。

ドストエーフスキー覚書　森有正

深い洞察によって導かれた、ドストエーフスキーを読むための最高の手引き。主要作品を通して絶望と死、自由、愛、善を考察する。（山城むつみ）

西洋文学事典　桑原武夫監修　黒田憲治／多田道太郎編

この一冊で西洋文学の大きな山を通読できる！20世紀の主要な作品とあらすじ、作者の情報や社会的トピックスをコンパクトに網羅。（沼野充義）

西洋古典学入門　久保正彰

古代ギリシア・ローマの作品を原本に近い形で復原すること。それが西洋古典学の使命である。ホメーロスなど、諸作品を紹介しつつ学問の営みを解説。

貞観政要　呉兢　守屋洋 訳

大唐帝国の礎を築いた太宗が名臣たちと交わした政治問答集。編纂されて以来、帝王学の古典として屹立する。本書では、七十篇を精選・訳出。

シェイクスピア・カーニヴァル　ヤン・コット　高山宏 訳

既存の研究に画期をもたらしたコットが、バフチーンのカーニヴァル理論を援用しシェイクスピア作品に流れる「歴史のメカニズム」を大胆に読み解く。

ハマータウンの野郎ども　ポール・ウィリス　熊沢誠／山田潤訳

イギリス中等学校〝就職組〟の闊達でしたたかな反抗ぶりに根底的な批判を読みとり、教育の社会秩序再生産機能を徹底分析する。（乾彰夫）

新編 教室をいきいきと①　大村はま

教室でのことばづかいから作文学習・テストまで。創造的で新鮮な授業の地平を切り開いた著者が、とっておきの工夫と指導を語る実践的な教育書。

新編 教えるということ　大村はま

ユニークで実践的な指導で定評のある著者が、教師の仕事のあれこれや魅力のある教室作りについて、きびしくかつ暖かく説く、若い教師必読の一冊。

日本の教師に伝えたいこと　大村はま

子どもたちを動かす迫力と、人を育てる本当の工夫に満ちた授業とは。実り多い学習のために、すべての教育者に贈る実践の書。（苅谷剛彦）

大村はま 優劣のかなたに　苅谷夏子

現場の国語教師として生涯を全うした、はま先生。遺されたことばの中から60を選りすぐり、先生の人となり、思想、仕事に迫る、珠玉のことば集。

増補 教育の世紀　苅谷剛彦

教育機会の平等という理念の追求は、いかにして学校を競争と選抜の場に変えたのか。現代の大衆教育社会のルーツを20世紀初頭のアメリカの経験に探る。

古文の読解　小西甚一

碩学の愛情が溢れる、伝説の参考書。魅力的な読み物でもあり、古典を味わうための最適なガイドになる一冊。（武藤康史）

古文研究法　小西甚一

受験生のバイブル、最強のベストセラー参考書がついに！　碩学が該博な知識を背景に全力で書き下ろした、教養と愛情あふれる名著。（土屋博映）

国文法ちかみち　小西甚一

伝説の名教師による幻の古文参考書、第三弾！　文法を基礎から身につけつつ、古文の奥深さも味わえる、受験生の永遠のバイブル。（島内景二）

新版 文科系必修研究生活術　東郷雄二

卒論の準備や研究者人生を進めるにあたり、何を身に付けておくべきなのだろうか。研究生活全般に必要な「技術」を懇切丁寧に解説する。

たのしい日本語学入門　中村明

日本語を見れば日本人がわかる。世界的に見ても特殊なこのことばの特性を音声・文字・語彙・文法から敬語や表現までわかりやすく解き明かす。

英文対訳 日本国憲法

英語といっしょに読めばよくわかる！「日本国憲法」のほか、「大日本帝国憲法」「教育基本法」全文を対訳形式で収録。自分で理解するための一冊。

知的トレーニングの技術〔完全独習版〕　花村太郎

お仕着せの方法論をマネするだけでは、真の知的創造にはつながらない。偉大な先達が実践した手法から実用的な表現術まで盛り込んだ伝説のテキスト。

思考のための文章読本　花村太郎

本物の思考法は偉大なる先哲に学べ！　先人たちの思考を10の形態に分類し、それらが生成・展開していく過程を鮮やかに切り出す、画期的な試み。

「不思議の国のアリス」を英語で読む　別宮貞徳

このけたはずれにおもしろい、奇抜な名作を、いっしょに英語で読んでみませんか――『アリス』の世界を原文で味わうための、またとない道案内。

さらば学校英語 実践翻訳の技術　別宮貞徳

英文の意味を的確に理解し、センスのいい日本語に翻訳するコツは？　日本人が陥る誤訳の罠は？　達人ベック先生が技の真髄を伝授する実践講座。

裏返し文章講座　別宮貞徳

翻訳批評で名高いベック氏ならではの文章読本。翻訳文を素材に、ヘンな文章、意味不明の言い回しを一刀両断、明晰な文章を書くコツを伝授する。

ステップアップ翻訳講座　別宮貞徳

欠陥翻訳撲滅の闘士・ベック先生が、意味不明の訳を斬る！　なぜダメなのか懇切に説明、初級から上級まで、課題文を通してポイントをレクチャーする。

議論入門 香西秀信

議論で相手を納得させるには5つの「型」さえ押さえればいい。豊富な実例と確かな修辞学的知見をもとに、論証や反論に説得力を持たせる論法を伝授！

どうして英語が使えない？ 酒井邦秀

『でる単』と『700選』で大学には合格した。でも、少しも英語ができるようにならなかった「あなた」へ。学校英語の害毒を洗い流すための処方箋。

快読100万語！ペーパーバックへの道 酒井邦秀

辞書はひかない！　わからない語はとばす！　すぐ読めるやさしい本をたくさん読めば、ホンモノの英語が自然に身につく。奇跡をよぶ実践講座。

さよなら英文法！多読が育てる英語力 酒井邦秀

「努力」も「根性」もいりません。愉しく読むうちに豊かな実りがあなたにも。人工的な「日本英語」を棄て真の英語力を身につけるためのすべてがここに！

古文読解のための文法 佐伯梅友

複雑な古文の世界へ分け入るには、文の組み立てや語句相互の関係を理解することが肝要だ。「佐伯文法」の到達点を示す、古典文法の名著。（小田勝）

チョムスキー言語学講義 チョムスキー／バーウィック　渡会圭子訳

言語は、ヒトのみに進化した生物学的な能力である。その能力とはいかなるものか。なぜ言語が核心なのか。言語と思考の本質に迫る格好の入門書。

文章心得帖 鶴見俊輔

「余計なことはいわない」「紋切型を突き崩す」等、実践的に展開される本質的文章論。70年代に開かれた一般人向け文章教室の再現。（加藤典洋）

ことわざの論理 外山滋比古

「隣の花は赤い」「急がばまわれ」……お馴染のことわざの語句や表現を味わい、あるいは英語の言い回しと比較し、日本語の心性を浮き彫りにする。

知的創造のヒント 外山滋比古

あきらめていたユニークな発想が、あなたにもできます。著者の実践する知的習慣、個性的なアイデアを生み出す思考トレーニングを紹介！

ちくま学芸文庫

考える英文法

二〇一九年三月十日　第一刷発行
二〇二一年二月五日　第三刷発行

著　者　吉川美夫（よしかわ・よしお）
発行者　喜入冬子
発行所　株式会社　筑摩書房
東京都台東区蔵前二―五―三　〒一一一―八七五五
電話番号　〇三―五六八七―二六〇一（代表）
装幀者　安野光雅
印刷所　株式会社精興社
製本所　株式会社積信堂

ISBN978-4-480-09910-5 C0182